Beck'sche Reihe
BsR 381

Immer mehr Frauen und Männer wählen heute eine Lebensform, von der sie sich die größtmögliche Selbständigkeit und Unabhängigkeit versprechen. In diesem Buch werden Singles, Alleinerziehende und unverheiratete Paare nach ihren Motiven, den Vor- und Nachteilen ihrer jeweiligen Lebensform, den Zukunftsperspektiven und ihrer Einstellung zu Ehe und Familie befragt. Sie berichten außerdem über ihre Vorstellungen von Partnerschaft, über Rollenverteilung und die verschiedenen Modelle, Beruf und Kinder zu vereinbaren. Dabei zeigt sich, daß die Übergänge zwischen den neuen Lebensformen fließend sind, für alle aber die Chancen, eine Balance zwischen individuellem und gemeinsamem Glück zu finden, größer zu sein scheinen als in der traditionellen Ehe.

Sibylle Meyer, Dr. phil., und *Eva Schulze*, Dr. phil., TU Berlin, Institut für Soziologie, Forschungsstelle Projekt „Technik und Familie“.

SIBYLLE MEYER/EVA SCHULZE

Balancen des Glücks

Neue Lebensformen:
Paare ohne Trauschein,
Alleinerziehende und Singles

VERLAG C.H.BECK MÜNCHEN

Mit 8 Tabellen und 10 Schaubildern

Die Deutsche Bibliothek – CIP-Einheitsaufnahme

Meyer, Sibylle; Schulze, Eva:
Balancen des Glücks : neue Lebensformen : Paare ohne Trauschein, Alleinerziehende und Singles / Sibylle Meyer ; Eva Schulze. – Orig.-Ausg., 2., durchges. Aufl. 1992 – München : Beck, 1989
(Beck'sche Reihe ; 381)
ISBN 3 406 33136 X
NE: Schulze, Eva:; GT

Originalausgabe
ISBN 3 406 33136 X

2., durchgesehene Auflage. 1992
Einbandentwurf von Uwe Göbel, München
Umschlagbild: H. Schneider, Herzfächer (1973)

Gesamtherstellung: C. H. Beck'sche Buchdruckerei, Nördlingen
Printed in Germany

Inhalt

Für Detlef

Einleitung

Die Formen, die Menschen für ihr Leben wählen, sind in den letzten Jahren vielfältiger geworden. Zwar lebt auch heute noch die Mehrheit der Bevölkerung nach konventionellen Mustern, d.h. als Ehepaar mit oder ohne Kinder, jedoch ist der Anteil derer, der bewußt von diesem Lebenskonzept abweicht, gewachsen. Nach einer neuen Repräsentativerhebung haben ungefähr ein Drittel der Erwachsenen in ihrem Leben auch Erfahrungen mit unkonventionellen Lebensstilen und Beziehungsformen gemacht: sie haben entweder mit einem Partner unverheiratet zusammengelebt oder tun es immer noch, haben Erfahrungen mit Wohngemeinschaften, bevorzugen es, als Singles zu leben oder haben sich dafür entschieden, ihr Kind allein großzuziehen.

Seit ungefähr 20 Jahren steigt in den westlichen Industrienationen vor allem in den skandinavischen Ländern, den USA und der Bundesrepublik Deutschland die Anzahl alternativer Lebensformen an. Experten sind sich darüber einig, daß diese sprunghafte Zunahme alternativer Lebensstile nicht mehr als Modetrend eingeschätzt werden kann, vielmehr werden in der Veränderung der Lebens- und Beziehungsformen tiefgreifende gesellschaftliche Veränderungen deutlich. Das sind zum einen verbesserte ökonomische Bedingungen, die stärker als in früheren Zeiten eigenes Leben und Wirtschaften möglich machen, zum anderen Veränderungen der Wertorientierungen, die unkonventionelle Lebensformen gesellschaftlich akzeptabel machen.

Die Veränderungen des Lebensstils und der Beziehungsformen sind das Thema dieses Buches. Wir wollen nach den gesellschaftlichen und individuellen Gründen fragen und untersuchen, ob die „neuen“ Lebensstile tatsächlich eine „neue Qualität“ haben oder lediglich Varianten traditioneller Haushaltsformen sind.

Wir haben uns dafür interessiert, wie Männer und Frauen leben, wenn sie sich gegen eine Heirat entscheiden. Dazu haben wir im Jahre 1987 und 1988 ausführliche Interviews mit 70 Personen, die schon seit einiger Zeit entweder als Single, Alleinerziehende oder unverheiratet mit ihren Partner zusammenleben, durchgeführt. Dieses qualitative Vorgehen gibt Einblick in den Alltag, die Motive der Befragten für die gewählte Lebensform, ihre Zukunftsperspektiven und ihre Einstellung zu Ehe und Familie.

Die Ergebnisse unserer Befragung stehen im Zentrum dieses Buches. Zuerst stellen wir 20 Paare ohne Trauschein vor. Die Befragten berichten, welche Gründe sie haben, nicht zu heiraten und welche Konsequenzen sich daraus für ihre Beziehungen ergeben haben. Es sind Paare, die zusammenleben, die gemeinsam Kinder haben, aber auch Paare, die getrennte Wohnungen bevorzugen. Allen Paaren ist gemeinsam, daß sie ihre Beziehung als Alternative zur Ehe begreifen. Ob und wie das realisiert wird, zeigen die Analysen der 40 Interviews.

In dem nächsten Kapitel werden die Ergebnisse der Gespräche mit Singles dargestellt. Als Singles im eigentlichen Sinne kommen dabei vor allem Personen zu Wort, die diese Lebensform freiwillig gewählt haben und sich auch vorstellen können längerfristig so zu leben. Wir unterscheiden zwischen Singles, die auf begrenzte Zeit oder auf Dauer für sich diese Lebensperspektive entwickelten. Das Für und Wider dieser Lebensform wird im Hinblick auf berufliche Konzepte, Freizeitgestaltung und soziale Beziehungen untersucht.

Das folgende Kapitel handelt von alleinerziehenden Müttern und Vätern. Es soll verdeutlicht werden, welche Motive die Alleinerziehenden zur Wahl ihrer Lebensform veranlaßt haben und was es für sie bedeutet, ihren Alltag zwischen Kind und Beruf zu organisieren. Abschließend werden wir auf die sozialen Kontakte der Alleinerziehenden eingehen, die eine wichtige Rahmenbedingung für ihre Lebensform darstellen.

Den Ergebnissen unserer qualitativen Untersuchung haben wir ein Kapitel vorangestellt, das einleitend die aktuellen Veränderungen von Ehe und Familie in den letzten Jahrzehnten zusammenfaßt und die gesellschaftlichen Ursachen dieses Wandels darstellt. Uns scheint dabei wichtig, verstärkt auf die Veränderungen des Geschlechterverhältnisses hinzuweisen, die unserer Ansicht nach mit der abnehmenden Bedeutung von Ehe und Familie und der Zunahme unkonventioneller Lebensstile im Zusammenhang stehen. Wir meinen, daß der Wandlungsdruck, dem die Familie unterliegt, primär von Frauen ausgeht, die aufgrund zunehmender Berufstätigkeit und damit veränderter Lebensperspektive auch die Beziehungen zwischen Männern und Frauen verändern wollen. Wir werden unsere These, daß es besonders die Frauen sind, die immer weniger bereit sind, zu heiraten und zunehmend alternative Lebensstile und Beziehungsmuster bevorzugen, vorab ausführlich darstellen und mit den Untersuchungsergebnissen anderer nationaler und internationaler Studien konfrontieren. Im Anschluß daran zeigen wir, wie aus unseren theoretischen Überlegungen ein Konzept für eine eigene empirische Untersuchung entstanden ist.

Zum Schluß werden die Ergebnisse der Gespräche mit den Paaren ohne Trauschein, den Singles und Alleinerziehenden zusammengefaßt und in den Kontext anderer Untersuchungen gestellt. Die wichtigeste Frage ist dabei, ob und wie die Tendenzen zu neuen Lebensformen sich in der Bundesrepublik Deutschland weiterentwickeln und wie der Trend in anderen Ländern verläuft. Bedeuten die aufgezeigten Veränderungen in den Lebens- und Beziehungsformen tatsächlich einen Aufbruch in eine „moderne" Gesellschaft, die ehemals mit dem Anspruch der Gleichheit angetreten war? Bedeutet der Wandel eine Verschiebung der Machtbalance zwischen den Geschlechtern – eine neue Balance des Glücks?

Nicht berücksichtigt für diese Studie haben wir homosexuelle Paare. Dafür bedarf es zusätzlicher Forschungsanstrengungen.

Im Anhang des Buches finden sich Tabellen und Schaubilder der aktuellen familialen Veränderungen, sowie kurze Beschreibungen der Biographien der 70 Befragten.

Am Ende dieser kurzen Einleitung möchten wir den befragten Männern und Frauen dafür danken, daß sie uns so offen und direkt über ihr Leben berichtet haben. Ohne diese großzügige Bereitschaft wäre dieses Buch nicht zustande gekommen.

Die empirischen Untersuchungen, auf denen dieses Buch basiert, wurden durch ein Projekt der Deutschen Forschungsgemeinschaft „Möglichkeiten und Grenzen nichtinstitutionalisierter Beziehungsformen“ und einen Auftrag des Berliner Abgeordnetenhauses zur Analyse „Neuer Haushaltstypen“ ermöglicht. Allen Beteiligten möchten wir an dieser Stelle herzlich danken, insbesondere Rainer Mackensen, der den Antrag für das Projekt bei der Deutschen Forschungsgemeinschaft gestellt hat und mit dem wir die Berliner Studie zusammen durchgeführt haben.

Eine große Hilfe bei der Arbeit an diesem Buch war für uns das aufmerksame und inhaltlich konstruktive Lektorat von Christine Zeile. Ihr und allen, die uns mit Anregungen und kritischen Anmerkungen weitergebracht haben, sei hier gedankt.

Lebensformen im Wandel

Aktuelle Entwicklungstendenzen

In den letzten 20 Jahren hat in Westeuropa und in den USA die Anzahl derer rapide zugenommen, die es ablehnen zu heiraten und stattdessen Lebens- und Beziehungsformen außerhalb der Ehe wählen.[1] Dies sind sowohl Personen, die mit einem Partner unverheiratet zusammenwohnen, als auch Paare, die es vorziehen, in getrennten Haushalten zu leben. Hinzu kommen Leute, die sich mit anderen in Wohngemeinschaften zusammentun und schließlich sogenannte Singles, die lieber alleine wohnen und keinen festen Partner wollen. Ferner gibt es immer mehr Mütter und Väter, die ihre Kinder alleine ohne einen Partner großziehen.

Im selben Zeitraum ist die Bedeutung von Ehe und Familie als vorherrschende, auf lebenslange Dauer konzipierte Lebensform zurückgegangen. Während es früher für fast alle selbstverständlich war, zumindest irgendwann einmal im Leben zu heiraten, ist dies heute nicht mehr so. Bis Anfang der 70er Jahre wurden mehr Ehen geschlossen als durch Tod oder Scheidung gelöst. Ab den 70er Jahren veränderte sich dies, seit 1972 scheiterten mehr Ehen als neue eingegangen wurden,[2] so daß es seitdem zu einer kontinuierlichen Abnahme der absoluten Zahl der Ehen kam.[3]

Die Ehescheidungen nahmen in den letzten 25 Jahren kontinuierlich zu. Im Jahr 1960 wurden 3,6 von je 1000 bestehenden Ehen geschieden, 1970 5,1 Promille[4] und 1988 bereits 8,7 Promille.[5] Noch plastischer werden diese Trends, wenn man berücksichtigt, daß von den im Jahre 1955 geschlossenen Ehen bis heute ca. zwölf Prozent und von den Heiraten des Jahres 1960 bereits 15 Prozent geschieden wurden. Man schätzt, daß von den 1975 geschlossenen Ehen sich bereits ein Viertel wieder trennen werden[6] und hält es aufgrund des weiter steigenden Trends nicht für unwahrscheinlich, daß in absehbarer Zeit auch in der Bundesrepublik Deutschland – wie bereits in den USA – 40 Prozent aller Ehen wieder aufgelöst werden. Die Trends in den anderen europäischen Ländern weisen in dieselbe Richtung.[7] Da im selben Zeitraum auch die Wiederverheiratungsraten sanken, kann man daraus schließen, daß zunehmend mehr Menschen nach einer Scheidung andere Lebensstile und Beziehungsformen als die Ehe wählen.

Zwar lebt heute immer noch die Mehrheit der Bevölkerung nach konventionellen Mustern. Nach der neuesten Repräsentativerhebung über „Familien in den 80er Jahren"[8] hatten fast zwei Drittel der Erwachsenen weder jemals unverheiratet mit einem Partner zusammengelebt, noch je in einer Wohngemeinschaft oder allein mit Kind gewohnt. Ein Drittel hat jedoch offensichtlich schon mit verschiedenen Typen von Haushalts- oder Lebensformen Erfahrungen gemacht, die nicht identisch sind mit dem klassischen Haushaltstyp „Ehepaar mit oder ohne Kind".[9]

Parallel zu der an den demographischen Daten ablesbaren Veränderung des familialen Verhaltens hat sich die Einstellung gegenüber Partnerschaft und Sexualität, Ehe und Familie und die Motivation zu heiraten oder unverheiratet zu leben, grundlegend verändert. Noch in den frühen 60er Jahren hielten 92 Prozent der Frauen und 86 Prozent der Männer die Ehe für eine unverzichtbare Institution. Ende der 70er Jahre waren es nur noch 61 Prozent der Frauen und 60 Prozent der Männer.[10] Auch die Überzeugung, die Ehe sei eine wesentliche Voraussetzung für individuelles Glück, ging im gleichen Zeitraum stark zurück. 1949 waren 57 Prozent der verheirateten Männer davon überzeugt, Ende der 70er Jahre nur noch 42 Prozent. Noch entschiedener kehrten sich Frauen von der Überzeugung ab, die Ehe sei der Grundstein für das Lebensglück einer Frau: 1949 waren 51 Prozent der verheirateten Frauen davon überzeugt, Ende der 70er Jahre nur noch 29 Prozent.[11]

Die Jugendlichen heute haben es nicht eilig zu heiraten. Für Mädchen erscheint es nicht mehr so wichtig, möglichst schnell unter die Haube zu kommen, wichtiger ist es, den „Richtigen" zu finden.[12] Auch bei den Jungen hat sich im selben Zeitraum die

Einstellung entsprechend gewandelt, wenn auch hier die Entwicklung nicht so spektakulär verlief.[13]

Ein Grund für diese Entwicklung ist sicherlich die Liberalisierung der Einstellung zu außerehelicher Sexualität. Bis in die 70er Jahre war es für unverheiratete Paare nahezu ausgeschlossen, eine gemeinsame Wohnung zu bekommen, der Kuppeleiparagraph stellte das unverheiratete Zusammenleben Minderjähriger (unter 21 Jahren) unter Strafe. Heute sind diese Gründe hinfällig, denn man braucht nicht mehr, wie noch in den 70er Jahren, Diskriminierungen zu fürchten, wenn man mit einem Partner ohne Trauschein zusammenlebt. Dementsprechend erscheint jungen Mädchen heute voreheliche Sexualität annähernd selbstverständlich,[14] was noch zu Beginn der 60er Jahre die Mehrheit der jungen Frauen ablehnte.[15]

Nichtinstitutionalisierte Partnerschaften sind jedoch nicht nur für junge Menschen, sondern zunehmend auch für ältere attraktiv. Sie sind nicht nur als Probeehe vor einer Heirat verbreitet, sondern werden auch zunehmend von Geschiedenen praktiziert, die nicht erneut heiraten wollen oder – wegen bestehender Unterhaltsverpflichtungen – können. Hinzu kommt, daß die Gruppe derer, die in ihrem Leben niemals heiraten, aber trotzdem ihr Leben lang in befriedigenden sozialen Partnerschaften leben wollen, in den letzten Jahren offensichtlich anwächst. Ein Teil der heute 30- bis 50-jährigen hat bislang keine Erfahrung mit der Ehe gemacht, aber z. B. Erfahrungen mit dem Leben in Wohngemeinschaften, hat mit einem Partner unverheiratet zusammengelebt oder sich entschieden, alleine zu wohnen. Es ist unwahrscheinlich, daß diese Gruppe in ihrem Leben noch einmal heiraten wird, vielmehr nimmt ihr Heiratswunsch, wie eine Repräsentativstudie über Nichteheliche Lebensgemeinschaften belegt,[16] mit zunehmendem Alter kontinuierlich ab.

Zahlen, in welchem Umfang sich die neuen Lebensformen verbreitet haben, sind bis heute nicht in ausreichendem Maße vorhanden. Ein quantitativer Vergleich der Neuen Lebensformen ist bisher nur in einer Studie für Berlin anhand von Mikrozensusdaten vorgenommen worden.[17] Für die Bundesrepublik Deutschland gibt es bislang nur eine umfassende repräsentative

Erhebung über Nichteheliche Lebensgemeinschaften.[18] Die Verbreitung der Singles kann bislang sogar nur geschätzt werden, statistische Befunde existieren nicht. Allein für Ein-Elternteil-Familien liegen hinreichende amtliche statistische Daten vor.

Nichteheliche Lebensgemeinschaften haben nach den Daten des Mikrozensus von 1972 bis 1982 von 273000 auf 1032100 zugenommen,[19] was fast einer Vervierfachung entspricht. Zugleich zeigen diese Daten, daß ca. zwei Prozent aller Haushalte aus Nichtehelichen Lebensgemeinschaften bestanden. Eine Sonderauswertung der Daten des Sozio-ökonomischen Panels ergab, daß 1987 bereits 6 Prozent der Befragten als Paare ohne Trauschein lebten.[20] Das dieser Zahl zugrundegelegte Erhebungsverfahren erfaßt jedoch nur zusammenlebende Paare, die angeben, einen gemeinsamen Haushalt zu führen und klammert Paare aus, die nicht zusammenwohnen, sich jedoch trotzdem als Nichteheliche Lebensgemeinschaft verstehen. Nach der Repräsentativerhebung von Emnid aus dem Jahre 1983 ist dies immerhin ein Drittel derer, die sich als Nichteheliche Lebensgemeinschaften begreifen.[21] Von daher muß man davon ausgehen, daß die Zahl der Paare ohne Trauschein höher liegt.

Das Anwachsen der Zahl Nichtehelicher Lebensgemeinschaften ist nicht nur in der Bundesrepublik Deutschland zu beobachten. Auch in anderen Ländern – vor allem in Schweden und den Niederlanden – zeigen sich besonders ausgeprägte Tendenzen.[22]

Die bisherigen Forschungen belegen, daß Nichteheliche Lebensgemeinschaften bislang noch überwiegend von Jüngeren bevorzugt werden.[23] Fast die Hälfte der unverheirateten Partner sind unter 25 Jahre alt. Ferner waren bis vor einigen Jahren Nichteheliche Lebensgemeinschaften vorrangig für Personen mit höherem Bildungsniveau attraktiv.[24] Dies hat sich in den letzten Jahren nivelliert. So haben nach unseren Berechnungen der Daten des Sozio-ökonomischen Panels 47 Prozent der Nichtehelichen Lebensgemeinschaften Hauptschulabschluß (Befragte bis 50 Jahre alt). Nach der Studie „Familie in den 80er Jahren“ haben fast die Hälfte der befragten Paare ohne Trauschein ihre Berufsausbildung mit einer Lehre abgeschlossen. Auffallend ist jedoch, daß die Frauen – im Vergleich zu Ehefrauen – eine bessere Ausbildung haben.[25]

Nationale und internationale Befunde[26] verdeutlichen, daß unverheiratete Paare eher in den Großstädten als auf dem Lande leben. Im Jahre 1985 hatten ca. 60 Prozent der Paare ohne Trauschein in Großstädten, 16 Prozent in einer Kleinstadt, aber immerhin schon 23 Prozent der Paare ohne Trauschein auf einem Dorf[27] ihren Wohnsitz. Auch hier ist in der Folgezeit eine schnelle Nivellierung erfolgt. Nach unseren Berechnungen der Panel-Daten lebten von den Paaren ohne Trauschein (bis 50 Jahre alt) 43,5 Prozent in Großstädten über 100 000 Einwohner, was nur noch wenig mehr als den Bevölkerungsdurchschnitt ausmacht.

In Nichtehelichen Lebensgemeinschaften sind überwiegend beide Partner erwerbstätig. Nur elf Prozent der Frauen sind nicht berufstätig, wohingegen es bei der Gruppe der Ehefrauen 62 Prozent sind.[28] Auch eine Stichprobe des Bundesinstituts für Bevölkerungsforschung von 1983 zeigt, daß nur 18,8 Prozent der nichtehelich zusammenlebenden Frauen nicht erwerbstätig sind gegenüber 49,9 Prozent der Ehefrauen.[29] 1987 (Panel-Daten) sind nur noch 8,7 Prozent der Frauen in nichtehelichen Lebensgemeinschaften nicht erwerbstätig.[30]

Das Einkommen Nichtehelicher Lebensgemeinschaften ist niedriger als das von Ehepaaren. Dies ergibt sich trotz der höheren Erwerbstätigkeit von Frauen aus dem jugendlichen Alter und dem entsprechend niedrigen beruflichen Status der Nichtehelichen Lebensgemeinschaften. Da laut Emnid 31 Prozent noch in der Ausbildung sind oder gar noch zur Schule gehen, ist ihr Nettoeinkommen gering. 69 Prozent verdienen unter 2.000 DM monatlich, während dies bei den Verheirateten nur 21 Prozent sind.[31] Aber auch hier macht sich eine Angleichung bemerkbar. Nach den Panel-Daten haben die Paare ohne Trauschein (bis 50 Jahre alt) 1987 ein Haushaltsnettoeinkommen von im Durchschnitt 3 130,– DM. Demgegenüber beträgt das Durchschnittseinkommen von Ehepaaren 3 400,– DM.[32]

Ein weiteres Charakteristikum von Nichtehelichen Lebensgemeinschaften ist, daß nur vier Prozent der Befragten der Emnid-

Studie gemeinsame Kinder haben. Trotzdem leben 25 Prozent der Paare mit Kindern zusammen, die aus früheren Partnerschaften stammen.[33] Ein Vergleich der Mikrozensen von 1972 und 1982 weist eine Verdreifachung der Zahl von Nichtehelichen Lebensgemeinschaften mit Kindern auf.[34]

Die Zunahme der Singles in den letzten Jahrzehnten kann man nur abschätzen, da die amtliche Statistik den Begriff „Single" nicht kennt. Als Richtwert kann man nur die Zahl der Einpersonenhaushalte nehmen. Diese Haushalte haben zwischen 1950 und 1985 von 18,5 Prozent aller bundesdeutschen Haushalte auf 33,6 Prozent zugenommen. In manchen Städten, wie z. B. Berlin oder Frankfurt liegt ihr Anteil bei über 50 Prozent.[35]

Mit dieser Zahl wird jedoch das Ausmaß der „tatsächlichen Singles" überschätzt, da Einpersonenhaushalte im Rahmen der offiziellen Statistiken auch Partner einer Nichtehelichen Lebensgemeinschaft sein können oder auch Mitglieder einer Wohngemeinschaft, sofern sie sich nicht offiziell als Mehrpersonenhaushalt definieren. Des weiteren gehen in diese Zahl alle Altersgruppen ein, so insbesondere ältere Menschen, die oft nicht freiwillig alleine leben, sondern aufgrund von Verwitwung. Die über 65-jährigen stellen über 50 Prozent der Einpersonenhaushalte. Die wenigen vorliegenden Forschungen legen nahe, die eigentlichen Singles in der Altersgruppe der 25- bis 45-jährigen zu vermuten. In dieser Altersgruppe ist von 1969 bis 1985 eine überproportionale Zunahme von 11,9 Prozent auf 24,4 Prozent aller Einpersonenhaushalte zu verzeichnen.[36]

Alleinlebende haben nach allen – sowohl deutschen als auch amerikanischen – Studien ein deutlich höheres Bildungsniveau als Verheiratete. Dies gilt für den Durchschnitt der Alleinlebenden,[37] zeigt sich aber am deutlichsten bei den Jüngeren. Pohl[38] berichtet von 31,2 Prozent alleinlebenden Frauen mit Abitur in ihrer 1983 erhobenen Stichprobe (Alter 18 bis 28 Jahre), die Studie von Schreiber von 39,4 Prozent (Alter 25 bis 44 Jahre)[39] und die Studie von Opaschowski[40] sogar von 51 Prozent der Befragten mit Abitur (25 bis 54 Jahre). Eine differenziertere Beschreibung nach Sozialdaten ist zur Zeit, wegen der bislang fehlenden repräsentativen Ergebnisse, nicht möglich.

Auch die Anzahl derjenigen, die ihr Kind alleine großziehen, ist in den letzten Jahren ständig gestiegen. Im Jahre 1976 waren lediglich 9 Prozent aller Familien mit Kindern unter 18 Jahren Alleinerziehende, 1979 waren es bereits 10 Prozent, 1982 stieg der Anteil auf 11,4 Prozent und erreichte 1989 einen Stand von 14 Prozent.[41] 84 Prozent der Alleinerziehenden sind Frauen, nur 16 Prozent Männer.

Besonders bemerkenswert ist die Zunahme alleinerziehender Väter, deren Zahl sich von 88 000 im Jahr 1972 um 242 Prozent auf 301 000 im Jahr 1989 erhöht hat.[42] Die Zahl der alleinerziehenden Mütter stieg im selben Zeitraum um 159 Prozent von 618 000 auf 1,6 Mio. Vergleicht man diese Zahlen mit den Verhältnissen in den USA, wirken die Veränderungen hierzulande viel weniger dramatisch. In den USA ist der Anteil der Alleinerziehenden an den Familien insgesamt erheblich höher, und auch deren Zunahme in den letzten Jahren war sehr viel höher als bei uns.[43]

In der Bundesrepublik Deutschland besteht die Hauptgruppe der Alleinerziehenden aus Geschiedenen mit 45,3 Prozent, gefolgt von den Verwitweten mit 20,6 Prozent, den Ledigen mit 17,7 Prozent und den Verheirateten, die getrennt leben, mit 16,5 Prozent.[44]

Beim Bildungsniveau von Alleinerziehenden finden sich keine Unterschiede zwischen verheirateten Vätern und Müttern. Tendenzielle Unterschiede zeigen sich erst, wenn man Alter und Bildungsniveau vergleicht. Alleinerziehende der älteren Jahrgänge können weniger höhere Bildungsabschlüsse angeben. Dagegen haben jüngere Alleinerziehende eher Realschulabschluß oder die Hochschulreife. Dies hat jedoch weniger mit dem Status der Ein-Elternteil-Familie zu tun, als vielmehr mit dem Bildungsstrukturwandel der letzten 20 Jahre.[45]

Die wirtschaftliche Lage der Alleinerziehenden ist – gemessen am Bevölkerungsdurchschnitt – sehr schlecht, obwohl über die Hälfte der alleinerziehenden Mütter erwerbstätig ist. Besonders ledige Mütter sind finanziell benachteiligt, fast die Hälfte (46,5 Prozent) von ihnen hat weniger oder so viel Einkommen wie die Sozialhilfe beträgt.[46] Ebenfalls benachteiligt sind getrenntlebende Mütter, Geschiedene und vor allem verwitwete

Mütter. Sie haben zwar ein etwas höheres Einkommen als ledige Mütter, sind aber, verglichen mit anderen Familien, dennoch finanziell schlechter gestellt.[47]

Zusammenfassend läßt sich festhalten, daß die Selbstverständlichkeit einer durch einmalige Heirat begründeten Familienkarriere als Bestandteil männlicher und insbesondere weiblicher Lebensentwürfe in den letzten 20 Jahren rückläufig ist. Stattdessen existieren zunehmend unterschiedliche Beziehungs- und Lebensformen nebeneinander, wobei sich neben den institutionalisierten Beziehungsformen Ehe und Familie verschiedene nicht-institutionalisierte Beziehungstypen etablieren. Wichtig für diesen Prozeß der Pluralisierung von Familienformen scheint uns, daß mehrere Beziehungsmuster im Lebenslauf zunehmend wahrscheinlich werden.

2. Theoretische Erklärungsansätze

Wir interpretieren die Veränderungen der Lebens- und Beziehungsformen und die zunehmende Ehemüdigkeit nicht als Anzeichen eines Zerfalls der Familie, wie dies von einigen Wissenschaftlern – nun schon seit der Jahrhundertwende – immer wieder als „Ende der Ehe" oder „Auflösung der Familie" postuliert wird. Vielmehr verstehen wir die oben beschriebene Entwicklung als Teil eines Wandels der Gesellschaft, in dem ein Wandel von Familie eingebettet ist. Um diese Veränderungen erklären zu können, sind zwei unterschiedliche Modelle entwickelt worden, die wir im folgenden kurz erläutern wollen.

Das erste Modell, die Modernisierungstheorie, geht von einer Pluralisierung unserer Gesellschaft und einer entsprechenden Vervielfältigung von Bezugsgruppen aus. Dies führt dazu, daß universell gültige Normen und Sanktionen durch solche ersetzt werden, die nur noch für einzelne Lebensbereiche Gültigkeit haben.[48] Damit entsteht für den Einzelnen die Möglichkeit, zwischen verschiedenen Rollen zu wählen. Dadurch, daß die gesellschaftliche Toleranz gegenüber solchen Wahlmöglichkeiten gestiegen ist, erhöhen sich für den Einzelnen die individuellen

Gestaltungsmöglichkeiten für sein Leben.[49] Er hat die Chance, anstelle der bislang allgemein verbreiteten Lebensform Ehe auch alternative Lebensstile wie z.B. Nichteheliche Partnerschaft oder Wohngemeinschaften auszuprobieren.

Dieser gesellschaftliche Prozeß schafft eine Befreiung des Individuums von traditionellen Zwängen[50] und ermöglicht, daß Selbstverwirklichung zu einem zentralen Ziel des Einzelnen wird.[51] Im Zuge dieser Entwicklung kann der Einzelne zwischen verschiedenen Rollenvorgaben und Lebensentwürfen zunehmend so wählen, daß der größtmögliche Nutzen und Glücksgewinn für ihn entsteht.

Der andere Theoriestrang basiert als Erklärungsmodell auf den Konzepten des Funktionalismus und Neoevolutionismus. Diese Theorien gehen davon aus, daß im Zuge der gesellschaftlichen Entwicklung eine zunehmende Differenzierung von Institutionen stattfindet.[52] Im Hinblick auf die Entwicklung der Familie bedeutet dies, daß immer mehr Funktionen aus der Familie ausgegliedert werden, so z.B. die Pflege und Versorgung von Alten oder Erziehungsaufgaben, die von einem bestimmten Alter an überwiegend von staatlichen Institutionen übernommen werden. Das Ergebnis dieses Prozesses sei ein Funktionsverlust der Familie.

Tyrell[53] hat darauf hingewiesen, daß dieser Funktionsverlust jedoch nur hauswirtschaftliche und ökonomische Aspekte umfaßt, der Familie im historischen Verlauf aber gleichzeitig neue Aufgaben zugekommen seien. Es habe eine Aufwertung und Kultivierung von Intimwerten stattgefunden, in deren Zentrum die sich „liebenden Gatten" und die Erziehung der Kinder stehen.[54] Auch Schuhmacher[55] geht davon aus, daß traditionelle Familien sich immer mehr darauf konzentrieren, dem einzelnen emotionale Befriedigung zu verschaffen. Die Diskrepanzen zwischen emotionalen Ansprüchen und emotionaler Wirklichkeit müssen aber zu vermehrten Konflikten führen. Diese internen Probleme und Spannungen in Familien sind, seiner Meinung nach, häufiger denn je zuvor in diesem Jahrhundert, was zur Suche nach neuen Lebens- und Beziehungsformen anregt.

Tyrell geht weiterhin von einem Deinstitutionalisierungsprozeß der Familie aus, der die primär ökonomische Funktion der Familie auflöst und mit einer Säkularisierung einhergeht, die die Ehe dem ideologischen Zugriff der Kirche entzieht. Der beschriebene Funktionswandel von einer ökonomischen Einheit zu einem Hort von Zweisamkeit und Intimität macht die überkommene Institutionalisierung des Zusammenlebens in geringerem Maße erforderlich und fördert die Zunahme alternativer Lebensstile und Beziehungsformen.

Ähnlich argumentiert Erika Spiegel.[56] Als eine konsequente Fortsetzung des gesellschaftlichen und familialen Wandels sieht auch sie die Zunahme alternativer Lebens- und Beziehungsformen, die emotionale Aspekte der Partnerschaft ausschließlich in den Mittelpunkt der Beziehung rücken und deren institutionelle Aspekte negieren.[57]

Auch die Argumentation Schenks[58] greift diese Zusammenhänge auf. Sie stellt in das Zentrum der Überlegungen ihres Buches, das den bezeichnenden Untertitel „Über die allmähliche Auflösung der Ehe durch die Liebe" trägt, die individualistischen Tendenzen in den letzten beiden Jahrhunderten.[59] Im Verlauf dieses historischen Individualisierungsprozesses stellt die Nichteheliche Lebensgemeinschaft nach Schenk eine notwendige Konsequenz der Liebesehe dar, die wiederum die rein ökonomisch begründete Form der Ehe früherer Jahrhunderte abgelöst hat.

In den bisher genannten Erklärungsansätzen werden materielle Ursachen nur selten einbezogen. Hinweise auf materielle Faktoren gibt es aber genug, wenn auch bisher kein einheitlicher Theoriezusammenhang vorhanden zu sein scheint. So verweist Schwarz auf den gestiegenen Wohlstand, der zum Teil überhaupt erst ein Leben außerhalb der Ehe, insbesondere das Alleinleben, ermöglichte.[60]

Er stellt weiter fest, daß seit der Reform der Scheidungsgesetze die Gruppe geschiedener Frauen, die es sich finanziell und moralisch leisten kann, in stärkerem Maße als früher unverheiratet zu bleiben,[61] angewachsen ist. Auch für die mangelnde Wiederverheiratungsneigung geschiedener Männer können oftmals materielle Gründe verantwortlich gemacht werden: Unterhaltszahlungen gegenüber ihren ehemaligen Partnern verhindern neue finanzielle Bindungen und damit in vielen Fällen auch eine neue Heirat.

Zusammenfassend läßt sich mit Nave-Herz festhalten, daß es eine ganze Reihe von plausiblen Erklärungsversatzstücken für den Wandel der Familie und die Zunahme alternativer Lebensstile gibt, daß aber ein überzeugender, die verschiedenen Phänomene erklärender Ansatz bisher noch fehlt: „Keine der gegenwärtigen familiensoziologischen Theorien gibt eine ausreichende und vollauf befriedigende Antwort auf die Frage nach der Kausalität und der Richtung familialer Veränderungen".[62]

3. Eigener Erklärungsansatz

Gesellschaftliche Entwicklungen haben immer eine Vielzahl von Ursachen. Welchen dieser Gründe man in den Vordergrund stellt, ist eine Frage der Blickrichtung und des theoretischen Interesses. Ohne dabei andere Erklärungen außer Acht zu lassen, halten wir es für die Analyse des Wandels der Familie und der zunehmenden Ausbreitung neuer Lebensstile und Beziehungsformen für weiterführend, die Entwicklung des Verhältnisses von Mann und Frau stärker zu berücksichtigen, als es bislang geschehen ist. Wir gehen davon aus, daß die Kritik an der Ehe und das Interesse an neuen Lebensstilen geschlechtsspezifisch unterschiedlich ist. Pointiert könnte man sagen, daß der Wandlungsdruck, der auf die Familie ausgeübt wird und der gleichzeitig zur Zunahme neuer Lebensstile führt, schwerpunktmäßig von Frauen ausgeht. Grundlage dieser These sind die Veränderungen der Lebenssituation der Frauen in den letzten Jahrzehnten,[63] die von verschiedenen gesellschaftlichen Veränderungsprozessen ausgelöst wurden, die den Lebenszusammenhang von Männern weitaus weniger berührten. Immer mehr Frauen sehen ihre Perspektive (auch) in einer auf Dauer angelegten qualifizierten Berufstätigkeit und sind weniger als früher bereit, die Familienaufgaben alleine zu übernehmen.[64]

Sie können mit der alleinigen Verantwortung für Familie und

Hausarbeit nicht mehr einverstanden sein, so daß sie versuchen, innerhalb und außerhalb der Ehe diese Rollenteilung zu verändern. Hierzu gehört die Suche nach neuen, für sie befriedigeren-den Lebensstilen und Beziehungskonzepten außerhalb der Ehe.

Zur Begründung dieses Erklärungsansatzes wollen wir die gesellschaftlichen Veränderungen der letzten Jahrzehnte und ihre Auswirkungen auf die Situation von Frauen etwas genauer betrachten. Als erster Faktor ist das rapide Wirtschaftswachstum der Nachkriegszeit mit seinen sektoralen Verschiebungen auf dem Arbeitsmarkt zu nennen.[65] Die daraus resultierende zunehmende Erwerbstätigkeit der Frauen,[66] vor allem von Müttern, und die verlängerten Bildungs- und Ausbildungsphasen trugen zu einer stetigen Verhaltens- und Einstellungsveränderung von Frauen bei.[67]

Hinzu kamen die Auswirkungen einer in den 60er Jahren veränderten Sexualmoral, veränderten Werthaltungen, sowie der Zugang zu verbesserten Verhütungsmitteln, was wiederum unmittelbar Konsequenzen für ihre Stellung in der Familie hatte.[68]

Ein anderer wichtiger Faktor war die Ausweitung des Bildungssystems seit Anfang der 60er Jahre, die zu einem starken Anstieg der Zahl der Mädchen mit qualifizierter Ausbildung führte[69] und damit neue Lebensansprüche der Frauen ermöglichte.[70] Noch zu Beginn der 50er Jahre war die Benachteiligung von Mädchen und jungen Frauen im Ausbildungsbereich offensichtlich. 1952 schlossen rund 81 Prozent der Mädchen und 78 Prozent der Jungen mit Volksschulabschluß ab, 1981 waren es nur noch 35 Prozent der Mädchen, aber 42 Prozent der Jungen. Innerhalb von drei Jahrzehnten hat sich die Zahl derer, die eine höhere Schule absolvierten (Realschule, Gesamtschule, Gymnasium), bei Mädchen fast verdreifacht, bei Jungen nur verdoppelt. Mitte der 70er Jahre überwog sogar die Zahl der weiblichen Abiturienten.[71] Die Bildungsreform brachte also vor allem einen Zugewinn für die Frauen; nicht zu Unrecht wird von einer Feminisierung der Bildung gesprochen (vgl. Schaubild 5 im Anhang).

Deutlicher Ausdruck des gestiegenen Bildungsniveaus ist der Einstellungswandel von Mädchen und jungen Frauen gegenüber der Berufstätigkeit im selben Zeitraum. Für immer mehr junge Frauen ist es selbstverständlich, später erwerbstätig zu sein, und sie gehen zunehmend nicht mehr, wie noch ihre Mütter, davon aus, daß dies lediglich eine begrenzte Phase vor der Ehe und Mutterschaft sei. Sie planen zunehmend eine lebenslange Erwerbstätigkeit, die durch die Geburt eines Kindes nur kurzfristig unterbrochen, jedoch nicht beendet wird.[72]

Neuerdings schließen sich die Türen, die sich durch bessere Ausbildung für Frauen in den letzten zehn bis 15 Jahren öffneten, auf dem Arbeitsmarkt eher wieder.[73] Zwar war der Zugang zu qualifizierten Berufen für Frauen nie einfach, aber seit den 80er Jahren stieg die Frauenerwerbslosigkeit besonders in den besser dotierten Berufsbereichen an. Jedoch beeinflußte dies bislang noch nicht die veränderte Haltung, Einstellung und Lebensplanung von jungen Frauen.[74] Die Frage wird sein, ob sie sich aus dem Erwerbsleben verdrängen lassen oder verstärkt in Konkurrenz zu den Männern auf den Arbeitsmarkt gehen. Die gestiegene Berufsqualifikation, die erworbene Berufserfahrung, die neue öffentliche und berufliche Anerkennung – aber auch die gestiegenen Lebenshaltungskosten und höheren Konsumansprüche lassen eher das letztere erwarten.

Der Abbau von Bildungsdefiziten gegenüber Männern und die gleichzeitige Intensivierung der Berufsorientierung bringen deutliche Einstellungsveränderungen gegenüber Männern, Familie und Hausarbeit mit sich. Trotz dieser Veränderungen im Leben der Frauen hat sich bislang in den Einstellungen der Männer und in ihrem Verhalten wenig geändert. Auch heute noch erwartet die überwiegende Mehrheit der Männer, daß Frauen für Heim und Familie alleine zuständig sind. Auch von berufstätigen Frauen wird weiterhin dieselbe Zuständigkeit für Hausarbeit und Sorge für das psychische Wohl der Familie erwartet wie von „Nur"-Hausfrauen.[75]

Die jüngste Repräsentativstudie über Männer kommt zu dem Schluß, daß 92 Prozent der Männer, die mit einer Partnerin zusammenleben, sich kaum an der Hausarbeit beteiligen.[76] Wenn verheiratete Männer etwas tun, dann nur gelegentlich. 87 Prozent der deutschen Männer bügeln nie; 79 Prozent haben noch nie gewaschen, 75 Prozent niemals Fenster geputzt; 66 Prozent der Männer wischen nie Fußböden. Nur gelegentlich verrichten 72 Prozent Aufräumarbeiten, 63 Prozent kaufen manchmal ein und 61 Prozent bewegen ab und zu den Staubsauger.[77] Unterschiede nach Alter und Schulbildung zeigen sich bei dieser durchgängigen Arbeitsverweigerung der Männer nur im negativen Antwortbereich: je älter ein Mann ist und je niedriger seine Schulbildung, desto geringer ist seine Beteiligung an der Hausarbeit.[78]

Diese Ergebnisse bestätigen die Aussagen von Pross, die in ihrer Studie von 1976 von einer „Internationale der Ehemänner" sprach, die der Überzeugung seien, Hausarbeit sei Frauensache.[79] Zwar wird ein Mann heute, wenn er jung ist und eine höhere Schulbildung hat, etwas mehr einkaufen, aufräumen und Wäsche waschen als vor sieben Jahren, bei den anderen anfallenden Hausarbeiten beteiligen sich jedoch auch diese Männer nicht. Die mangelnde Bereitschaft junger Männer zur Hausarbeit belegen die beiden Jugendstudien aus den Jahren 1981 und 1985. 91 Prozent der 15- bis 24-jährigen Männer hatten noch nie gewaschen, 70 Prozent noch nie gekocht, 65 Prozent noch nie geputzt.[80]

Mit dieser traditionellen Arbeitsteilung können Frauen nicht mehr einverstanden sein. Ihre eigenen Bedürfnisse nach physischer und psychischer Reproduktion haben sich durch berufliche Belastungen erhöht, ebenso ihr Bedürfnis nach eigener, häuslicher Rekreation, Verständnis für ihre beruflichen Probleme und Entlastung von der Hausarbeit. Der zumindest ansatzweise Abbau der materiellen Benachteiligung von Frauen und die Verringerung ihrer Unterlegenheitsgefühle gegenüber Männern führt zu nachdrücklichen Forderungen nach Egalität in der Beziehung.[81] Frauen versuchen zunehmend, die traditionelle Rollenteilung in der Ehe zu verändern und suchen gleichzeitig immer mehr nach Beziehungsformen außerhalb der Ehe, die ihnen aufgrund geringerer institutioneller Vorgaben einen erhöhten Verhandlungsspielraum gegenüber dem Partner versprechen.

Unsere These, daß berufstätige Frauen immer weniger bereit

sind zu heiraten und zunehmend alternative Lebensstile und Beziehungsmuster bevorzugen, bestätigen sich durch neuere Ergebnisse aus den USA und der Bundesrepublik Deutschland, die im folgenden kurz ausgeführt werden.

Nach Angaben von Houseknecht, Vaughan und Statham,[82] die sich auf U.S. Census-Daten berufen, hat zwischen 1970 und 1982 in der Altersgruppe der 25- bis 29-jährigen Frauen der Anteil der Nicht-Verheirateten von 28 auf 53 Prozent zugenommen und sich in der Altersgruppe der 30- bis 34-jährigen von 6 auf 12 Prozent sogar verdoppelt. Auch in der Altersgruppe der 20- bis 24-jährigen hat sich die Zahl der Nicht-Verheirateten – wenn auch in einem längeren Zeitraum, nämlich von 1960 bis 1982 – ungefähr verdoppelt.

Zurückgeführt wird diese Entwicklung vor allem auf die immer geringere Heiratsneigung von Frauen mit hohem Ausbildungsniveau in qualifizierten Berufen. So sind nach den Statistiken des U.S. Bureau of Census aus dem Jahre 1980 15 Prozent der 35- bis 54-jährigen Frauen mit mehr als fünf Jahren „graduate education" nicht verheiratet gegenüber nur fünf Prozent dieser Altersgruppe insgesamt. In der von den Autorinnen durchgeführten Studie über hochqualifizierte Frauen haben sogar 26 Prozent niemals geheiratet.[83]

Die herausragende Bedeutung, die das Ausbildungsniveau für die geringe Heiratsbereitschaft bei Frauen hat, gilt jedoch nicht für Männer. Sowohl bei hochqualifizierten als auch bei niedrig qualifizierten Männern beträgt die Unverheiratetenquote nur 8 Prozent. Houseknecht, Vaughan und Statham führen die geringere Heiratsneigung der Frauen in qualifizierten Berufen auf die Doppelbelastung durch Familie und Karriere zurück. Im Rahmen der Rollentheorie gehen sie davon aus, daß Familie und Karriere antagonistische Erwartungen an das Verhalten der Frauen richten. Der daraus resultierende Konflikt kostet Zeit und Energie, außerdem behindern sich die Verhaltensmuster der beiden Rollen.

Um unseren Erklärungsansatz, der für die USA inzwischen recht gut zu belegen ist, auch für Deutschland zu beweisen, haben wir eine Sekundäranalyse der bislang einzigen Repräsentativuntersuchung über Nichteheliche Lebensgemeinschaften durchgeführt. Diese Untersuchung wurde 1983 im Auftrag des Bundesministeriums für Jugend, Familie, Frauen und Gesundheit von Emnid durchgeführt.[84] Wir analysierten vor allem den Heiratswunsch der befragten unverheirateten Paare, um herauszufinden, ob es tatsächlich die Frauen sind, die eine Heirat stärker ablehnen als Männer und sich stattdessen vorstellen können, auch längerfristig in Nichtehelichen Lebensgemeinschaften zu leben.

Die Analyse zeigt, daß, je älter die unverheirateten Paare sind, sie sich umso eher vorstellen können, auch längerfristig in Nichtehelichen Lebensgemeinschaften zu leben. Dementsprechend nimmt der Heiratswunsch bei Männern wie Frauen mit zunehmendem Alter gleichermaßen ab (vgl. Anhang, Schaubild 3). Ein wichtiger Grund hierfür dürfte sein, daß Ältere in vielen Fällen Erfahrungen mit der Ehe gemacht haben (37,3 Prozent der über 35-jährigen sind geschieden oder leben getrennt, gegenüber nur 6,3 Prozent der bis 35-jährigen) und von daher weniger motiviert sein mögen, sich erneut in eine solche Form legaler Bindung zu begeben. Hinzu kommt, daß für Ältere, wenn sie den Entschluß zusammenzuleben erst einmal getroffen haben, einige der für Jüngere relevante Heiratsgründe nicht mehr bestehen. Innerhalb der bei Befragungen genannten Heiratsgründe gehören hierzu die Geburt eines Kindes, Einfluß der Eltern, Verwandten und Bekannten oder Schwierigkeiten bei der Wohnungssuche.

Des weiteren bestätigt die Analyse die Bedeutung eines hohen Bildungsniveaus – und dementsprechend höher qualifizierte Berufstätigkeit – von Frauen für deren Vorstellungen, ihre Nichtehelichen Lebensgemeinschaften als langfristige Lebensperspektive einzuschätzen (vgl. Anhang, Schaubild 4). In allen Altersgruppen verneinen die in Nichtehelichen Lebensgemeinschaften lebenden berufstätigen Frauen mit hohem Bildungsniveau signifikant häufiger den Heiratswunsch als berufstätige Männer mit hohem Bildungsniveau und auch häufiger als berufstätige Frauen mit niedrigem Bildungsniveau. Berufstätige Frauen mit niedrigem Bildungsniveau unterscheiden sich dagegen von Männern mit niedrigem Bildungsniveau deutlich weniger.[85]

Unsere Annahme, daß gerade Frauen, die eine Heirat ablehnen und sich durchaus vorstellen können, auch längerfristig eine neue Lebensform, wie z.B. die Nichteheliche Lebensgemeinschaft, beizubehalten, hat sich für berufstätige Frauen mit höherem Bildungsniveau und entsprechend qualifizierten Berufen bestätigt. Vor allem in der Altersgruppe der 26- bis 35-jährigen können sich hochsignifikant weniger berufstätige Frauen als Männer vorstellen, zu einem späteren Zeitpunkt zu heiraten. Bei den älteren Frauen (36 bis 65 Jahre), fällt das Ergebnis, obwohl in die gleiche Richtung weisend, weniger deutlich aus. Dagegen äußern von den jüngeren Frauen (16 bis 25 Jahre) mehr Frauen den Wunsch nach einer Heirat als Männer. Berücksichtigt man aber Berufstätigkeit und Bildungsniveau auch in diesen beiden Altersgruppen, so ergibt sich, daß auch hier qualifiziert berufstätige Frauen weniger häufig heiraten wollen. Halten wir also fest, daß im Vergleich von Männern und Frauen primär berufstätige Frauen mit hohem Bildungsniveau sich gegen die Ehe aussprechen und das Zusammenleben ohne Trauschein auch als langfristige Perspektive ansehen. Die durch die qualifizierte Berufstätigkeit erreichte ökonomische Unabhängigkeit gibt ihnen die Möglichkeit, sich von dem Zwang zur Versorgungsehe freizumachen, ihr Leben finanziell autonom zu gestalten, und befriedigendere neue Lebensformen mit oder ohne Männer auszuprobieren.

Ziel und Durchführung der Befragung

Ausgehend von diesen Überlegungen konzipierten wir eine empirische Untersuchung über Nichteheliche Lebensgemeinschaften, Singles und Alleinerziehende, die z.T. auch in Wohngemeinschaften leben. Es ging uns darum, herauszufinden, ob die Entstehung und zunehmende Verbreitung dieser „neuen Lebensformen" tatsächlich eine Abkehr von der Institution Ehe und Familie bedeutet und ob es bezüglich dieser Haltung Unterschiede zwischen Frauen und Männern gibt.

Uns interessierte, wie Männer und Frauen leben, wenn sie sich gegen eine Ehe als Lebensform entscheiden. Bisher wissen wir wenig über die Vor- und Nachteile solcher Lebensformen und kaum etwas über die konkrete Lebenssituation, das Alltagsleben, die Rollenverteilung zwischen den Partnern; wenig darüber, wie sich Kind und Beruf vereinbaren lassen oder welche besonderen Probleme mit der Wohnsituation, am Arbeitsplatz etc. entstehen. Von daher ist die Frage, inwieweit die Lebenspraxis von Alleinerziehenden, Singles oder Nichtehelichen Lebensgemeinschaften von der traditionellen Ehe tatsächlich abweicht, ungeklärt. Uns interessierte, ob die untersuchten Lebensstile eine „neue Qualität" haben – und wenn ja, welche -, oder ob sie lediglich Varianten traditioneller Haushaltsformen sind, die von den Betroffenen bei entsprechender Gelegenheit zugunsten einer Ehe wieder aufgegeben werden.

Natürlich interessierten uns auch die Gründe der Befragten, warum sie ihren jeweiligen Lebensstil gewählt haben. Denn bislang existieren lediglich Vermutungen darüber, warum Leute nicht mehr heiraten wollen, lieber als Single leben, ihr Kind alleine oder in einer Wohngemeinschaft großziehen, oder sich einen Partner suchen, den sie aber nicht heiraten wollen. Die von uns durchgeführte Studie sollte deshalb anhand von Interviews die Motive der Befragten für die gewählte Lebensform, ihre

Zukunftsperspektiven und ihre Einstellung zur Ehe und Familie herausarbeiten.

Für die vorliegende Untersuchung haben wir die Lebensläufe von 70 Interviewpartnern erhoben. Davon beziehen sich 15 biographische Interviews auf Singles und 15 auf Alleinerziehende. Desweiteren befragten wir 20 Paare ohne Trauschein, wobei wir mit beiden Partnern, also insgesamt 40 Interviews durchführten. Die von uns ausgewählten Gesprächspartner leben schon seit einiger Zeit als unverheiratete Paare, Singles oder Alleinerziehende; Personen, die erst seit einigen Monaten diese Lebensstile bevorzugen, berücksichtigten wir bei unserer Befragung nicht. Wir gingen davon aus, daß Gesprächspartner, die schon längere Erfahrung mit diesen Lebensstilen haben, einen besonders guten Einblick in ihre eventuell veränderten Verhaltensweisen und ihre individuellen Erfahrungen und Einstellungen geben können.

Im Hinblick auf unsere These, daß es eher die Frauen seien, die stärker noch als Männer veränderte Beziehungs- und Lebensstile anstreben und praktizieren, achteten wir bei der Befragung besonders auf geschlechtsspezifische Unterschiede.

Die zweite Kategorie, die uns wichtig war, ist das Alter der Befragten. Wir gehen davon aus, daß der Entschluß, nicht zu heiraten, sondern alternative Lebens- und Beziehungsformen zu praktizieren, altersspezifisch unterschiedliche Bedeutungen hat. Während für junge Leute vieles noch ungewiß ist und sie neue Lebensarten erst einmal erproben, um sie eventuell später gegen eine andere einzutauschen, sind ältere zumeist nicht mehr so flexibel. Vielmehr könnte eine gewisse Etablierung und Festlegung auf ein Lebenskonzept eingetreten sein, oder die Zeit der Experimente schon zurückliegen.

Hinzu kommt, daß in einer Zeit starker Veränderungen des sozioökonomischen Gefüges und der geltenden Werte die Lebensbedingungen und Lebenskonzepte verschiedener Generationen nicht einfach nur durch ihr unterschiedliches Alter zu erklären sind, sondern ihren Biographien gewandelte soziokulturelle Bedingungen zugrunde liegen. So ist offensichtlich, daß das Alleinleben einer Kriegerwitwe als soziales Phänomen eine andere Bedeutung hat als das eines mobil bleiben wollenden 25-

jährigen Studenten, was nicht nur am Altersunterschied der beiden liegt, sondern auch daran, daß beide in anderen sozialen Welten aufgewachsen sind.

Neben diesen beiden systematisch berücksichtigten Variablen Geschlecht und Alter achteten wir auf eine weitgehend heterogene Zusammensetzung der Untersuchungspopulation. Die Befragten sollten möglichst unterschiedliche Bildungsabschlüsse aufweisen und verschiedenen Berufsgruppe angehören. Die jeweilige Zugehörigkeit zu unterschiedlichen Einkommensgruppen war ebenso wichtig für die Auswahl, wie das Vorhandensein von Kindern und deren Alter. Eine detaillierte Beschreibung der Auswahl der Interviewten und deren soziodemographische Merkmale findet sich im Anhang.

Innerhalb unserer Untersuchung stellen die Nichtehelichen Lebensgemeinschaften den vielschichtigsten Beziehungstyp dar und sind von daher am schwierigsten zu definieren. Gemeint sind Partnerschaften mit und ohne Kinder in unterschiedlichen Wohnformen: Paarhaushalte, aber auch getrennt wohnende Paare, des weiteren zusammenlebende Paare, die mit anderen Personen in einer Wohngemeinschaft zusammenwohnen.

Als Singles verstehen wir jüngere Personen, die alleine wohnen, keine Kinder haben oder deren Kinder bereits ausgezogen sind bzw. bei einem anderen Elternteil leben. Ein weiteres Kriterium für Singles ist, daß sie zur Zeit keine feste Partnerschaft haben.

Als Alleinerziehende sollen Personen verstanden werden, die mit ihren Kind/ern (unter 18 Jahren) alleine in einem Haushalt wohnen und derzeit ebenfalls keine feste Partnerschaft haben. Falls alleinerziehende Befragte einen festen Partner haben und eventuell auch mit diesem zusammenwohnen, werden sie in unserer Untersuchung als Nichteheliche Lebensgemeinschaften erfaßt. Es ist jedoch auch möglich, daß sie mit anderen Erwachsenen zusammen in einer Wohngemeinschaft leben.

Es wird deutlich, daß die Übergänge zwischen diesen drei gebildeten Beziehungs- und Haushaltstypen fließend sind: Ein nichtverheiratetes Paar, daß sich als dauerhafte Lebensgemeinschaft begreift, kann einen eigenen Haushalt bilden, Teil einer

Wohngemeinschaft sein oder aus zwei Ein-Personen-Haushalten bestehen. In einer Wohngemeinschaft können gleichzeitig Einzelpersonen, Alleinerziehende und Nichteheliche Lebensgemeinschaften wohnen.

Die inhaltlichen Schwerpunkte der Befragung der drei Typen sind je nach Spezifik der Lebensumstände etwas unterschiedlich.

Bei den Nichtehelichen Lebensgemeinschaften legten wir besonderes Augenmerk auf die Rollenverteilung zwischen den Partnern im Hinblick auf Berufstätigkeit, Hausarbeit und Kinderbetreuung. Unsere These hierzu lautet, daß Frauen in Nichtehelichen Lebensgemeinschaften mehr Unterstützung von ihrem Partner erhalten als Ehefrauen. Deshalb fragten wir nach Umfang und Organisation der Hausarbeit. Aber auch Entscheidungen über Aufteilung der Finanzen, Anschaffung von Konsumgütern und Reiseaktivitäten geben Aufschluß über die Beziehungsstrukturen.

Bei Analyse der Paare ohne Trauschein orientierten wir uns auch an bisher vorliegenden empirischen Ergebnissen. In verschiedenen Studien wurden sowohl die objektiven Lebensbedingungen als auch die subjektiven Einschätzungen, die Einstellung zu Ehe und Familie, das Freizeitverhalten und die Kommunikationsnetze untersucht.[1] Allerdings beziehen sich die vorliegenden empirischen Arbeiten vor allem auf jüngere ledige Personen, ältere Personen und deren spezifische Motive zu Nichtehelichen Lebensgemeinschaften sind weniger untersucht. Im wesentlichen mangelt es auch an der Erforschung der internen Macht- und Beziehungsstrukturen. Dies gilt aber auch für die Beziehungsstrukturen von Ehepaaren. Verläßliche Aussagen über die Beziehungsdynamik müßten von daher unabhängig vom formalen Status der Beziehung noch erarbeitet werden.

Bei den Singles fragten wir uns, inwieweit ihrer Lebensform grundsätzliche Veränderungen des Rollenverhaltens zugrunde liegen. Haben Singles tatsächlich die Regie für ihr Leben ohne Kompromisse an einen Partner übernommen oder leben sie eher aus Mangel an Möglichkeiten ohne Partner?

Für die Gruppe der Singles konnten wir uns am wenigsten auf bisherige Forschungsliteratur beziehen, da es bislang kaum empirische Untersuchungen gibt. Das bisherige Interesse galt vor allem dem Freizeitverhalten und der Zufriedenheit mit der Lebenssituation.[2] Eine genaue soziale Charakterisierung nach Alter, Familienstand, Wohnort und Dauer des Alleinlebens wurde bisher nicht geleistet. Auch der sicher wichtige Zusammenhang zwischen dem Alleinleben und den Anforderungen an soziale und regionale Mobilität wurde bisher ausgeklammert. Forschungen aus dem angloamerikanischen Raum haben sozioökonomische Faktoren, Fragen der geschlechtsspezifischen Differenzierung, der psychischen Stabilität und des Stellenwerts des Alleinlebens im individuellen Lebenszyklus untersucht.[3] Jedoch gilt auch dort, daß weniger Informationen als z.B. über Nichteheliche Lebensgemeinschaften vorliegen.

Bei den Alleinerziehenden fragten wir besonders nach den Gründen, die zu der Entscheidung für diese Lebensform geführt hatten und was heute als Vor- und Nachteile erlebt wird. Auch hier interessierten uns die Handlungsspielräume, die aus dieser Lebensform resultieren und die Frage, ob die Interviewten vorhaben, diese Lebensform länger beizubehalten oder aber in absehbarer Zukunft zugunsten einer neuen Partnerschaft oder Ehe ändern wollen.

Diese Fragen sind bislang nicht hinreichend beantwortet. Es fehlen gesicherte Erkenntnisse über die Gründe, die immer mehr Eltern bewegen, ihr Kind ohne Partner großzuziehen. Zwar ist die Lebenssituation der Alleinerziehenden in der Bundesrepublik Deutschland gut dokumentiert,[4] jedoch fehlen Arbeiten, die das spezifisch Neue an dieser Lebenssituation untersuchen.

Paare ohne Trauschein

„Was gegen einen Trauschein spricht"

Frau Fe., Jg. 1954, ledig, selbständige Architektin, lebt zusammen mit Herrn Q. und den beiden gemeinsamen Kindern. (Person 55)*

„In unserem Bekanntenkreis leben viele unverheiratet zusammen. Manche lehnen die Ehe kategorisch ab. Für andere ist offen, ob sie später noch heiraten. Ich denk' es ist schon auch abhängig von Alter, ob man Kinder hat oder haben will, ob man 'ne gescheiterte Ehe hinter sich hat. Es ist natürlich auch abhängig davon, ob man es sich leisten kann, als Frau und Mutter z. B. auf die Versorgungsansprüche zu verzichten, was sehr unklug wäre, wenn frau nicht erwerbstätig sein kann wegen der Kinder.

Für mich gibt es halt keinen Grund zu heiraten, weil ich beruflich ganz gut dastehe und wegen der Kinder würde ich nicht heiraten. Ohne Schein fühl' ich mich ungebundener, kann freier entscheiden."

Dieser Gesprächsausschnitt, der auch für andere stehen kann, spricht verschiedene Motive an, nicht zu heiraten. Die Entscheidung für eine Nichteheliche Lebensgemeinschaft und gegen eine Heirat wird nicht von allen aus den gleichen Gründen getroffen. Für einige ist die Ehe eine überflüssige, nicht mehr zeitgemäße Konvention und für andere hat es sich „halt nicht so ergeben".

Die Aussage „es gibt einfach keinen Grund zu heiraten" ist typisch für die befragten Paare. Gründe, die üblicherweise zu einer Heirat führen, wie Auszug aus dem Elternhaus, Abschluß der Ausbildung, Eintritt ins Erwerbsleben, Gründung eines eigenen Haushalts oder Geburt eines Kindes sind für die Befragten bisher keine hinreichenden Motive für eine Heirat gewesen. Geschiedene haben aufgrund der oftmals negativen Erinnerun-

* Eine ausführliche Personenbeschreibung findet sich im Anhang

gen an ihre Ehe kein Interesse mehr, sich erneut formal zu binden.

Wir fragten uns, was hinter diesen Aussagen steckt: Handelt es sich bei den Ehe-Verweigerern um eine einheitliche Gruppe oder lassen sich die Motive der Jüngeren von denen der Älteren unterscheiden? Haben Frauen andere Motive als Männer, eine Heirat abzulehnen und stattdessen mit ihrem Partner unverheiratet zusammenzuleben?

Ausgangspunkt unserer Überlegungen war, daß die Beziehungsform der Nichtehelichen Lebensgemeinschaften gerade für Frauen attraktiver sein könnte, weil mit dieser Lebensform keine festgeschriebenen Traditionen und Institutionalisierungen verknüpft sind und damit für Frauen größere Chancen bestehen, ihre Interessen an einer Gleichberechtigung in einer Partnerschaft durchzusetzen. Es wäre naheliegend, daß sie den erhöhten Verhandlungsspielraum in nicht-institutionalisierten Beziehungsformen zu einer ausgeglicheneren Verteilung der Reproduktionsarbeiten nutzen, d.h. selbst weniger übernehmen und stattdessen versuchen, ihre Partner verstärkt an der Arbeit zu beteiligen. Da traditionelle Rollenfixierungen in nicht-institutionalisierten Beziehungsformen schwerer einklagbar sind als in der Ehe, bestehen dazu gute Voraussetzungen.

Aber auch Männer können von nicht-institutionalisierten Beziehungsformen Vorteile erwarten. Insbesondere werden sie von der materiellen Verantwortung für eine Partnerin entlastet und können sich davon eine Bereicherung der eigenen beruflichen und privaten Möglichkeiten erhoffen. Auch besteht die Chance, traditionelle Rollenvorgaben zu hinterfragen und eingefahrene Verhaltensweisen zu verändern. Darauf werden wir später zurückkommen und uns zunächst auf die Motive der Frauen, unverheiratet mit einem Partner zusammenlebenzuleben, beziehen.

In den Interviews wird der Zusammenhang zwischen den langfristigen Berufsperspektiven der Frauen und ihrer Entscheidung, nicht zu heiraten, deutlich. Alle haben eine hohe Berufsmotivation und beabsichtigen, langfristig erwerbstätig zu sein. Sie sind finanziell unabhängig und gehen davon aus, daß sie ihren

Lebensunterhalt auch weiterhin durch ein eigenes Einkommen finanzieren könnten. Dies gibt ihnen die Sicherheit, eine Versorgungsehe ablehnen zu können. Stattdessen können sie sich vorstellen, auch längerfristig ohne formal festgelegte Versorgungsansprüche zu leben.

Frau S., Jg. 1941, geschieden, Prokuristin, hat eine Nichteheliche Lebensgemeinschaft mit Herrn T., Jg. 1940, geschieden, Außenhandelsvertreter. Das Paar lebt nicht zusammen (Person 43).

„Dann hab' ich ihm aber auch ganz klar gesagt, daß ich nie wieder meine Freiheit aufgeben würde. Das heißt, ich würde meinen Beruf weiter ausüben. Ich will nie wieder aufhören zu arbeiten. Bei meinem Ex-Mann durfte ich nicht arbeiten. Also der hat gesagt: 'Ne Frau gehört ins Haus.'

Ich sage, ich behalte meinen Job. Ich behalte meine Wohnung. Ich zieh' auch nie wieder mit einem Mann zusammen."

Frau Su., Jg. 1940, verwitwet, Hausfrau, Mutter von vier Kindern, lebt seit 15 Jahren zusammen mit Herrn D., Jg. 1936, ledig, Friseurmeister (Person 45).

„Für mich ist es wichtig, meine finanzielle Eigenständigkeit zu behalten, und deswegen will ich auch nicht wieder heiraten. Ich beziehe eine Rente von meinem verstorbenen Mann, da kann ich ganz gut 'von leben. Durch die finanzielle Unabhängigkeit fühle ich mich, verglichen mit meiner Ehe, freier. Denn so, wenn man jetzt vielleicht Schwierigkeiten mit einem Mann hat und man hat kein eigenes Geld, dann überlegt man sich vielleicht noch länger, ob man bleibt, obwohl es schon zu Ende ist. Ich würde gar keine Veranlassung sehen, eine Partnerschaft aufrechtzuerhalten, in der ich nicht glücklich bin. Und das ist natürlich auch das Wichtige, meine ich, in der heutigen Zeit, daß die Frauen alle ihren Beruf behalten möchten, daß sie dem Mann gegenüber eine ganz andere Position einnehmen."

Frau G., Jg. 1954, ledig, Werkzeugmacherin, Mutter von zwei kleinen Kindern, ist 20 Stunden erwerbstätig. Sie lebt seit vier Jahren zusammen mit Herrn F., Jg. 1954. Das Paar hat zwei Kinder (Person 51).

„Für mich ist es unheimlich wichtig, erwerbstätig zu sein. Der Grund ist, daß ich den Beruf wirklich spannend finde. Ich bin ganz sicher, daß es für mich und insofern für uns alle fatal wäre, wenn ich nicht arbeiten würde.

Und ich merke auch, mir macht das auch Spaß, mit den Kindern zusammen zu sein, wenn ich von der Arbeit komme, weil ich dann weiß, ich hab' was für mich getan. Mir ist es während des Mutterschaftsurlaubs unheimlich schwergefallen, so den ganzen Tag nur von den Kindern gefordert zu sein. Und wenn die Hauptprobleme so idiotische Details werden, daß du daran denkst, alles einzupacken, was man braucht, wenn du rausgehst. Und wenn du 'ne Teeflasche vergißt, dann kann das zum Drama ausarten und so Geschichten. Also wirklich, manchmal denke ich, wenn du 'ne perfekte Mutter wirst, dann bist du auf'm besten Weg, da voll irgendwo unterzugehen."

Frau Fe., Jg. 1954, ledig, selbständige Architektin, Mutter von zwei Kindern, ist halbtags in ihrem Büro tätig (Person 55).

„Schon als Teenie war mir klar, daß ich meinen eigenen Beruf wollte. Ich wollte etwas haben, was mir Spaß macht, und ich wollte auf jeden Fall unabhängig sein. Also das ist mir auch heute noch unheimlich wichtig, daß ich, nicht irgendwie von einem Mann finanziell abhängig werde.

Mir macht mein Beruf heute viel Spaß, es ist sehr abwechslungsreich! Und was ich halt im Moment besonders toll finde, ist, daß ich selbständig arbeite. Das, was ich mache, tue ich eigenverantwortlich, da redet mir keiner rein. Die Fehler, die ich mache, muß ich selber ausbaden und muß halt auch keine Handlangerarbeiten machen für irgendeinen Chef. So zu arbeiten, finde ich ideal, und ich kann mir auch nicht vorstellen, mit meinem Beruf einmal aufzuhören. 'Ne spannende Arbeit und eigenes Geld, das ist doch was."

Frau W., Jg. 1936, geschieden, Lehrerin, Mutter von zwei Kindern, lebt zusammen mit Herrn J., Jg. 1939. Das Paar hat zwei Kinder (Person 63).

„Mir war schon früh klar, daß ich auf jeden Fall einen Beruf haben wollte und daß ich erst mal fest im Sattel sitzen muß, bevor ich mich auf irgendwelche Familien-Abenteuer einlassen kann. In dieser Berufsorientierung war ich mir immer sicher.

Also ich hab nie gedacht, ich würde mal heiraten, Kinder kriegen und dann mit dem Beruf aufhören. Das habe ich nie gedacht."

Wie die Zitate verdeutlichen, bedeutet für die befragten Frauen Berufstätigkeit nicht Zuerwerb zum Einkommen eines Mannes, der unter entsprechenden Bedingungen wieder aufgegeben wird, sondern langfristige Lebensplanung. Sie konzipieren ihren beruflichen Karriereweg offensichtlich unabhängig von der Partnerschaft: „Nur-Hausfrau" und Mutter zu sein käme für sie nicht in Frage. Diese Haltung ist für Frauen, die sich für eine Nichteheliche Lebensgemeinschaft entscheiden, typisch: Wir fanden sie immer wieder, obwohl die Befragten in unterschiedlichen Berufssparten arbeiten, unterschiedlich qualifiziert sind und unterschiedlich viel verdienen.

Diese Frauen können sich auch nicht vorstellen, ihre Tätigkeit längere Zeit zu unterbrechen; dementsprechend ernst nehmen sie ihr berufliches Fortkommen, beteiligen sich an Fortbildungen und versuchen, sich innerbetrieblich weiterzuqualifizieren. Auch die befragten Mütter legten bei der Geburt ihres Kindes nur kurze Erwerbsunterbrechungen ein.

Auffallend an den von uns durchgeführten biographischen Interviews ist, daß Männer die Berufstätigkeit ihrer Partnerinnen als sehr positiv einschätzen und auch bereit sind, ihre Frauen bei zusätzlichen Belastungen, wie z.B. Weiterqualifikation, zu unterstützen. Hintergrund dieser Haltung scheint uns, daß die befragten Männer die Berufstätigkeit ihrer Partnerinnen als Entlastung und nicht als Vernachlässigung ihrer eigenen Ansprüche auf ein Umsorgt- und Versorgtwerden erleben, z.B. weil die Partnerin weniger Zeit für sie und die Beziehung hat. Stattdessen sehen sie in der beruflichen Eigenständigkeit der Partnerin positive Aspekte für ihr eigenes Leben.

Bislang ist für die meisten Männer in dieser Gesellschaft von klein auf die Perspektive vorgezeichnet, ihr Leben lang erwerbstätig zu sein, für das eigene Fortkommen und auch das einer Familie zu sorgen. Diese ökonomische Verantwortlichkeit für sich und andere ist bislang wesentliche Vorgabe für männliche Biographien, die wohl motivierend für das berufliche Fortkommen wirken mag, aber von vielen auch als sehr belastend empfunden wird.[1] Eine eigenständige Berufs- und Lebensplanung der Partnerin schafft eine Entlastung von dieser Verantwortung und birgt die Chance, das tradierte Männerbild „des Ernährers“ nicht nur zu hinterfragen, sondern sich auch davon zu lösen.

Diese Freisetzung der Männer von der finanziellen Verantwortung für eine Partnerin wird von den Befragten als Chance für eine unabhängigere flexiblere Berufs- und Lebensplanung gesehen und von einigen auch genutzt. Als der erlernte Beruf nicht mehr befriedigend erschien, war es trotz finanzieller Einbußen möglich, eine Umschulung oder eine Weiterbildung wahrzunehmen. Einige der Männer konnten sich dadurch eine berufliche Veränderung erlauben, die sie nicht hätten realisieren können, wenn sie die „Rolle des alleinigen Ernährers“ hätten einnehmen müssen. In einigen der Nichtehelichen Lebensgemeinschaften übernahmen die Frauen dann für eine gewisse Zeit die Sorge für den größeren Teil der Lebenshaltungskosten und andere finanzielle Verpflichtungen. Das Einkommen der Frauen ist also eine materielle Grundlage für die berufliche Veränderung der Männer.

Man könnte einwenden, daß dies bei Ehepaaren, wo beide Partner erwerbstätig sind, ebenso der Fall wäre, jedoch zeigen die Forschungsergebnisse deutliche Unterschiede. Zum einen bewirkt die „Dual-Career“-Situation bei Ehepaaren in den meisten Fällen keine jeweils eigenständige Lebensplanung.[2] Zum anderen ergeben sich Unterschiede aus der Art der Verwaltung der jeweiligen Einkommen. Bei Ehepaaren, auch wenn beide berufstätig sind, fließen die Gelder in der Regel in einen gemeinsamen Topf, der zusammen verwaltet wird.[3] Bei Paaren ohne Trauschein finden sich solche finanziellen Verquickungen nicht, vielmehr existieren getrennte Konten und individuelle Finanzabwicklungen. Jeder hat ein eigenes Einkommen zur Verfügung, für dessen Ausgabe er dem anderen keine Rechenschaft schuldig ist. Diese finanzielle Eigenständigkeit der Partner ist eine der Maximen Nichtehelicher Lebensgemeinschaften, denn finanzielle Verpflichtungen, die qua Institution begründet sind und daraus resultierende Abhängigkeiten fallen bei dieser Beziehungsform weg.

Auch in Situationen, in denen ein Partner für den anderen materielle Verpflichtungen eingeht, erfolgt keine finanzielle

Symbiose der Partner. In den meisten Fällen werden Übereinkünfte getroffen, die finanzielle Unterstützungen als zeitlich befristetes Darlehen betrachten. Das Geld soll entweder irgendwann zurückgezahlt werden oder es sollen entsprechende umgekehrte Verpflichtungen für den Partner übernommen werden.

Herr Al., Jg. 1955, ledig, Graphiker in Ausbildung, lebt seit fünf Jahren in einer Nichtehelichen Lebensgemeinschaft mit Frau Ka., Jg. 1951, geschieden, selbständige Rechtsanwältin (Person 48).

„Im Moment habe ich weniger Geld als sie. Das kommt daher, weil ich gerade am Ausprobieren bin, was ich eigentlich in Zukunft tun will und sie seit Jahren 'nen festen Beruf hat. Im Moment unterstützt sie mich finanziell, sonst könnt' ich das ja gar nicht machen. Ich schreibe auf, was ich von ihr bekomme und irgendwann, wenn ich mal wieder mehr Knete habe, bekommt sie es wieder. Das ist sehr wichtig, daß das so läuft – schenken möchte ich mir nichts lassen. Da käme ich mir abhängig vor und das täte weder mir noch ihr gut.

Gut ist, daß sie mir gegenüber nie 'raushängen läßt, daß sie mehr Geld hat. Also dadurch ist es für mich auch leichter, von den Rollenklischees wegzukommen, die du als Mann ja immer irgendwie drauf hast, ‚ein Mann hat mehr Geld als seine Frau'."

Herr J., Jg. 1939, geschieden, Leiter einer EDV-Abteilung, hat zusammen mit Frau W., Jg. 1936, geschieden, Lehrerin, zwei Kinder (Person 64).

„Ich hab' mich jetzt jahrelang in meinem Job gequält, weil er mir keinen Spaß mehr macht. Ich will was anderes machen. Die ganzen Bedingungen in dem Berufsbereich kotzen mich mittlerweile an.

Für mich ist dieser Wunsch nach Veränderung insofern überhaupt denkbar, weil die Jutta einen gut bezahlten Job hat und ich nicht für alles finanziell verantwortlich bin. Wenn ich mir vorstelle, so als normaler Familienvater, da wären solche Überlegungen von Berufswechsel und Unsicherheiten, die damit ja einhergehen, überhaupt nicht denkbar gewesen."

Man kann also festhalten, daß die langfristig konzipierte Berufstätigkeit und finanzielle Unabhängigkeit der Frauen ihren Männern eine Freistellung von ihrer traditionellen Ernährerrolle, die

Chance zu beruflicher Flexiblität und „individueller Selbstverwirklichung" ermöglicht.[4] Durch die Konzeption der Beziehung als eine Verbindung von zwei finanziell autonomen Individuen besteht die Möglichkeit, finanzielle Engpässe des einen auszubalancieren, ohne damit einen Statusverlust oder Schwächen festzuschreiben. Das Prinzip der finanziell eigenständigen Personen bleibt aufrecht erhalten, auch wenn es zeitweilig zu Unterschieden und Abhängigkeiten zwischen den Partnern kommt.

Die befragten Männer schätzen die Autonomie ihrer berufstätigen Partnerinnen nicht nur wegen dieser Entlastung von materiellen Versorgungspflichten, sondern weil sie sich phasenweise oder auch längerfristig an ihre Partnerin anlehnen oder sich an deren Lebensplanung orientieren können, anstatt – wie dies traditionell von Männern erwartet wird – für sich selbst und für andere verantwortlich zu sein.

Herr Q., Jg. 1956, ledig, Biologe, lebt zusammen mit Frau Fe., Jg. 1954, ledig, selbständige Architektin. die beiden haben zwei Kinder zusammen (Person 55).

„Was ich an ihr halt so besonders schätz', ist, daß sie eigentlich unheimlich stabil ist.

Also, daß ich schon so'n Gefühl hab', daß sie auch jemand ist, der halt unheimlich stark weiß, was sie will und das auch durchsetzt. Also für mich ist das wirklich so, daß Ulli mir auch so 'ne Sicherheit gibt ... sie ist eben 'ne konstante Persönlichkeit. Also ich kann mich voll auf sie verlassen."

Herr Al., Jg. 1955, ledig, Graphiker in Ausbildung, lebt seit fünf Jahren in einer Nichtehelichen Lebensgemeinschaft mit Frau-Ka., Jg. 1951, geschieden, selbständige Rechtsanwältin (Person 48).

„Mir gefällt an ihr, daß sie ihre Sachen macht und die ihr auch sehr wichtig sind. Ihren Beruf zum Beispiel nimmt sie sehr ernst, aber auch ihre Freunde oder die Politik. Dadurch ist sie 'ne durch und durch authentische Person, die weiß, was sie will.

Ich empfinde das als Vorteil: ich kann mich mehr auf mich selbst konzentrieren, muß nur für mich überlegen und nicht auch noch für den Partner planen. Und wenn ich ab und zu mal nicht mehr weiter weiß, ist sie und ihre Ausgewogenheit mir eine große Stütze."

Herr Ä., Jg. 1956, ledig, Computerfachmann, hat eine Nichteheliche Lebensgemeinschaft mit Frau B., Jg. 1960, geschieden, Lehrerin (im Referendariat). Das Paar wohnt nicht zusammen (Person 60).

„Mir ist es auch wichtig, daß Angela in ihrem Beruf eine halbe Stelle kriegt und ihre finanzielle Unabhängigkeit behält. Finanzielle Unabhängigkeit voneinander ist unsere Grundsituation, seit wir uns kennen, und das wird sich auch auf absehbare Zeit erst mal nicht ändern."

Die Berufstätigkeit der Partnerin ermöglicht es den Männern also auch, sich intensiver den Lebensbereichen jenseits der beruflichen Sphäre zu widmen. Diese Chance wird von den Männern durchaus gesehen und besonders dann explizit formuliert, wenn Kinder vorhanden sind. Alle befragten Väter, unabhängig von ihrem Alter, und davon, ob sie eigene Kinder haben oder ob sie von der Partnerin in die Beziehung mitgebracht wurden, empfinden es als persönliche Bereicherung, sich intensiver um die Kinder kümmern zu können. Inwieweit diese Chancen zu einer Rollenerweiterung von den Männern tatsächlich genutzt werden, wird uns in den folgenden Abschnitten genauer beschäftigen.

Die Wahl einer nicht-institutionalisierten Beziehungsform ist unseren Ergebnissen zufolge[5] kein Ausdruck von Bindungsangst oder der mangelnden Bereitschaft, verbindliche Beziehungen einzugehen. Die meisten Befragten verstehen ihre Partnerschaft als Beziehung, die zwar zeitlich befristet sein kann, aber nicht sein muß. Die Einstellung „bis daß der Tod euch scheidet", die für die Ehe als Institution gilt, lehnen die Paare ohne Trauschein jedoch ab. Trotzdem haben einige nichts dagegen, gemeinsam alt zu werden. Für die Befragten ist es allerdings wichtig, jederzeit ohne juristischen Aufwand auseinandergehen zu können. Dies ist besonders für die Geschiedenen von Bedeutung, aber auch den ledigen Partnern ist ein mögliches Scheitern ihrer Beziehung präsent. Die Interviewten verweisen auf die Brüchigkeit der

Beziehungen im Bekanntenkreis und die steigenden Scheidungsziffern; ihnen ist bewußt, daß man statistisch gesehen nicht mehr von einer dauerhaften Partnerbeziehung im Leben ausgehen kann.

Diese Sensibilität für das mögliche Scheitern ihrer Partnerschaft bedeutet aber offenbar keine erhöhte Instabilität der Nichtehelichen Lebensgemeinschaften. Im Durchschnitt sind die Befragten ca. sechs Jahre zusammen (siehe genauere Daten in der Personenbeschreibung im Anhang, S. 186). Vielmehr zeigte sich umgekehrt ein hoher Grad an Verantwortlichkeit für den Partner in materieller und emotionaler Hinsicht. Jedoch ist es den Partnern wichtig, darüber selbst zu entscheiden und die übernommenen Verpflichtungen ohne staatliche Einmischung weiterzuführen oder wieder kündigen zu können.

Frau W., Jg. 1936, geschieden, Lehrerin, lebt seit 14 Jahren in einer Nichtehelichen Lebensgemeinschaft mit Herrn J., Jg. 1939, geschieden. Die beiden haben zwei Kinder zusammen (zwölf und elf Jahre alt) (Person 63).

„Also, ich fand's immer sehr hilfreich, nicht verheiratet gewesen zu sein. Ich finde es wichtig, den Anspruch an Individualität aufrechtzuerhalten und auch die Gewißheit, die Beziehung jederzeit aufkündigen zu können. Gerade weil ich damals diese ganze Scheidungssache als sehr schmerzlich erlebt habe. Ich würde nicht noch einmal so eine Scheidung durchexerzieren wollen. Ich denk', man muß immer damit rechnen, daß eine Beziehung einmal auseinandergeht, und dann muß man gehen können, ohne das ganze rechtliche Drumherum. Also die Möglichkeit einer Trennung besteht immer, wenn du dir das nicht klar machst, bist du doch selber schuld."

Frau Fe., Jg. 1954, ledig, selbständige Architektin, lebt zusammen mit Herrn Q., Jg. 1956, Biologe. Die beiden haben zwei Kinder im Alter von einem Jahr und sechs Jahren (Person 55).

„Also ich hab' bisher noch nie ans Heiraten gedacht, bei dem ersten Kind nicht und beim zweiten schon gar nicht. Zum Beispiel würde ich auch niemals jemandem ewige Treue schwören, weil ich das nicht garantieren kann. Ich weiß doch nicht, wie es zwischen uns in ein paar Jahren steht! Insofern wäre es auch total verlogen zu heiraten.

Ich finde es auch ein Unding, daß man sich auf einen Familiennamen einigen muß. Und dann hat der eine 'nen Doppelnamen – also das ist doch absoluter Pipifax. Warum kann nicht jeder wenigstens seinen Namen behalten wie in Spanien oder USA auch?

In dem gesellschaftlichen Umfeld, in dem ich mich hier bewege, ist es überhaupt kein Problem, ob du verheiratet bist oder nicht. Und dadurch, daß wir beide arbeiten, gäbe es für uns auch keine Steuervorteile, also scheidet der Grund auch aus."

Herr F., Jg. 1954, ledig, selbständiger Werkzeugmachermeister, lebt zusammen mit Frau G., Jg. 1954, ledig. Die beiden haben zwei gemeinsame Kinder, die drei Jahre und ein halbes Jahr alt sind (Person 51).

„Na, es liegt ja auch irgendwie ein bißchen daran, wenn man, sagen wir mal, sich irgendwie 'ne bestimmte politische Grundhaltung erwirbt und auch praktiziert, hat man, also zumindest in seinen privaten Bereichen, in der Hauptsache mit Leuten zu tun, die ähnlich leben. Das heißt einfach, dieses Milieu, in dem wir uns bewegen, ist eins, wo dieses Problem „Heirat" eigentlich als Problem nicht auftaucht.

Daher war für mich die Frage einer Heirat nie irgendwas, was ich als ‚normal' für mich persönlich hätte finden können. Ich find's eher ärgerlich, daß der Staat sich in diese Sachen einmischt.

Nee, Bindungsangst ist das nicht. Ganz im Gegenteil, ich gehör zu diesen Leuten, die von jahrhundertelanger Treue schwärmen. Ich fühl' mich nicht in der Lage zu irgendwelchen Kurzbeziehungen, irgendwelchen so Nebenbei-Flirts, und ‚One-Night'-Beziehungen. Sowas hab' ich nie gehabt. Ich weiß nicht, wie es dazu kommt, ist für mich auch überhaupt nicht attraktiv.

Ich hab immer auf irgendwie so was total Gutes und Langfristiges gewartet und deswegen hatte ich auch wenige Beziehungen, aber die dann richtig. Von der Bindung her würd' ich dreimal heiraten, aber das reicht als Grund zum Heiraten ja nicht aus."

Herr Ü., Jg. 1954, ledig, Tänzer, lebt und arbeitet seit vier Jahren zusammen mit Frau L., Jg. 1956, ledig, und auch Tänzerin (Person 65).

„Das ist ein Aspekt, dieses Rechtliche. Es ist ja ein Kontrakt, es ist ja wirklich ein Rechtskontrakt, den du schließt. Und jeder

Kontrakt, jeder Kontrakt, der wirklich so mit Gesetz und Buchstaben gefüllt ist, also dem gegenüber bin ich skeptisch. Oder da habe ich irgendwie so eine alt-eingesessene, so ne vielleicht politisch ansozialisierte Angst davor, oder Skepsis. So alles, was damit zu tun hat, mit Amt. Und sei es nur das Standesamt und Unterschrift leisten, ja das ist für mich was, wo ich ein bißchen skeptisch bin.

Ich habe nicht Angst, eine Verpflichtung einzugehen oder so. Ich denke, Verpflichtung habe ich auch jetzt Nina gegenüber. Das ist irgendwo so eine Verantwortung in der Beziehung. Ich glaube, die finde ich auch wichtig, daß die da ist, denn sonst ist es larifari, und dazu bin ich wahrscheinlich schon zu alt. Also die Zeit habe ich, denke ich, schon hinter mich gebracht. Wo man meint, keine Verantwortung zu haben. Aber, ja, ich denke, für mich ist wirkliche Verantwortung eben, die braucht nicht abgesichert zu sein durch irgend ein Schriftstück. Aber wichtig ist, daß nur ich ausschließlich dafür verantwortlich bin, welches Maß an Verantwortung ich bereit bin einzugehen. Ja, wenn ich eben diesen Kontrakt schließe, dann ist es anders, dann wird mir ein Teil der Entscheidung abgenommen, der Rahmen ist gesetzlich definiert, nicht? Der Rahmen an Verpflichtungen, die ich vorher und nachher einzugehen habe."

Ein Aspekt der bei den Befragten, unabhängig von der Geschlechtszugehörigkeit, immer wieder zur Sprache kam, ist eine ausgeprägte Skepsis gegenüber Institutionen, staatlichen Einrichtungen und rechtlichen Vorgaben. Eine Einmischung des Staates in private Angelegenheiten wird von allen Befragten abgelehnt, wozu ebenfalls eine Ablehung der Institution Ehe gehört. Hinzu kommt der Wunsch, individuelle Wege für die Gestaltung einer Beziehung zu finden, und mit verschiedenen Lebensstilen zu experimentieren, um optimale Lösungen zu finden.[6]

Herr Q., Jg. 1956, ledig, Biologe, lebt zusammen mit Frau Fe., Jg. 1954, ledig, selbständige Architektin. Die beiden haben zwei Kinder im Alter von sechs und einem Jahr (Person 55).

„Ich denke nach wie vor, den Staat geht das nichts an, wie wir zusammenleben. Also schon vom Ideologischen her bin ich gegen Heirat. Aber ich sehe auch keinen materiellen Grund, warum ich heiraten sollte! Finanziell gibt's für uns keinen Grund zu heiraten, und emotional verbinde ich mit der Heirat auch nichts. Es wäre für mich lediglich 'ne ganz formale Geschichte, und wozu sollte ich das dann tun? Heiraten heißt für mich auch nicht, daß ich mich dann sicher fühlen würde - schließlich gehen so viele Ehen auseinander. Und für das Jenseits, also die Kirche, brauche ich den Schein auch nicht."

Herr Al., Jg. 1955, ledig, Graphiker in Ausbildung, lebt seit fünf Jahren in einer Nichtehelichen Lebensgemeinschaft mit Frau Ka., Jg. 1951, geschieden, selbständige Rechtsanwältin (Person 48).

„Also, man heiratet, kriegt 'n Kind, kauft sich 'n großes Auto, und dann fängt das Häusle bauen an. Nee, das wollte ich nicht. Das Heiraten, das war schon damals mehr oder weniger 'ne abgelegte Sache. Was ich schon wollte, ist, ja, ich wollte schon mit jemandem fest und dauerhaft zusammen sein.

Nicht zu heiraten, ist für mich schon ein bewußter Akt. Ich wehre mich gegen diesen Massencharakter der Konventionen, gegen dieses unüberlegte Handeln. Ich denke, man muß aufpassen wie'n Wachhund, daß man nicht so klammheimlich von hintenrum eingekauft wird durch irgendwelche gesellschaftlichen Regeln."

Dazu Frau Ka., Jg. 1951, die Partnerin von Herrn Al. (Person 47).

„Heiraten, um zu demonstrieren, daß man mit dem zusammenbleiben will, das gibt's doch heute nicht mehr. Gut 50 Prozent aller Ehen in Berlin werden geschieden, soviel ich weiß. Na ja, und was bedeutet Ehe heute?? Unterhaltspflichten, völlig ungerechtfertigte Steuerprivilegien, die ich idiotisch finde.

All das ganze Klimbim von Zeug, um das es mir überhaupt nicht geht. Und das macht mich auch ganz rebellisch. Gerade diese Verstaatlichung der Sache. Deswegen finde ich auch diese Diskussion, die bei den Juristen gerade läuft: Wie kann man das hinkriegen, daß man die Nichteheliche Lebensgemeinschaft der Ehe gleichstellt, also die finde ich völlig verrückt. Also wenn die Leute die Rechtsfolgen der Ehe haben wollen, sollen sie heiraten. Ich finde das völligen Quatsch, das dann angleichen zu wollen."

Frau E., Jg. 1948, ledig, Psychologin, lebt seit 14 Jahren zusammen mit Herrn Ö., Jg. 1943, ledig, Pädagoge (Person 35).

„Damals war das auch sehr stark so eine Antihaltung, also Heiraten hatte noch für mich damals den Geruch des Bürgerlichen, nicht? Oder des, so, ja, des Zurückfallens in bürgerliche Moralvorstellungen. Heute würde ich das nicht mehr so apostrophieren. Es hat einfach keinen Stellenwert. Ich betrachte die Ehe halt nicht als irgendwas, was für mich ein Kulturgut wäre. Es gibt für mich dieses Wort ‚... find your own culture'. Darum muß es doch gehen.

Ich seh' das so, daß das, was ist, letztlich am Zerfließen ist, und daß im Prinzip jeder irgendwo für sich seinen kulturellen Konsens finden muß. Vielleicht kommt da die Heirat oder eine Art von Heirat irgendwo wieder in einer anderen Form zum Tragen, das weiß ich nicht. Aber in der jetzigen Form hat es keinen Kulturwert mehr."

„Auf der Suche nach einer egalitären Beziehung"

Paare ohne Trauschein wollen anders leben als Ehepaare und innerhalb der Beziehung eine größtmögliche Egalität und eine Balance zwischen Autonomie und Gemeinsamkeit erreichen. Dieser Anspruch zieht sich durch die verschiedenen Aspekte der Beziehung: dem Umgang mit Finanzen, den Regelungen über Anschaffungen, der Art der Entscheidungsfindung, der Verteilung von Erwerbsarbeit, Hausarbeit, Kinderbetreuung und der Freizeit. Wie die Vorstellungen nach mehr Gleichberechtigung im Alltag eingelöst werden, soll uns im folgenden beschäftigen. Erst bei einer Analyse der tatsächlichen Beziehungsgestaltung lassen sich Unterschiede zwischen traditionellen und „neuen" Lebensformen zeigen.

Bei einer solchen Analyse ist zu berücksichtigen, daß die Alltagsorganisation der Paare von der gewählten Wohnform – als Paar alleine, getrennt voneinander oder mit anderen zusammen zu wohnen – abhängig ist: Daraus ergeben sich unterschiedliche Möglichkeiten zwischen persönlicher Autonomie und dem Grad an Gemeinsamkeiten. Dies soll im folgenden ebenfalls aufgegriffen werden.

Rahmenbedingung der meisten Nichtehelichen Lebensgemeinschaften ist ein vergleichsweise hoher Lebensstandard. Die individuellen Einkommen der unverheirateten Partner stammen überwiegend aus Berufstätigkeit, einige wenige Befragte sind noch in der Ausbildung und erhalten Stipendien. Niemand ist überwiegend oder dauerhaft vom Einkommen des Partners abhängig.

Obwohl die Befragten sehr unterschiedliche soziale Merkmale aufweisen und verschiedene Wohn- bzw. Lebensformen praktizieren, ähneln sich die finanziellen Regelungen zwischen den Partnern sehr. Jeder hat ein eigenes Bankkonto, über das er im Regelfall autonom verfügt. Nur einige der Befragten sind für das Konto des Partners zeichnungsberechtigt, einzelne sind über die finanziellen Verhältnisse des Partners nicht einmal genau informiert. Wir haben bereits darauf hingewiesen, daß die Trennung der Finanzen für Nichteheliche Lebensgemeinschaften typisch ist und mit deren Grundhaltung korrespondiert, die Unabhängigkeit der Partner auch innerhalb einer Partnerschaft aufrechtzuerhalten.

Zu dieser Haltung, über das jeweilige Einkommen individuell zu verfügen, gehört auch der Umgang mit dem Geld, das nach Abzug aller fixen Kosten übrigbleibt. Die Partner entscheiden ohne Einmischung des anderen über die Verwendung dieser Summen. Konflikte über die Art des Individualkonsums, wie sie bei Ehepaaren oftmals anzutreffen sind,[7] scheiden von vornherein aus. Das bedeutet nicht, daß Paare ohne Trauschein nur individuelle und keine gemeinsamen Anschaffungen machen, jedoch geschieht dies nur in Einzelfällen und bei größeren Objekten.

Bei der Anschaffung gemeinsamer Gebrauchsgegenstände achten die Befragten auf eine Teilung der dabei entstehenden Kosten. Dies gilt z. B. für die Erneuerung von Hausrat, Küchenutensilien und kleineren Haushaltsgeräten. Bei der Anschaffung von Haushaltsgeräten, Einrichtungsgegenständen oder Unterhaltungselektronik haben die meisten Befragten eindeutig geregelte Besitzverhältnisse: Die Waschmaschine hat er gekauft, der Kühlschrank gehört ihr. In einigen Partnerschaften gehören Einrichtungsgegenstände oder einzelne Geräte beiden Partnern, die meisten Anschaffungen sind auch bei ihnen individuelles Eigentum (Schreibtisch, Stereoanlagen, Musikinstrumente etc.). Nur wenige Paare haben ihre Besitzverhältnisse vertraglich geregelt. Die vorgefundenen schriftlichen Fixierungen beziehen sich lediglich auf gemeinsame Kaufverträge bei größeren Anschaffungen wie die eines PKW oder von Immobilien.

Frau O., Jg. 1955, getrennt lebend, Heilpädagogin, wohnt seit eineinhalb Jahren zusammen mit Herrn A., Jg. 1956, ledig, Lagerist (Person 33).

„Ich kann mir das nicht vorstellen, mit jemand anderem gemeinsames Geld zu haben oder über ein gemeinsames Konto zu verfügen. Selbständigkeit in finanziellen Geschichten ist mir wichtig. ‚Selbst ist die Frau' und ‚Mach dich nicht finanziell abhängig' und ‚sieh zu, daß du auf eigenen Beinen stehst'. Meinem Ex-Mann waren solche Maximen nicht so recht plausibel – für meinen jetzigen Freund ist das kein Problem, der sieht das genauso. Wir haben eine gemeinsame Haushaltskasse, wo jeder etwas einzahlt, aber die Konten bleiben individuell."

Herr Ü., Jg. 1954, ledig, Tänzer, lebt und arbeitet seit vier Jahren mit Frau L., Jg. 1956, ledig, Tänzerin, zusammen (Person 65).

„Wir haben getrennte Konten, das hat für mich auch eine Wichtigkeit, daß jeder sein eigener Herr ist. Ich möchte das nicht auflösen. Ich hab' jetzt nicht das Bedürfnis zu sagen: ‚Also laß uns ein Konto machen, wir schmeißen alles zusammen', sondern wir sind irgendwie zwei Bürgschaftseinheiten, sozusagen. Also auch bis in die Verästelung, also bis dahin, was jeder für das Essen und so ausgibt, nicht? Bis dahin geht das eigentlich, daß jeder für sich verantwortlich bleibt.

Jeder kauft halt von seinem Geld ein, und dann irgendwie, im Laufe der Zeit, hat man dann schon so rausgekriegt, wenn einer mal mehr ausgibt oder so, dann gibt er dem anderen ein bißchen Geld oder kauft dann mal zu anderen Zeiten mehr ein. Also so, daß ... also wir rechnen das nicht ab. Das läuft naturwüchsig, kann man sagen. Es ist eben so, daß dann mal der eine ein bißchen mehr bezahlt als der andere, je nach dem, wenn der eine besser verdient hat als der andere."

Frau B., Jg. 1955, ledig, Sekretärin, lebt seit zehn Jahren zusammen mit Herrn H., Jg. 1949, geschieden, Ingenieur (Person 31).

„Da wird ganz klar bei uns differenziert. Wenn jemand was Neues anschafft, dann wird die Rechnung auch auf dessen Namen ausgestellt. Das ist 'ne klare Trennung: Wem was gehört, geht daraus ja klar hervor.

Beim Kühlschrank war's so, der eine hat den Kühlschrank gekauft, der andere den Gefrierschrank dazu."

Frau Ka., Jg. 1951, geschieden, selbständige Rechtsanwältin, lebt zusammen mit Herrn Al., Jg. 1955, ledig, Graphiker in Ausbildung (Person 47).

„Ja, das ist prinzipiell auch eigentlich so gedacht, daß jeder seins macht. Und sein Geld auch selbst verdient. Klappt nicht so ganz, weil der Roland, zumindest seit ich ihn kenne, das sind jetzt knapp vier Jahre, eigentlich immer weniger als ich verdient hat. Wo er auch Phasen hatte, wo er gar nichts hatte. So, daß ich da so auf so 'ner, mehr oder minder vereinbarten Ebene was zuschieße. Aber das wird irgendwann zurückgezahlt, oder irgendwann geht's halt nicht mehr anders, dann muß ich dann halt, weiß ich nicht, 200,– DM mehr Miete übernehmen. Aber grundsätzlich ist es so, daß jeder mit seinem Geld wirtschaftet.

An gemeinsamen Anschaffungen haben wir überhaupt nichts. Auch keine Einrichtungsgegenstände oder sonst was. Nicht mal ein Buch. Ja, so ist es mit allen anderen Sachen auch. Etwas Geschirr könnte man sagen, das gehört uns gemeinsam, nachdem wir jetzt in der dritten Wohngemeinschaft zusammen wohnen."

Die finanziellen Verflechtungen der nicht zusammenwohnenden Paare sind noch geringer als die der zusammenlebenden. Jeder Partner finanziert und gestaltet seinen Lebensunterhalt (Miete, Versicherungen, Anschaffungen etc.) unabhängig vom anderen. Gemeinsame Ausgaben erstrecken sich lediglich auf den Freizeitbereich (Kultur, Sport, Urlaub) und werden geteilt. Ebenso verfahren die Partner mit den Ausgaben für die gemeinsamen Wochenenden, die die Paare in einer der beiden Wohnungen verbringen (Kochen, Getränke etc.). Von daher sind bei getrennt wohnenden Paaren finanzielle Regelungen nicht nötig.

Bei Paaren hingegen, die zusammen wohnen, und um so mehr, wenn sie gemeinsame Kinder haben, sind finanzielle Absprachen unumgänglich. Die Ausgaben für den Haushalt und die Kinder werden geteilt, bei den wenigsten wird jedoch genau aufgerechnet. Beim Einkaufen achten die Partner darauf, daß die Ausgaben annähernd gleich sind, ohne dies aber genauer aufzuschlüsseln. Nur einige Nichteheliche Lebensgemeinschaften führen ein Haushaltsbuch, in dem genau aufgeschrieben wird, was jeder ausgegeben hat. Miete und Nebenkosten, wie Strom, Heizung und Telefon, werden bei allen befragten Paaren jeweils anteilig übernommen. Nur in einem Fall, wo die Frau Hausbesitzerin ist, zahlt der Partner keine Miete, beteiligt sich aber an den laufenden Kosten für das Haus und finanziert dafür das gemeinsame Auto.

Der Anspruch nichtverheirateter Paare, eine größtmögliche Gleichheit zwischen den Partnern zu erreichen, zeigt sich auch bei der Organisation der täglichen Arbeit. Die konkrete Gestaltung ist dabei von verschiedenen Faktoren abhängig. So hat die Wohnform maßgeblichen Einfluß auf den Alltag, denn entscheidend ist, ob die Partner als Paar zusammenwohnen, mit weiteren Personen in einer Wohngemeinschaft zusammenleben oder getrennte Haushalte bevorzugen. Für die Analyse der Alltagsorganisation und Arbeitsverteilung zwischen den Partnern werden wir von daher im folgenden zwischen zusammenlebenden Paaren, nicht zusammenwohnenden und gemeinsam in Wohngemeinschaften lebenden Paaren unterscheiden.

Zusammenwohnende Paare

Bei der Analyse der Arbeitsverteilung zusammenwohnender Paare ohne Trauschein ist ein Vergleich mit Ehepaaren naheliegend. Da die zusammenwohnenden Nichtehelichen Lebensgemeinschaften ebenfalls die traditionelle Wohnform als Paar, bzw. wenn sie Kinder haben, als Kleinfamilie bevorzugen, ist dies gut möglich. Wir haben zwar für unsere qualitative Studie keine Gespräche mit Ehepaaren geführt, aber die Ergebnisse anderer Studien über Ehepaare geben die Möglichkeit, Vergleiche zu ziehen.

Erste Unterschiede zu Ehepaaren werden bei der Aufteilung der Wohnung deutlich. Die traditionelle Wohnungsaufteilung in gemeinsames Schlaf-, Wohn- und Eßzimmer, die heute in der Regel gängig ist, lehnen unverheiratete Paare ab. Stattdessen legen alle größten Wert auf einen eigenen Raum in der Wohnung, der nach eigenem Geschmack eingerichtet und individuell genutzt wird. Die meisten der befragten zusammenwohnenden Paare können sich auch eine Wohnung leisten, in der sie sich jeweils ein eigenes Zimmer einrichten können. Nur bei einigen war die Aufteilung der Wohnung aus räumlichen Gründen nicht nach dieser Vorstellung möglich, was die Befragten sehr bedauern. Sie ziehen deshalb in Erwägung, umzuziehen, um ihre Wunschvorstellung nach einem jeweils eigenen Zimmer verwirklichen zu können.

Der Anspruch auf einen eigenen Raum in der Wohnung soll eine räumliche Abgrenzung der Partner voneinander ermöglichen. Das „eigene Zimmer" hat nicht nur den Stellenwert eines Arbeitszimmers, das innerhalb der traditionellen Familienwohnung zumeist Privileg des Ehemannes ist, sondern darüber hinaus eines individuellen Rekreationsraum, eines Ortes zum Entspannen, Musik hören etc. Die Befragten wollen sich dahin zurückziehen, um alleine sein oder unabhängig von ihrem Partner Besuch empfangen zu können. Diese Ausgestaltung einer individuellen Privatsphäre innerhalb der Wohnung ist kein Zeichen mangelnder Nähe, sondern eher Bestandteil eines Beziehungsarrangements, das sowohl Individualität als auch Nähe ermöglichen soll.

Ein weiterer Unterschied gegenüber Ehepaaren läßt sich bei der Verteilung alltäglich anfallender Arbeiten zeigen. Da wir davon ausgehen, daß die Verteilung von Erwerbsarbeit, Hausarbeit und Freizeit zwischen den Partnern über das tatsächliche Ausmaß der praktizierten Egalität in der Partnerschaft am meisten aussagt, haben wir die Paare nach ihrem Tages- und Wochenablauf gefragt und danach, wer für welche Arbeiten in der Partnerschaft zuständig ist.

Die befragten zusammenwohnenden Paaren geben an, die anfallenden größeren Hausarbeiten, Großeinkäufe, Pflege der Wohnung, Waschen und Bügeln zumeist gemeinsam am Wochenende zu erledigen. Bei diesen Tätigkeiten sei eine weitgehende Gleichverteilung der Arbeitslasten erreicht. Zwar gibt es zwischen den Partnern oftmals eingespielte Arbeitsteilungen – z. B. sortieren die Frauen die Wäsche und starten das Waschprogramm, die Männer übernehmen dann das Aufhängen der Wäsche – jedoch scheint den Befragten der Umfang der jeweils übernommenen Arbeitslast ziemlich gleich verteilt.

Bei den täglich anfallenden Tätigkeiten hingegen ist keine vollständig partnerschaftliche Arbeitsteilung gelungen. Die Paare geben an, daß die Frauen häufiger kochen und das Frühstück häufiger zubereiten. Auch das alltägliche Aufräumen wird meistens von ihnen erledigt, und die Männer machen nur selten die Betten. Offenbar werden von den Männern noch am häufigsten Einkaufen, Kochen und Wäscheaufhängen übernommen, weniger Arbeitsbereitschaft zeigen sie beim Bügeln, Putzen und Aufräumen. Nähen und Flicken wird so gut wie nie von Männern erledigt. Die täglich zu erledigende Hausarbeit verbleibt also offenbar auch in Nichtehelichen Lebensgemeinschaften stärker bei den Frauen als bei den Männern - auch wenn die Frauen voll erwerbstätig sind.

Herr Ö., Jg. 1943, ledig, Lehrer, lebt seit 14 Jahren zusammen mit Frau E., Jg. 1948, ledig, Psychologin (Person 36).

„Also es gibt da nichts Geregeltes. Wobei, es gibt eins, also jetzt mal abgesehen, gibt es schon immer wieder so Mechanismen, die einfach da sind; also wie, daß ich mich mehr um so technische Dinge kümmere und sie sich mehr ums Kochen oder so. Also das passiert. Da muß ich auch sagen, daß ich viel mehr gekocht habe in den Zeiten, als ich in der Wohngemeinschaft gelebt habe, als ich jetzt hier koche. Wo wir zu zweit zusammen leben. Also solche Sachen fallen mir dann auch auf. Und ihr auch. Es gibt auch ab und zu dann so Konfliktstoff, und dann behebt sichs mal wieder 'ne Weile, und dann schleift es sich wieder ein. Also das ist auch so ein bißchen hin und her. Aber es ist jetzt nicht so, daß wir das technisch organisieren wollen, Pläne machen oder so. Also das fände ich irgendwie ein bißchen bescheuert."

Frau M., Jg. 1971, ledig, Bäckerlehrling, lebt seit über einem Jahr zusammen mit Herrn Mi., Jg. 1963, ledig, Betonbauer (Person 53).

„Tja, aber dann war immer am Wochenende der Ärger um das Putzen, weil irgendwie, klar, das muß sein. Und da haben wir leider auch so die typischen rollenspezifischen Dinger drauf, daß ich immer denke, so und so sauber muß es sein, und du sollst alles nicht so wichtig finden. Und weil wir's beide extrem ungern machen und ich aber auch jemand bin, die da nix auf sich sitzen läßt. Also eher beschuldige ich ihn, zu wenig zu machen, als daß ich eine Tasse mehr abwasche. Also eher beschuldige ich ihn fälschlicherweise. So schätze ich mich selber ein. Finde ich aber richtig. Also als Frau finde ich dat richtig mittlerweile, weil ich unheimlich viel Frauen seh', die in diese Rolle so reinrutschen, obwohl sie's nicht wollen, aber trotzdem reingleiten."

Eine genaue Analyse der Hausarbeitsverteilung zeigte, daß die Kernbereiche der Hausarbeit auch in Nichtehelichen Lebensgemeinschaften überwiegend bei den Frauen verbleiben. Trotzdem gibt es Unterschiede gegenüber Ehepaaren. Die Beteiligung der Männer an der Arbeit ist in Nichtehelichen Lebensgemeinschaften unseren Ergebnissen zufolge höher als bei Ehepaaren. Studien über Ehepaare belegen demgegenüber einheitlich eine durchgängige Alleinverantwortung der Frauen für die Hausarbeit.[8]

Das in den Interviews erzielte Ergebnis wird durch die bereits erwähnte, von uns durchgeführte Sekundäranalyse der vergleichenden Repräsentativstudie über unverheiratete und verheiratete Paare bestätigt. Ehefrauen erledigen gegenüber Frauen in Nichtehelichen Lebensgemeinschaften in gleicher Situation, d. h. wenn sie berufstätig sind und ein hohes Bildungsniveau haben, mehr Hausarbeit (s. Schaubild 1).

Die gleichmäßigere Arbeitsverteilung gegenüber Ehepaaren erscheint den befragten Frauen als ein ganz entscheidender Vorteil ihrer Lebensform. Zwar fordern die Frauen durchaus eine weitergehende Entlastung durch die Männer, aber sie sehen, daß sich ihre Partner stärker an der Arbeit beteiligen als gemeinhin üblich. Sie führen dies auf die gewählte Lebensform zurück ohne Trauschein ist ihrer Meinung nach ein Bruch mit diesbezüglichen Konventionen leichter möglich und eine veränderte Arbeitsteilung mit dem Partner problemloser auszuhandeln. Da sie sehen, daß sich ihre Partner stärker an der Arbeit beteiligen, schätzen sie deren Verhalten positiv ein.

Zur Begründung dieser Einschätzung ziehen die Geschiedenen Vergleiche mit der Arbeitsverteilung in ihrer früheren Ehe. Sie meinen, daß ihre Partner damals, trotz Kritik, sich leichter auf die traditionelle Männerrolle zurückziehen konnten als ihre nichtehelichen Partner heute. Die Institution der Ehe mit ihren festgefahrenen Rollenvorgaben hätte die Auseinandersetzung um die Arbeitsverteilung und die Durchsetzung einer Verteilung erschwert. Auch die Vergleiche mit den Lebensumständen von verheirateten Arbeitskolleginnen zeigen, daß diese fast immer die gesamte Hausarbeit übernehmen.

Auch wenn man einschränkend annehmen muß, daß die Bewertung der Hausarbeitsbeteiligung der Männer auch deshalb so positiv ausfällt, weil ein wenig mehr Engagement von Männern sozusagen aus dem Rahmen des Üblichen fällt und die Männer dazu neigen, ihren Anteil an der Hausarbeit zu überschätzen, ist doch ein winziger Fortschritt bei der Verteilung der Arbeit gelungen.

Hinzu kommt, daß sich die Frauen von ihren Partnern emotional unterstützt und psychisch umsorgt fühlen. Sie berichten, daß die jeweiligen Partner ihre berufliche Belastung und ihr dadurch erhöhtes Reproduktionsbedürfnis akzeptieren. Viele sehen darin ebenfalls eine relative Verbesserung ihrer Situation gegenüber Ehefrauen, deren Erwerbstätigkeit oftmals nur als Zuverdienst gilt, der eben aufgegeben werden muß, wenn die psychische Belastung zu groß wird und die Beanspruchbarkeit der Frauen in der Familie abnimmt.

Auch die Männer geben an, daß sie die berufliche Beanspruchung ihrer Partnerinnen akzeptieren und von daher versuchen, sie emotional zu stärken. Viele unterstützen ihre Partnerin in ihren, außerhalb der Beziehung liegenden Interessen, z.B. bei beruflichen Problemen, Weiterbildung, politischen Aktivitäten, Hobbies etc. Diese Bereitschaft, sich stärker auf die Bedürfnisse einzulassen, die außerhalb der Beziehung liegen, wird von den befragten Frauen wiederum als besonders positiv eingeschätzt. Sie berichten, daß die Unterstützung ihrer Partner ihnen „emotional den Rücken stärkt" für ihr berufliches Engagement und ihnen das schlechte Gewissen nimmt, zu wenig für die Beziehung zu tun.

Das bisher für die Verteilung der Arbeit und die gegenseitige emotionale Unterstützung beschriebene Streben nach Egalität in der Partnerschaft zeigt sich auch im Bereich der Entscheidungsverteilung. Die Paare geben an, daß sie Entscheidungen, wie Planung von Reisen, größere Anschaffungen, Wechsel des Wohnortes, Festlegung der Höhe und Verwendung des Haushaltsgeldes und Fragen der Organisation des Alltags und der Kindererziehung weitgehend gemeinsam treffen. Bei Reiseplanungen wird allerdings deutlich, daß der Partner sich eher mit seinen Ideen durchsetzt, der auch in der Beziehung der Aktivere und Dominantere ist. Allerdings ist es bei den befragten Paaren ohne Trauschein nicht unbedingt üblich, immer gemeinsam in Urlaub zu fahren, so daß bei einigen gar keine Verständigung über das Reiseziel notwendig wird.[9]

Spürbare Differenzen zu den Entscheidungsstrukturen von Ehepaaren zeigen sich auch bei der Etablierung von Freundschaften. Jeder Partner einer Nichtehelichen Lebensgemeinschaft hat in der Regel seinen eigenen Freundes- und Bekanntenkreis und entscheidet unabhängig von seinem Partner, wann und wie oft er sich mit diesen Freunden trifft. Die Befragten würden sich darin auch dann nicht beschränken lassen, wenn der Partner kein Interesse an diesen Freunden hätte.

Die Pflege von eigenen sozialen Bezügen beider Partner außerhalb der Zweierbeziehung ist ein typisches Merkmal von Paaren ohne Trauschein. Eine ausschließliche Präsentation als Paar gegenüber der sozialen Umwelt ist den befragten Paaren fremd. Die Befragten möchten von Freunden als Individuen wahrgenommen werden, die Wertschätzung der eigenen Person soll nicht an der Bedeutung der Paarkonstellation gemessen, sondern an die jeweilige Bedeutung der eigenen Person geknüpft werden. Sich alleine mit Freunden zu treffen, dient nach Ansicht der Befragten sowohl dem individuellen Wohlbefinden als auch der Stabilität in der Partnerschaft. Sie sind der Meinung, daß die Freundschaften ein gewisses Gegengewicht gegen das zu enge

Aufeinanderbezogensein einer Liebesbeziehung darstellen und ihnen auch helfen, die eigene Individualität innerhalb der Partnerschaft aufrechtzuhalten.

Die Interviewten aus Nichtehelichen Lebensgemeinschaften haben einen/mehrere beste Freund/Innen, mit denen sie über ihre Probleme sprechen können. Dabei werden Partnerschaftsprobleme nicht ausgeklammert, sondern offen thematisiert. Einige der Befragten – andere sind zurückhaltender – bezeichnen diese Freundschaften ganz ehrlich als Machtressource für ihr Agieren in der Zweierbeziehung. Sie sind der Meinung, daß die Unterstützung von Freunden bei Konflikten in der Partnerschaft sehr hilfreich sein kann, sie ließen sich weniger schnell „unterbuttern" und könnten ihre Interessen besser durchsetzen. Dennoch haben gemeinsame Aktivitäten mit dem Partner einen hohen Stellenwert. Wichtig erscheint uns jedoch bei den Angaben, daß trotz der gemeinsamen Freizeitaktivitäten die individuellen Aktivitäten nicht an Wichtigkeit verlieren, sondern die Partner um eine Balance zwischen eigenständigen und gemeinsamen Aktivitäten bemüht sind.

Frau Ka., Jg. 1951, geschieden, Rechtsanwältin, lebt zusammen mit Herrn Al., Jg. 1955, ledig, z.Zt. in einer Graphiker-Ausbildung (Person 47).

„Freizeitbeschäftigungen laufen bei uns fast immer getrennt. Es gibt einige gemeinsame Freundinnen oder Freunde, da kommt es schon vor, daß man mal was zusammen unternimmt. Das gibt's. Aber im Prinzip trifft jeder für sich seine Freunde.

Ab und zu gehen wir mal zu irgendeiner Veranstaltung, oder wir haben auch schon mal Sport zusammen gemacht. Aber das hat keine Kontinuität, daß man sagen könnte, wir sind gemeinsam sportlich oder politisch aktiv. Das liegt daran, daß wir unterschiedliche Interessen haben, aber auch daran, daß es uns wichtig ist, was getrennt voneinander zu unternehmen."

Herr U., Jg. 1953, ledig, Musiker, lebt mit Frau J., Jg. 1950, ledig, Krankengymnastin, zusammen (Person 42).

„Inzwischen ist es zwar so, daß die Leute, die jeder von uns für sich als wichtig betrachtet, Freunde sind, die auch dem anderen bekannt sind. Aber es ist nicht so, daß die zusammen für uns die gleiche Funktion hätten, das kann man nicht sagen. Überhaupt nicht.

Es ist auch so, daß ich Wert darauf lege, genauso wie Gela, daß ich mich mit meinen Freunden allein treffen kann. Ich will auch gar nicht mit ihren Freunden zusammentreffen, außer zu Gelegenheiten wie Kino, okay, ja. Denn das, was sie mit denen besprechen möchte, das liegt einfach auf 'ner bestimmten Vertrauensebene, die ich zu diesen Leuten eben nicht habe. Ist ja auch gut so, also ich mein', die Freunde soll jeder haben, die er halt haben möchte."

Frau St., Jg. 1959, geschieden, Hausfrau, Mutter von vier Kindern, lebt zusammen mit Herrn P., Jg. 1968, Hilfsarbeiter (Person 49).

„Also ich hab die Freiheit eigentlich, daß ich auch weggehen kann. Daß ich sage: du paß auf, heute geh ich da und da hin, oder ich mach das und das, und überhaupt, so, ich kann eigentlich machen, was ich gerne möchte. Mal schwimmen gehen und dies und das, was ich früher in meiner Ehe nicht durfte.

Oder ich hab' jetzt 'ne Freundin, die Alf absolut nicht mag, daß ich trotzdem den Kontakt zu ihr weiter aufrechterhalten kann und ich auch hingehen kann oder sie hierher kommen kann. Ich meine, er mag die Frau zwar nicht, aber er akzeptiert es."

Festzuhalten bleibt abschließend, daß Entscheidungen, die für die Vereinbarkeit der Berufstätigkeit mit der Partnerschaft relevant sind, unseren Ergebnissen zufolge ebenfalls egalitär verhandelt werden. Falls aus Berufsgründen der Umzug eines Partners erforderlich wird, ist der Anspruch der befragten Paare, Modalitäten zu finden, die beiden beruflichen Interessen gerecht werden. Das kann bedeuten, daß das Paar zumindest zeitweise bereit ist, an unterschiedlichen Orten zu leben oder daß die befragten Männer sogar bereit sind, sich den beruflichen Erfordernissen ihrer Partnerin anzupassen und eigene Bedürfnisse eher zurückzustellen. Es ist offenbar nicht unbedingt die Frau, wie dies in traditionellen Beziehungen zumeist üblich ist, die zugunsten der Karriereinteressen des Mannes zurücksteht.

Anders als bei den zusammenwohnenden Paaren gestaltet sich die Alltagsorganisation bei denen, die getrennt wohnen. Durch die individuelle Haushaltsführung fallen die Auseinandersetzungen um eine egalitäre Arbeitsteilung weg, denn für sie ist es selbstverständlich, daß jeder die in seinem Haushalt anfallenden Tätigkeiten unabhängig vom Partner regelt. Normalerweise steht es nicht zur Debatte, in der Wohnung des anderen anfallende Hausarbeiten wie Spülen, Saubermachen, Aufräumen etc. zu übernehmen. Nur wenn die Paare sich mehr in der Wohnung des einen Partners aufhalten und die Räume des anderen lediglich sporadisch nutzen, werden Absprachen über die Alltagsorganisation und Arbeitsverteilung getroffen.

Bei gegenseitigen Besuchen ist derjenige, in dessen Wohnung sich das Paar trifft, für die Gestaltung des Treffens und die damit verbundenen Arbeiten zuständig. Der Wohnungsinhaber kauft ein, bereitet alles vor, kocht und serviert. Beim Treffen in der anderen Wohnung verläuft dies umgekehrt. Die befragten Paare achten darauf, daß sich die Sorge um den anderen und der für die Besuche nötige Aufwand in etwa ausgleichen.

Für die Befragten erscheint es als zentraler Vorteil ihres Beziehungsarrangements, keine Absprachen über die Organisation des Alltags treffen zu müssen. Sie schätzen es, durch das getrennte Wohnen und die dadurch nicht vorhandene alltägliche Präsenz eines Partners mehr Zeit für sich selber zu haben. Einige nutzen dies für berufliche Aktivitäten, Weiterqualifizierung etc., andere wollen ungestört in ihrer Wohnung ausspannen oder anderen Interessen nachgehen.

Herr Ä., Jg. 1956, ledig, Computerfachmann, wohnt mit seiner Partnerin, Frau B., Jg. 1960, geschieden, Lehrerin (im Referendariat), nicht zusammen (Person 60).

„Im Normalfall mache ich in der Wohnung des anderen keine Hausarbeit. Das einzige, was davon ausgenommen ist, daß ich für sie Holz mache und hin und wieder mal Kohlen hochhole.

Oder daß wir uns gegenseitig beim Abwaschen helfen, wenn wir ein Essen gegeben haben. Bei allen anderen Sorten von Hausarbeit ist jeder für sich verantwortlich.

Ein Nachteil ist, daß man mehr organisieren muß, immer doppelt denken muß, so ungefähr. Zum Beispiel, wenn wir zusammen essen wollen. Ich weiß, was bei mir in der Küche steht, ich weiß aber nicht, was bei Bea in der Küche vorhanden ist. Das muß man dann vorher abklären, besonders wenn wir Leute zum Essen einladen."

Frau S., Jg. 1941, geschieden, Prokuristin, ist mit Herrn T., Jg. 1940, geschieden, Außenhandelsvertreter, seit drei Jahren in einer Nichtehelichen Lebensgemeinschaft zusammen. Das Paar wohnt nicht zusammen (Person 43).

„Wir haben also, wie man so schön sagt, 'n Wochenendverhältnis. Ein Wochenende ist er bei mir und ein Wochenende bin ich bei ihm, das heißt, mit allen Pflichten und Rechten. Also, ich kaufe ein, ich koche. Das gleiche tut er, wenn wir bei ihm sind. Ich darf nichts im Haushalt tun. Ich lieg' dann im Bett, er macht Frühstück. Und denn ruft er: ‚Schatz, das Essen ist fertig!' Und denn steh ich auf.

Und dann sehen wir uns noch zweimal in der Woche. Wir machen vorher einen Termin aus, ob ich Dienstag oder ob ich Mittwoch Zeit hab', oder ob er Zeit hat. Ja, und das ziehen wir so durch.

Also, wir finden beide, daß es sehr, sehr gut ist so. Erst mal für die Spannung der Sexualität, weil wir uns immer wieder aufeinander freuen und also dieser Alltag nicht da ist. Indem er nach Hause kommt, abgespannt ist: ‚machste denn nun noch was zu essen oder machste nicht?' Oder morgens beim Aufstehen, wenn man morgenmufflig ist oder so."

Dazu ihr Partner, Herr T., (Person 44)

„Wir sind uns beide einig, daß es für uns besser ist, nicht zusammenzuwohnen. Es hat einfach zu viele Vorteile, wenn jeder seine eigene Wohnung hat und ungestört sein kann, wenn er will.

Aber ich muß sagen, also wenn wir uns nicht sehen, dann telefonieren wir abends oft miteinander. Nicht um uns gegenseitig zu kontrollieren, aber es gibt eigentlich immer etwas zu erzählen.

Wir machen dann auch aus, wann wir uns das nächste Mal

treffen, ob am Wochenende oder während der Woche. Ob wir uns bei ihr treffen oder bei mir. Ob wir etwas unternehmen wollen, wofür einer Karten besorgen muß, oder ob wir uns einfach ein gemütliches Wochenende machen wollen. Die gemeinsame Zeit zu organisieren, ist etwas komplizierter, wenn man nicht zusammen wohnt, aber telefonisch läßt sich alles klären."

Wie die Zitate verdeutlichen, sehen Männer und Frauen Vorteile in ihrem Beziehungsarrangement. Die Frauen betonen dabei im besonderen Maße ihre Entlastung von der materiellen Verantwortung für den Partner, durch eine getrennte Haushaltsführung sind sie nur für die eigene Reproduktion verantwortlich. Sie vermuten, daß bei einem Zusammenwohnen unweigerlich Auseinandersetzungen über die Lastenverteilung in der Beziehung anstünden und sie sich aktiv gegen traditionelle Rollenvorgaben wehren müßten. Die meisten haben in früheren Beziehungen gerade hierbei schlechte Erfahrungen gemacht und wollen solche zeitintensiven und kräfteraubenden Auseinandersetzungen aus dem Wege gehen.

Die getrennte Wohnsituation gibt ihnen Gelegenheit, die individuellen Interessen, die bei unseren Interviewpartnerinnen vorwiegendend auf den Beruf gerichtet sind, in den Vordergrund zu stellen. Die Befragten sind in einer beruflichen Situation, die von ihnen ein hohes Maß an Engagement und Intensität erfordert. Da sie diesen Ansprüchen gerecht werden wollen, versuchen sie, Belastungen im Privatbereich zu reduzieren. Männer in vergleichbarer beruflicher Situation können sich meist darauf verlassen, daß eine (Ehe-)Frau ihnen private Belastungen abnimmt und ihnen zusätzlich beim Aufbau der „Karriere" behilflich ist. Berufstätige Frauen können mit einem ähnlichen Verhalten ihrer Partner nicht rechnen, vielmehr werden sie mit Reproduktionsbedürfnissen konfrontiert, die sie vom beruflichen Weiterkommen abhalten würden.

Die Frauen sind mit ihrer Lebensform zufrieden, sie können sich auch längerfristig vorstellen, so zu leben. Sie sehen sich durch getrennte Haushaltsführung vom Reproduktionszwang entlastet, genießen aber trotzdem die emotionale Absicherung durch einen Partner. Sie haben für sich persönlich eine Balance zwischen den Vorteilen eines Singles – worauf wir später genauer eingehen werden – und den Vorteilen einer verbindlichen Partnerschaft gefunden.

Was die Frauen als entscheidenden Vorteil der getrennten Haushaltsführung erleben, erscheint den Männern häufig eher als Nachteil. Sie würden sich von ihrer Partnerin durchaus mehr Unterstützung bei der Alltagsbewältigung wünschen und sehen dies als möglichen Vorteil des Zusammenwohnens. Für sie sprechen jedoch andere Gründe für die Aufrechterhaltung einer getrennten Haushaltsführung. In einer eigenen Wohnung zu leben, bedeutet für sie, unabhängiger vom Partner planen zu können, Rechenschaft nur dann abzulegen oder sich abstimmen zu müssen, wenn sie es ausdrücklich selbst wollen. Viele von ihnen meinen, in früheren Partnerschaften unter zu großen Einschränkungen ihrer Individualität gelitten zu haben, da sie damals ihren persönlichen Interessen nicht entsprechend nachkommen konnten. Sie stellen fest, daß es für die Gestaltung einer dauerhaften Partnerschaft Vorteile habe, sich immer wieder neu zu einem Treffen mit dem Partner zu entscheiden und nicht im „Alltagsmief zu ersticken".

Bezogen auf den Anspruch Nichtehelicher Lebensgemeinschaften, Entscheidungen gleichberechtigt zu treffen, sehen sowohl Männer als auch Frauen Vorteile im getrennten Wohnen. Sie schätzen es, alltägliche Entscheidungen nur für sich selbst zu treffen und keine Koordination mit dem Partner zu benötigen. So scheiden gemeinsame Anschaffungen von Haushaltsgeräten oder Einrichtungsgegenständen von vornherein aus. Die befragten Paare haben keinen gemeinsamen Besitz, fahren jeweils eigene Autos etc. Gemeinsame Entscheidungen werden nur im Freizeitbereich und beim Urlaub relevant. Bei solchen Fragen seien jedoch, nach Aussage der Paare gleichberechtigte Entscheidungen leichter zu treffen: oftmals geht es so, daß man erst den Interessen des einen, dann denen des anderen nachkommt.

Eine verbindliche und kontinuierliche Partnerschaft in zwei getrennten Haushalten zu führen, bedeutet immer erhöhten Organisationsaufwand. Regelmäßiges Telefonieren zur Abklärung der jeweiligen Abendtermine und der gemeinsamen Treffen ist erforderlich. Diese Abstimmung ist fester Bestandteil des Beziehungsarrangements und zur Aufrechterhaltung des gegenseitigen Verständnisses und der Koordinierung der gemeinsamen Freizeit auch erforderlich. Die Befragten begreifen dies zwar als aufwendiger als wenn sie zusammen wohnen würden, jedoch werde dieser Nachteil durch den Vorteil aufgewogen, unabhängig vom Partner in der eigenen Wohnung schalten und walten zu können, und keine Rücksicht auf den anderen nehmen zu müssen.

Neu an dem Beziehungsarrangement der Paare in getrennten Haushalten erscheint uns die Trennung von verbindlicher Partnerschaft und gemeinsamer Wohnform. Die gemeinsame Haushaltsführung war lange Zeit Grundlage stabiler Paarbeziehungen, seien sie nun institutionalisiert oder nicht. Getrenntes Wohnen hingegen stellte für Paare zumeist nur eine Notlösung dar, etwa wenn die Partner in verschiedenen Städten arbeiteten, sie keine entsprechende gemeinsame Wohnung hatten oder die Partner sich noch nicht lange genug kannten, um das Wagnis gemeinsamen Wohnens eingehen zu wollen. Die befragten Paare sehen jedoch in ihrer getrennten Haushaltsführung ein auf längere Sicht angelegtes Arrangement.

Allerdings scheint uns nur die Form der Beziehungsgestaltung anders, die Themen gleichen denen von zusammenwohnenden Paaren: Egalität, Individualität und Autonomie bei bestehender, relativ hoher Bindungsbereitschaft. Die Lösungen dieser, für eine Beziehung relevanten, Fragen sind, wie wir gezeigt haben, in bestimmten Bereichen anders als bei zusammen wohnenden Paaren: Die „Balance des Glücks“ ist offenbar etwas weiter in Richtung Individualität verschoben – dies muß jedoch nicht unbedingt heißen, daß die Bindung der Paare schwächer wäre und damit die Qualität der Zweierbeziehung abgenommen hätte.

Paare in Wohngemeinschaften

Einige der von uns interviewten Paare ohne Trauschein leben in einer Wohngemeinschaft. In dieser Lebensform sehen sie eine spezifische Chance, sich von traditionellen Rollenklischees zu lösen, da ihrer Ansicht nach eine Fixierung der Partner aufeinander weniger leicht eintritt als wenn man in „trauter Zweisamkeit" wohnt. Ein ausschließliches räumliches und psychisches Aufeinanderbezogensein, das zur Gewöhnung aneinander und zur Verkrustung von Verhaltensweisen führt, soll durch die tägliche Kommunikation und das gemeinsame Wohnen mit anderen aufgehoben werden.

Von den Paaren in Wohngemeinschaften wurde es als wichtig angesehen, die eigene Persönlichkeit durch den Erfahrungsaustausch mit anderen weiterzuentwickeln und das individuelle Verhaltensrepertoire zu erweitern. Mitglieder von Wohngemeinschaften möchten an den Erfahrungen anderer partizipieren, von deren Problemlösungsverhalten lernen und ihren Horizont durch die tägliche Konfrontation mit den Lebenseinstellungen anderer erweitern.

Herr Q., Jg. 1956, ledig, Biologe, lebt zusammen mit Frau Fe., Jg. 1954, ledig, selbständige Architektin. Die beiden haben zwei Kinder im Alter von sechs und einem Jahr (Person 55).

„Die Wohngemeinschaft ist ein gewisses Gegengewicht gegen die Enge einer Beziehungskiste. Wenn ich zuhause bin, habe ich eben nicht nur ausschließlich mit meiner Freundin zu tun, sondern habe auch eine Möglichkeit, mit den anderen zu quatschen. Ich kann mit denen auch ganz gut über alles mögliche reden, auch über meine Probleme, und oft haben die einfach eine ganz andere Meinung dazu als ich oder meine Freundin. Das finde ich gut so. Dadurch habe ich einfach mehr Möglichkeiten, mich auseinanderzusetzen und krieg auch mehr Anregung als wenn ich alleine oder nur mit meiner Freundin zusammen leben würde."

Frau Ka., Jg. 1951, geschieden, selbständige Rechtsanwältin, lebt zusammen mit Herrn Al., Jg. 1955, in Ausbildung in einer Wohngemeinschaft mit zwei weiteren Erwachsenen. (Person 47)

„Ich hab' ja alles mal so ausprobiert, verheiratet, geschieden, dann habe ich eine feste Beziehung gehabt, mit dem Typen aber nicht zusammengewohnt. Danach wollte ich unbedingt mal was anderes ausprobieren und bin in eine Wohngemeinschaft gezogen.

Aufgrund der Erfahrung mit meiner Ehe würde ich nicht wieder mit einem Partner allein wohnen mögen. Ich hab' unter der Isolation sehr gelitten. Auch die Fixierung aufeinander ist kaum zu verhindern, wenn man allein zusammen lebt. Ich find' das gut, daß andere sich einmischen können, wenn es Streit zwischen uns gibt. Es ist einfach aufregender."

Die Befragten wollen traditionelle Rollenstrukturen abbauen. Die gemeinsame Organisation des Alltags und die Aufteilung der Hausarbeit innerhalb einer größeren Gruppe sollen helfen, geschlechtsspezifische Handlungsweisen zu hinterfragen und zu verändern. Diesen Wunsch äußerten sowohl die befragten Frauen als auch die Männer, wobei das Interesse am Abbau geschlechtsspezifischer Rollenstereotypen von den Frauen deutlicher formuliert wurde. Sie weisen auch stärker als die Männer auf die Notwendigkeit der Aufhebung geschlechtsspezifischer Arbeitsteilung hin. Wohngemeinschaftsmitglieder sollen im Prinzip für alle Arbeiten in gleichem Maße zuständig sein und sich entsprechend am Einkaufen, Kochen, Spülen, Aufräumen, Saubermachen und Waschen etc. beteiligen.

Jedoch gibt es auch in Wohngemeinschaften Probleme bei der Arbeitsteilung zwischen Männern und Frauen. Männer beteiligen sich nur ungern an bestimmten Hausarbeiten wie Aufräumen, Saubermachen, Wäschepflege und Bügeln. Umgekehrt beschweren sich die männlichen Wohngemeinschaftsmitglieder über mangelndes Engagement der Frauen bei Reparatur- oder Renovierungsarbeiten. Da solche Arbeiten aber seltener anstehen als die täglichen Routinearbeiten im Haushalt, scheint auch hier die Arbeitsteilung eher zu Lasten der Frauen zu gehen. Trotzdem ist deutlich, daß Absprachen über die Aufteilung der Arbeiten zum „normalen Konzept" des Miteinanderlebens in einer Wohngemeinschaft gehören und nicht wie in traditionellen Beziehungsformen die geschlechtsspezifische Arbeitsteilung im

Privatbereich in stillschweigender Übereinkunft praktiziert wird.

Bei den befragten Paaren in Wohngemeinschaften konnten wir feststellen, daß die Gleichverteilung von Hausarbeit selbstverständlicher und besser funktioniert als bei Paaren, die allein zusammen wohnen. Die Öffentlichkeit der Wohngemeinschaft läßt es kaum zu, daß eingefahrene Verhaltensweisen überdauern. Ganz deutlich wird dieser Effekt bei der erhöhten Beteiligung von Männern, die schon länger in Wohngemeinschaften leben. Ihre Bereitschaft, sich selbstverständlich an allen Hausarbeiten und der Organisation des Alltags zu beteiligen, wächst, je länger sie in der Wohngemeinschaft wohnen.

Herr Al., Jg. 1955, ledig, in Ausbildung, wohnt zusammen mit seiner Partnerin Frau Ka., in einer Wohngemeinschaft mit zwei weiteren Erwachsenen. (Person 48)

„Obwohl wir nur zu viert sind, läuft manches doch nicht zu glatt. Gut läuft es mit dem Einkaufen – das machen wir Männer – und mit dem Saubermachen; das läuft auch ganz locker. Jeder macht mal, wenn er denkt, es müßte mal wieder die Küche oder der Flur oder das Bad saubergemacht werden. Probleme haben wir mit dem Kochen. Wir haben eigentlich den Anspruch, gemeinsam zu essen. Aber erstens kommen alle ganz unterschiedlich nach Hause, so daß man kaum planen kann, und zweitens kocht keiner von uns so gerne. Also da gibt es dann regelmäßig Streit zwischen uns. Eine zeitlang haben wir versucht, klare Einteilungen festzusetzen und das verbindlich zu klären. Aber schon die Diskussion darüber war ätzend. Das einzige, was wir durchgesetzt haben, ist eine Wochenliste, in der sich jeder einträgt, wenn er vorhat, zu kochen. Da kriegt man dann mit der Zeit mit, wer der Drückeberger ist beim Kochen."

Frau Fe., Jg. 1954, ledig, selbständige Architektin, wohnt mit ihrem Partner Herrn Q. und ihren zwei Kindern in einer Wohngemeinschaft mit zwei weiteren Erwachsenen (Person 55).

„Im Prinzip ist die Wohnung einfach zu eng für uns. Vier Erwachsene und zwei Kinder. Von daher gibt es manchmal ganz schön Ärger mit dem Aufräumen und so. Die Kinder machen halt viel Unordnung. Da liegt immer was rum. Unter der Woche versuchen ich und Alex, möglichst immer alles wegzuräumen und am Wochenende putzen wir dann abwechselnd einmal gründlich die Wohnung, d.h. die Zimmer macht natürlich jeder für sich.

Für das Saubermachen haben wir einen Plan. Am Wochenende gehen wir gemeinsam einkaufen und anschließend zusammen frühstücken. Das ist schon wie ein Ritual. Unter der Woche wird nur das Frische eingekauft, d.h. meistens bringt das Mona aus dem Laden mit. Die arbeitet in so einem Biokost-Laden-Kollektiv. Das ist ganz praktisch. Falls dann doch mal was fehlt, zum Beispiel Milch für die Kinder, dann geht eigentlich jeder mal. Da gibt es keine festen Regeln. Es ist überhaupt so, daß die anderen sich für die Kinder auch sehr verantwortlich fühlen. Also so ganz selbstverständlich mitdenken und auch für die Kinder da sind.

Es ist zwar nicht so, daß wir sie total in die Kinderbetreuung mit einbeziehen, das wäre etwas zuviel verlangt, aber im Prinzip können wir uns voll auf Mona und Gert verlassen. Wenn wir abends mal weggehen wollen oder wenn es nachmittags doch nicht klappt, daß ich oder Alex den Kleinen aus der KiTa abholen können. Dann flitzt schon mal Gert los, um ihn zu holen. Aber so in's Bett bringen, baden oder füttern, das machen eigentlich überwiegend Alex und ich."

Die Zitate zeigen, daß die befragten Wohngemeinschaftsmitglieder mehr oder weniger befriedigende Arrangements über die Erledigung von Hausarbeit getroffen haben. Vor allem spiegeln die Zitate die selbstverständliche Offenheit, mit der man sich über Arbeits-, Sauberkeitsvorstellungen etc. auseinandersetzt, wider.

Ähnliche Offenheit fanden wir in Bezug auf Beziehungsprobleme, die zwar erstmal nur Privatsache des Paares zu sein scheinen, aber mit Dauer oder Intensität des Konfliktes auch von anderen Wohngemeinschaftsmitgliedern registriert und angesprochen werden. Die Möglichkeiten, daß andere sich eventuell einmischen könnten, wird von allen Paaren als positives Regulativ eingeschätzt.

Dieser Aspekt von Beziehungsoffenheit bei Paaren in Wohngemeinschaften repräsentiert besonders deutlich den Alternativcharakter dieser Lebensform. Obwohl Wohngemeinschaften recht unterschiedlich zusammengesetzt sein können und auch der Anspruch an das gemeinsame Zusammenleben sich unterschiedlich darstellt, haben die befragten Paare ohne Trauschein einheitlich das Motiv, sich von traditionellen Beziehungsformen abzugrenzen und durch das Leben in einer Wohngemeinschaft für ihre Partnerschaft neue Impulse zuzulassen, die möglichst der Weiterentwicklung der eigenen Persönlichkeit und auch der Partnerschaft zugute kommen.

Familien ohne Trauschein

Innerhalb der Gesamtgruppe der unverheirateten Paare sind Nichteheliche Lebensgemeinschaften mit Kindern eine Minderheit. Trotzdem erscheinen sie uns für unsere Untersuchung besonders relevant. Man kann davon ausgehen, daß hier die Ablehnung traditioneller Beziehungsformen und der Institution Ehe und Familie besonders hoch ist, denn Schwangerschaft und Geburt sind nach wie vor für die überwiegende Mehrzahl der Bevölkerung entscheidende Heiratsgründe.

Paare, die bei der Geburt eines Kindes nicht heiraten, treffen damit eine deutliche Entscheidung gegen die Institution Ehe und leben bewußt als unverheiratete Familie zusammen, obwohl materielle und rechtliche Gründe eine Heirat nahelegen. Neben Steuervorteilen und Vorteilen bei der Wohnungssuche betreffen sie vor allem die Rechte des Vaters und beziehen sich auf die Frage des Sorgerechts, der Möglichkeit, daß auch der Vater Babyurlaub nehmen kann etc. Auch Partner, die aus einer früheren Ehe Kinder haben und jetzt mit einem neuen Partner zusammenleben, nehmen Nachteile und Probleme in Kauf, die sich aus dieser Konstellation ergeben.

Die Lebensform des größten Teils der unverheirateten Familien ist der von Ehepaaren vergleichbar. Sie wohnen als Paar mit ihren Kindern zusammen und ähneln somit von der Wohnform her der traditionellen Kleinfamilie. Eine kleinere Gruppe zieht es vor, als unverheiratete Familie zusammen mit anderen Personen in einer Wohngemeinschaft zu leben. Auf beide Lebensstile werden wir im folgenden eingehen.

Nichteheliche Lebensgemeinschaften mit Kindern scheinen recht stabile Beziehungs- und Haushaltskonstellationen zu sein, bei denen die Partner bereit sind, ein hohes Maß an Verantwortung für sich selbst und vor allem auch für Partner und Kind zu übernehmen. Sie begreifen sich genauso als Familien wie verheiratete Paare mit Kindern, lehnen die Institutionalisierung ihrer Beziehungsform jedoch dezidiert ab. Auch hier geht die Ablehnung einer Ehe mehr von den Frauen aus. Ihnen ist es wichtig, das Sorgerecht für das Kind alleine zu haben, was in einer Heirat nicht möglich wäre. Sie vermuten, daß das Engagement der Väter ohne rechtliche Absicherung gegenüber dem Kind höher sei, weil sie dann ihre rechtliche Schlechterstellung durch verstärktes Engagement zu kompensieren versuchen und sie ihre soziale Vaterschaft ausbauen und somit festigen.

Für die Väter ist die Sorgerechtsfrage ein entscheidender Nachteil ihre Lebensform. Sie bemängeln, daß sie das Sorgerecht für das gemeinsame Kind nicht (mit) übernehmen können, und sie im Falle einer Trennung gegenüber dem Kind keinerlei Rechte mehr haben. Jedoch sehen sie, daß auch verheiratete Väter bei einer Scheidung zwar ein garantiertes Besuchsrecht haben, aber auch nur schwer das Sorgerecht bekommen, so daß es in jedem Falle besser sei, den Verbleib des Kindes und entsprechende Besuchsmodalitäten mit der Mutter gütlich zu regeln und nicht gerichtlich klären zu lassen.

Herr F., Jg. 1954, ledig, selbständiger Werkzeugmachermeister, lebt zusammen mit Frau G., Jg. 1954, ledig. Das Paar hat zwei Kinder im Alter von eineinhalb und drei Jahren (Person 52).

„Es fällt mir einfach kein Argument ein, warum ich heiraten sollte. Doch es fällt mir eins ein. Es wär' halt, daß ich dann auch das Sorgerecht für die Kinder haben könnte. Das wär' ein Grund. Aber auf der anderen Seite ist es so, ist man verheiratet, und es gibt wirklich Krach, daß man sich nicht einigen kann, wird es gerichtlich entschieden, wer das Sorgerecht kriegt, und da steht man als Mann sowieso relativ schlecht da.

Die rechtliche Sicherheit mit dem Besuchsrecht kann mir auch nicht viel helfen - alle 14 Tage mal zwei Stunden oder so. Also wenn's auf Trennung rausläuft, dann denke ich, daß die Kinder auf jeden Fall zusammenbleiben müssen und daß wir das geregelt kriegen müssen miteinander. Wir müssen uns einigen. Das Verheiratetsein bringt keine ernsthaften Vorteile."

Herr Q., Jg. 1956, ledig, Biologe, lebt zusammen mit Frau Fe., Jg. 1954, ledig. Sie haben zwei Kinder im Alter von sechs Jahren und einem Jahr (Person 56).

„Die Sorgerechtsregelung haben wir praktisch dadurch umgangen, daß die Kinder meinen Namen haben. Das heißt, wenn Ulli gefragt wird, ist es kein Problem, weil sie das Sorgerecht hat und die Mutter ist. Weil die Kinder meinen Namen haben, werde ich nie gefragt, da kommt niemand auf die Idee, daß ich nicht der Vater sein könnte. Keiner kommt auf die Idee, daß ich der Vater bin und nicht verheiratet und kein Sorgerecht habe, also von daher gibt's keine Probleme."

Die befragten Männer beschreiben sich als hochmotivierte Väter. Im Gegensatz zur traditionellen Form der Kindererziehung, die bislang vor allem von Frauen getragen wird, möchten sie das Aufwachsen des Kindes aktiv miterleben und sich an der Versorgung von Anfang an beteiligen. Deswegen bestanden einige darauf, daß ihre Partnerinnen den Säugling nicht ausschließlich stillten, sondern auch fütterten, damit sie sich ebenfalls beteiligen konnten.

Die Väter sehen in ihrer Beschäftigung mit dem Kind eine Erweiterung ihres Erlebnishorizonts und auch ein identitätsstiftendes Element ihres Lebens. Diese Haltung führt sogar manchmal zu Konflikten mit den Müttern, weil die Männer sich bei der Kinderbetreuung zurückgesetzt fühlen und starke Konkurrenzgefühle gegenüber den Müttern entwickeln. Dies scheint uns eine völlige Umkehrung des sonst üblichen Verhaltens von Vätern.

Neuere familiensoziologische Untersuchungen belegen zwar unter dem Stichwort „Neue Väterlichkeit", daß auch bei Ehepaaren mittlerweile ein verstärktes Engagement der Väter gegenüber ihren Kindern zu konstatieren ist. Kinder zu haben, ist im Bewußtsein aller Männer bedeutender geworden. Dies sieht man z.B. schon daran, daß es für die meisten Väter heute selbstverständlich ist, ihre Frauen während der Schwangerschaft zu Vorsorgeuntersuchungen zu begleiten, an geburtsvorbereitenden Kursen teilzunehmen und mit zur Entbindung zu kommen.[10] Für Väter in den 50er Jahren waren solche Aktivitäten undenkbar. Damals waren Schwangerschaft und Geburt ausschließlich „Frauensache".[11]

Jedoch zeigen die inzwischen vorliegenden Studien, daß das Engagement der Väter nach der Geburt des Kindes eher begrenzt bleibt. Ihre Aktivitäten beziehen sich mehr darauf, mit den Kindern zu spielen, als die reinen Versorgungstätigkeiten (wickeln, baden, füttern, zum Arzt bringen etc.) zu übernehmen. Hinzu kommt, daß die Väter gleichzeitig ihre Beteiligung in anderen Bereichen der Hausarbeit einschränken, so daß sich insgesamt, trotz erhöhten Arbeitsaufkommens keine erhöhte Beteiligung der Männer an der Hausarbeit ergibt.[12] Befragungen von Familien zu verschiedenen Zeitpunkten haben gezeigt, daß die Männer sich vor der Geburt des ersten Kindes mehr an der Bewältigung der alltäglichen Hausarbeit, wie Kochen, Waschen, Putzen, beteiligt haben als nach der Geburt des Kindes.[13]

Die befragten Väter ohne Trauschein beteiligten sich hingegen an allen Arbeiten, die mit den Kindern in Zusammenhang stehen. Die Väter von Kleinkindern übernehmen es, die Kinder zu wikkeln, Fläschchen zu kochen, zu füttern, baden etc. Keiner kam mit dem Argument „Ich kann das nicht". Sie beteiligten sich sowohl an den attraktiveren Tätigkeiten wie Spielen, Spazierengehen als auch an den weniger attraktiveren Versorgungsarbeiten. Interessant erscheint uns, daß es dabei offenbar kaum einen Unterschied macht, ob die Männer leibliche Väter der Kinder sind oder die Partnerin die Kinder aus einer früheren Verbindung haben.

Bestimmte Arbeiten werden allerdings auch in Nichtehelichen Lebensgemeinschaften nur von den Müttern erledigt. Dazu zählt das Sich-Kümmern um die Kinderkleidung, das Nähen und Flicken. Falls Babykleidung nicht gekauft, sondern innerhalb des Bekanntenkreises getauscht wird, sind eher die Frauen für die Tauschaktionen, das Abholen, die Rückgabe und das Weiterleihen der Kleidung zuständig. In vielen Fällen bleibt auch die

Organisation von „Hilfspersonen“ eher Frauensache. Dies betrifft dann sowohl das Engagieren bezahlter Hilfen als auch das Aktivieren von Bekannten und Freunden.

Frau G., Jg. 1954, ledig, Werkzeugmacherin, hat zusammen mit Herrn F., Jg. 1954, ledig, zwei Kleinkinder im Alter von einem halben Jahr und drei Jahren (Person 51).

„Und zum Beispiel, was er immer regelmäßig macht, und was ich auch echt 'ne Erleichterung finde, sind diese Flaschen. Vera trinkt immer noch Flaschen, und Merlin trinkt jetzt seit einiger Zeit, mittlerweile echt immer so'n richtigen Pott voll, für die Nacht und den nächsten Tag. Und ..., ach, das dauert bestimmt mittlerweile so 'ne halbe Stunde, weil wir immer das Mehl mahlen dafür, und muß halt gemacht werden, abgefüllt, Flaschen saubergemacht und so. Das läppert sich zusammen.

Oder zum Beispiel das mit den Klamotten für die Kinder: Dieses ewige Aussortieren und Einsortieren. Da kriegste die Sachen von irgendwelchen Leuten, weil de natürlich nicht alles kaufst, aber die müssen auch zu den Leuten zurück. Und wenn de jetzt nicht nur von einem was kriegst, dann mußt du das irgendwie auseinanderhalten. Manche müssen zurück, manche weggelegt werden für Merlin, oder die müssen zwischen Vera und Merlin noch zu einem anderen Kind. Also das fällt selbst mir schwer, das zu strukturieren. Und wenn Klaus das machen würde, das ginge nicht, er würde nur alles dann neu kaufen. O.k., dann nehm' ich das halt auf meine Seite der Arbeitsteilung, ich mach das zwar nicht besonders gern, aber es gibt einfach so viel zu tun, daß ich denk', da kann man sich an anderer Stelle nochmal was teilen, oder da kann er was übernehmen, wo es ihn nicht so anstinkt.“

Herr Q., Jg. 1956, ledig, Biologe, lebt zusammen mit Frau Fe., Jg. 1954, ledig. Sie haben zwei Kinder im Alter von einem Jahr und sechs Jahren (Person 56).

„Als Michael drei Monate alt war, mußte Ulli ins Krankenhaus und praktisch von einem Tag zum anderen abstillen. Und da war ich mit dem Kind eine Woche alleine und mußte alleine zurechtkommen. Und das war für mich und das Kind 'ne gute Sache, würde ich heute sagen. Ich habe gemerkt, daß ich eine sehr intensive Beziehung zu dem Kind gekriegt habe dadurch, daß ich mit ihm alleine war. Das blieb dann auch so. Ich bin mit ihm alleine weggefahren, als er ein paar Monate alt war, oder war auch öfter mit ihm allein in Berlin, als meine Freundin nach Westdeutschland mußte. Dadurch habe ich das Gefühl, daß die Beziehung von dem Kind zu der Mutter und mir total gleichberechtigt ist. Oft ist es ja gerade bei Kleinkindern so, daß die sehr auf die Mutter fixiert sind. Bei uns ist das gar nicht so, und das ist mir als Vater natürlich sehr wichtig."

Herr Z., Jg. 1947, getrennt lebend, Maschinenschlosser, hat eine nichteheliche Partnerschaft mit Frau R., Jg. 1952, geschieden, MTA, die eine sechsjährige Tochter hat (Person 70).

„Ich steh' als erster auf und mach' erst mal Kaffee und mach' den Tisch fertig zum Frühstück, mach' für die Kleene die Stullen, und dann wecke ich sie. Dann frühstücken wir zusammen schön gemütlich, und dann bring ich sie noch zum Kindergarten oder in die Schule. Dann fahr ich zur Arbeit. Um fünf, halb sechs komme ich dann nach Hause, da ist die Kleene schon da, dann zeigt sie erstmal, was in der Schule gewesen ist. Das macht sie gleich als erstes.

Und ich fang dann mit dem Haushalt ein bißchen an. Betten machen, den Abwasch von morgens, und außerdem bereite ich das Essen vor. So Kleinigkeiten kann ich brutzeln, mal 'ne Suppe, mal 'n Braten oder mal hab ich Steaks mitgebracht. Aber so richtig kochen tu ich eigentlich nie, wir essen abends auch meistens nicht mehr warm."

Frau St., Jg. 1959, geschieden, Hausfrau, Mutter von vier Kindern, lebt zusammen mit Herrn P., Jg. 1968, ledig, Hilfsarbeiter. Die beiden haben ein gemeinsames Kind im Alter von eineinalb Jahren (Person 49).

„Also Säuglingspflege kann er alles. Wenn er von der Arbeit kommt und ich sag': Du, paß auf, ich geh' jetzt da und da hin, dann macht er das Essen für die Kinder, macht den Kleinen fertig, badet ihn, macht ihn bettfertig und alles, und die andern auch alle. Also ich hab meine Freizeit, also wenn ich jetzt einen Tag habe, zum Beispiel, ich will mal mit Angela weg schwimmen gehen, dann macht er das. Und haushaltsmäßig auch, ne. Er macht dann auch mal so am Wochenende sauber, also die Woche über nicht so viel; aber am Wochenende eben, samstags, er macht die Zimmer, ich mach' die Küche, er macht das Wohnzimmer und macht oben das Kinderzimmer mit, und ich mach dann eben Küche und Bad. Also das macht er, er kocht auch mal'n Essen, zwar keen großes Essen, aber es reicht; ich hab' auch mal meinen freien Sonntag, wo ich dann schlafen darf, so lange wie ich will. Und wenn ich aufstehe, kriege ich mein Frühstück hingesetzt und krieg' mein Mittagessen."

Das Ziel der „unverheirateten Familien" ist es, die Berufstätigkeit beider Partner, ein angemessenes Familienleben und Kinderbetreuung zu vereinbaren. Die Realisierung ist schwierig: Solange die Kinder klein und deren Versorgung durch Dritte nicht erwünscht oder (noch) nicht möglich ist, scheint es fast ausgeschlossen, individuelle Interessen und familiale Notwendigkeiten zu vereinbaren. Die zeitlichen Dispositionsspielräume der Partner sind stark eingeschränkt und die Verhandlungsprozesse der Partner über die Verteilung der Reproduktionslasten werden härter. Von der materiellen Ausgangsbasis her ist damit die Situation unverheirateter Familien der von berufstätigen Ehepaaren mit Kindern sehr ähnlich.[14]

Unsere Gespräche zeigen, daß die beste Voraussetzung einer gleichberechtigten Arbeitsverteilung die Reduktion der beruflichen Belastungen beider Partner – und nicht nur wie üblich von der Frau – ist. Wollen bzw. sollen sich die Väter mehr als allgemein üblich an Kindererziehung und Hausarbeit beteiligen, müssen sie notwendigerweise die außerfamiliale Beanspruchung reduzieren. Dies führt jedoch in vielen Fällen zu Schwierigkeiten mit den Arbeitgebern.[15] Teilzeitarbeit für Väter – noch dazu, wenn sie unverheiratet oder gar nicht leiblicher Vater des Kindes sind – ist nach wie vor unüblich[16] und stößt auf Ressentiments am Arbeitsplatz.

Die Entscheidung zur Einschränkung beider Berufskarrieren wird den Eltern also nicht leichtgemacht. Teilzeitarbeit für beide Elternteile bedeuten darüber hinaus Einkommensverluste, die um so empfindlicher zu Buche schlagen, weil die notwendigen Ausgaben durch ein Kind erheblich steigen. Auch kämen zumindest zeitweise Karriereeinschränkungen für beide Partner hinzu. Eltern müssen von daher genau abwägen, was sie als Preis für ihre Vorstellung von Egalität in der Beziehung bereit sind aufzubringen.

Einige der Befragten sind in der glücklichen Lage, ihre Berufstätigkeit flexibel gestalten zu können. Dadurch gelingt es ihnen, die volle Berufstätigkeit beider Partner beizubehalten und trotzdem eine angemessene Kinderbetreuung zu gewährleisten. Es erfordert einen großen Organisationsaufwand der Partner und zumeist gleichzeitig eine hohe Bereitschaft der Kollegen, dies mitzutragen. Meist ist nur durch die Einschränkung der eigenen Schlaf- und Erholungszeiten und durch den Verzicht auf jede Form der individuellen Freizeitgestaltung Familie und Beruf zu vereinbaren.

Andere Paare versuchen, die arbeitsmäßige Überlastung, die durch die Vereinbarung von zwei Berufskarrieren, Hausarbeit und Kinderbetreuung entsteht, durch die Hilfe von Dritten zu reduzieren. Dies können Putz- oder Hauswirtschaftshilfen, Tagesmütter oder Au-Pair-Mädchen sein. Auf dauernde Hilfe von Verwandten kann sich keiner der Befragten verlassen. Verwandte wie Freunde springen zwar sporadisch ein, aber eine kontinuierliche Entlastung können die Paare nicht erwarten.

Für die Paare, die mit ihren Kindern in einer Wohngemeinschaft leben, ist die Entlastung durch Dritte – in diesem Falle durch die Wohngemeinschaftsmitglieder – eine andere Möglichkeit, Berufstätigkeit und Kindererziehung zu vereinbaren. Sie versprechen sich von ihrer Lebensweise konkrete Erleichterung bei der Alltagsbewältigung und einen größeren individuellen Spielraum durch gemeinsame Kinderbetreuung. Überwiegend bleiben natürlich auch in Wohngemeinschaften die Eltern hauptverantwortlich für die Kinder. Eine Betreuung durch die anderen Wohngemeinschaftsmitglieder kann aber durch vorherige Absprachen organisiert werden.

Die Befragten mit Kindern in Wohngemeinschaften versuchen, alternative Kinderbetreuungssysteme zu finden, die einerseits Kindern mehrere feste Bezugspersonen geben und andererseits kinderlosen Erwachsenen ermöglichen, sich mit Kindern auseinanderzusetzen. Hinzu kommt das Interesse, kooperative und repressionsfreie Formen der Kinderbetreuung zu erproben. Dabei wird großer Wert auf möglichst wenig ausgeprägte geschlechtsspezifische Verhaltensweisen gelegt. Dafür bieten sich unseres Erachtens gute Chancen, da die Wohngemeinschaftsglieder für sich selbst dies auch verstärkt umzusetzen versuchen.

Die Tatsache, daß in einer Wohngemeinschaft mehrere Erwachsene mit ihren Kindern zusammenleben und sich auch die anderen an der Erziehung und Betreuung der Kinder beteiligen (können), gibt den Kindern die Chance, sich an mehreren Bezugspersonen zu orientieren. Dies trägt einerseits zur Selbständigkeit der Kinder bei, und andererseits wirkt sich auch die Maximierung des Angebots von Anregungen und Aktivitäten durch mehrere Erwachsene positiv auf die Entwicklung der Kinder aus.

Herr Q., Jg. 1956, ledig, Biologe, lebt zusammen mit Frau Fe., Jg. 1954, ledig. Sie haben zwei Kinder im Alter von sechs Jahren und einem Jahr (Person 56).

„Ich wollte von Anfang an die Schwangerschaft miterleben und bin dann zu meiner Freundin gezogen. In der Wohnung hat ungefähr zur gleichen Zeit eine andere Familie ihr Kind bekommen. Da waren wir dann zwei Paare mit je einem Kind. Uns war das immer wichtig, mit unserem Kind nicht als Kleinfamilie zusammenzuleben. Und zu viert, das war 'ne gute Situation. Die beiden Frauen haben anfangs viel zusammen unternommen, sie konnten damals auch persönlich viel miteinander anfangen.

Als dieses Paar dann zwei Jahre später in eine andere Stadt gezogen ist, war für uns klar, daß wir wieder mit anderen zusammenziehen wollten. Das haben wir dann auch gemacht. Es ist einfach eine Erleichterung, wenn noch andere da sind. Wohnst du als Paar alleine, bist du doch nur auf diesen Partner angewiesen. Und in der Wohngemeinschaft verteilt sich alles über mehrere – Gespräche, die Arbeit, gemeinsame Aktivitäten."

Die Zitate verdeutlichen die Motive der unverheirateten Eltern, in einer Wohngemeinschaft zu wohnen. Sie sehen ihre Lebensform als längerfristiges alternatives Lebenskonzept gegenüber Ehe und Familie, aber auch gegenüber dem unverheirateten Zusammenwohnen mit einem Partner. Sie leben entweder schon mehrere Jahre in solchen Wohngruppen oder haben mit anderen Lebensformen so negative Erfahrungen gemacht, daß für sie die Wohngemeinschaft kein biographisches Durchgangsstadium oder Experimentierfeld darstellt, sondern Ausdruck einer langfristigen Perspektive ist.

Zusammenfassend muß für unverheiratete Paare mit Kindern festgehalten werden, daß eine egalitäre Arbeits- und Verantwortungsverteilung schwieriger zu realisieren ist als bei kinderlosen Paaren. Besonders, wenn beide Partner voll erwerbstätig sind und die zeitlichen Spielräume der Partner durch die Vereinbarung von Beruf, Beziehung und Kindererziehung enger sind, werden die Verhandlungsprozesse um eine egalitäre Verteilung der Familienarbeit am schwierigsten. Auch wenn die Beteiligung der Väter ohne Trauschein an Hausarbeit und Kinderbetreuung höher ist als die von Ehemännern, ist die Gefahr für Frauen, allein für Haushalt und Familie zuständig zu sein, noch nicht gebannt.

Singles*

„pro Single – contra Double"

Single zu sein kann viele Gründe haben. Ein Teil der Singles ist in das Alleinleben „irgendwie reingerutscht". Es ergab sich aus einer jeweiligen Kombination von Zufällen und individuellen Voraussetzungen, aus verpaßten oder nicht passenden Gelegenheiten als Folge von Verlassen werden oder Verlassen. Für andere entspricht das Single-Dasein genau ihrem Lebensgefühl, für sie käme eine verbindliche Partnerschaft – ob mit oder ohne Trauschein – nicht in Frage. Einige von ihnen haben das Zusammenleben mit einem Partner noch nie probiert und können sich auch nicht vorstellen, warum sie dies tun sollten. Für einen anderen Teil ist das Alleinsein ein Übergangsstadium zu einer neuen Partnerschaft, das dann, – z. B. aufgrund fehlender Gelegenheit –, einen passenden Partner zu finden, entsprechend lang sein kann. Nur für einige ist das Alleinwohnen der ideale Lebenszustand, der um keinen Preis gegen andere Wohn- und Lebensstile einzutauschen wäre.

Wegen der Vielschichtigkeit der Gründe, Single zu sein, scheint es sinnvoll, zwei Typen zu unterscheiden: Den freiwilligen und den unfreiwilligen Single. Eine Zuordnung der Befragten kann natürlich nur in grober Vereinfachung vorgenommen werden. Trotzdem können wir damit das Charakteristische der Singles etwas plastischer darstellen.

Als Typ des unfreiwilligen Singles sehen wir diejenigen Befragten an, die gerne einen Partner möchten, aber aufgrund ihrer Lebensumstände kaum Möglichkeiten sehen, diesen Wunsch zu realisieren. Das führt bei vielen zu einem Gefühl der Einsamkeit

* Für die Mitarbeit an diesem Kapitel, insbesondere die Durchführung und Auswertung der Interviews, bedanken wir uns bei Ronald Jung.

und Unzufriedenheit mit der persönlichen Situation. Dieselben Befragten sind jedoch mit ihrer beruflichen Situation durchaus zufrieden, und ihr Engagement für den Beruf ist äußerst hoch. Für viele entsteht aus der persönlich unbefriedigenden und beruflich befriedigenden Situation ein „Teufelskreis": Wegen des beruflichen Engagements und der spezifischen Auswirkungen des jeweiligen Berufsbildes (Schichtdienst, Spät- und Wochenenddienste, häufige Geschäftsreisen, Auslandsaufenthalte) fehlt die Zeit zur Anknüpfung oder Intensivierung von Kontakten.

Dieser unfreiwillige Single-Typ ist in unserer Untersuchung weniger wichtig. Unser Interesse gilt mehr dem freiwilligen Typus, da dieser stärker eine „neue Lebensform" repräsentiert. Bei freiwilligen Singles handelt es sich um Personen, die mit ihrer jetzigen Lebenssituation zufrieden sind und sich zumindest für die nächsten Jahre vorstellen können, diese Lebensform beizubehalten. Innerhalb dieser Gruppe von Singles ergeben sich jedoch nochmals Unterschiede hinsichtlich der Zukunftsperspektiven.

Singles im eigentlichen Sinn möchten diese Lebensform auch perspektivisch beibehalten. Die Befragten diesen Typs empfinden eine Partnerschaft als massive Einschränkung ihrer Unabhängigkeit und Persönlichkeitsentfaltung und sehen in ihrem Single-Dasein eine „errungene" Freiheit, die sie nicht durch eine neue Partnerschaft gefährden wollen. Ihre, durch das Alleinleben erworbenen Einstellungen und Verhaltensweisen möchten sie auf keinen Fall ändern oder sich gar einer anderen Person anpassen.

Die andere Gruppe, die wir „Singles auf Zeit" nennen wollen, befürwortet das Alleinleben nur mittelfristig und könnte sich in ferner Zukunft durchaus eine Partnerschaft vorstellen. Im Moment ist jedoch im Leben dieser Singles kein Platz für feste Beziehungen, vielmehr ist ihr Alltag ausgefüllt mit engagierter Berufsarbeit, intensiver Freizeitgestaltung und befriedigenden freundschaftlichen Beziehungen.

Neben den individuellen Gründen kommen bei den befragten freiwilligen Singles vor allem zwei Hauptgründe für ihre derzeitige Lebensform zum Tragen: Zum einen sind sie der Meinung,

Phasen eigenständigen Lebens gehörten zur Persönlichkeitsentwicklung, zum anderen hatten fast alle negative Erfahrungen mit früheren Partnerschaften.

Mit einer einzigen Ausnahme waren die Befragten alle in ihrem Leben schon mehrmals mit den Vor- und Nachteilen ehelicher oder nichtehelicher Partnerschaften konfrontiert. Ein Teil von ihnen wohnte mit dem damaligen Partner zusammen, nach der Trennung zogen sie auseinander und leben seitdem als Single. Für einige andere war die je eigene Wohnung schon damals die Grundlage einer festen Partnerschaft, so daß sie keine gemeinsame Wohnerfahrung mit einem Partner haben. Als häufigste Trennungsgründe wurden Probleme aus der gegensätzlichen Rollenauffassung von Mann und Frau in einer Partnerschaft genannt.

Die geführten Gespräche legen nahe, daß Frauen häufiger mit den unangenehmen Folgen einer einseitig dominierten Beziehung konfrontiert waren als Männer. Sie haben offenbar damals die Erfahrung gemacht, mit ihren Interessen nicht ernst genommen zu werden oder sich nicht durchsetzen zu können. Deshalb sind sie heute weniger als die befragten Männer bereit, ihre inzwischen gewonnene Selbständigkeit und Unabhängigkeit durch eine erneute Partnerschaft aufs Spiel zu setzen. So verwundert es auch nicht, daß es fast ausschließlich die Frauen sind, die es ablehnen, mit einem zukünftigen Partner gemeinsam zu wohnen.

Die geschiedenen Frauen berichten außerdem, daß ihre früheren Partner versucht hätten, sie auf die Rolle der Hausfrau und Mutter festzulegen. Da sie jedoch damals bereits alle erwerbstätig waren und ihnen der Beruf Spaß machte, war für sie die Forderung der Männer, zu Hause zu bleiben und der klassischen Rollen- und Arbeitsteilung zu entsprechen, völlig unakzeptabel. Für einige andere war der Trennungsgrund auch die Unselbständigkeit ihrer Männer und deren Unvermögen, ihren Alltag etwas selbständiger und unabhängiger zu gestalten.

Frau L., Jg. 1952, Serviererin, war 10 Jahre verheiratet, seit 1981 von ihrem Mann getrennt, seit 1986 geschieden (Person 14).

„Ich kann nicht warten, bis irgendwann einmal ein Prinz vorbeireitet. Ich habe mein Leben lang arbeiten müssen. Für meinen Mann arbeiten müssen, für mich arbeiten müssen. Ich gebe da nichts mehr auf. Ich werde es immer wieder versuchen, daß ich mein eigenes Reich schaffe und es auch verteidige.

Ich habe Schwierigkeiten, mir vorzustellen, wieder mit jemanden zusammenzuziehen. Ob es hier nun in dieser Wohnung ist oder eine andere Wohnung, da habe ich Schwierigkeiten, mir vorzustellen, mit jemanden auf engem Raum zu leben."

Frau J., Jg. 1956, Lehrerin, ledig, ist 1973 aus dem Elternhaus ausgezogen, 1981 wollte ihr damaliger Partner unbedingt heiraten (Person 5).

„Ich bekam dann Platzangst. Ich fühlte mich dann doch ganz plötzlich eingeengt. Das kann nicht alles gewesen sein. Das Leben, das dann auf mich zugekommen wäre, konnte ich ja doch sehr genau absehen. Ich wollte das alles nicht. Also, sind wir damals auseinandergezogen. Seidem wohne ich alleine und habe auch kein Bedürfnis nach einem festen Partner. Ich glaube, je länger man allein lebt, desto schwieriger wird es, mit jemand anders zusammenzuleben. Ich weiß also, daß ich heute sehr viele egoistische Verhaltensweisen an mir haben, und daß es jemand wirklich sehr schwer hätte, mit mir zusammenzuleben."

Frau I., Jg. 1947, Industriekauffrau, ledig, wohnt seit 1982 alleine in ihrer Wohnung, fährt gerne und oft in Urlaub (Person 9).

„Manch einer sagt, ich sei nicht anpassungsfähig, aber ich sehe es anders. Ich kann schon, wenn ich will, aber eben nicht so weit, daß ich von mir zuviel aufgeben muß, so von meiner Persönlichkeit aufgeben muß. Und das muß man nicht, wenn man jemanden findet, der sehr viele gleiche Interessen hat. Ich bin schon mehrmals an Typen geraten, ja nehmen wir mal jetzt so Mitte dreißig, Junggesellen, die dann jeden Sonntag zu Mutti zum Mittagessen stiefeln. Oh, da war ich aber ganz schnell weg, ja.... Da habe ich mir gesagt, Gotteswillen, das fehlte dir gerade. So jeden Sonntagmittag denn zur Mutter latschen zu müssen. Nee... das sind für mich Horrorvorstellungen. Das sind für mich eben wirklich Muttersöhnchen, die nie davon loskommen. Das sind Mutter-Sohn-Probleme, die häng ich mir nicht um den Hals."

Frau O., Jg. 1952, Altenpflegerin, ledig, hat noch nie mit einem Partner zusammengewohnt; seit 1985 hat sie keine feste Beziehung (Person 11).

„Nun muß ich sagen, je länger man alleine ist, desto höheren Anspruch hat man auch dem anderen gegenüber und für sich selbst. Man reflektiert und analysiert viel stärker. Das liegt am Alter: Je älter man wird, desto höher werden die Ansprüche. Dann kommt es auf seinen Habitus an und andere Dinge wie, was macht er mit sich selbst, was macht er mit mir, was läßt er mit sich machen, wie weit ist er bereit, mit mir was zu machen oder sich auf mich einzulassen und wie weit habe ich Lust, mich einzulassen."

Frau N., Jg. 1950, Sekretärin, war elf Jahre verheiratet, seit 1980 geschieden (Person 1).

„Krallen, einengen - nein. Ein unterdrücktes Leben habe ich hinter mir. Viele Männer suchen doch nur eine Hausfrau, bei der sie sich einnisten können."

Die Gesprächsausschnitte verdeutlichen, wie sensibel die Frauen auf Einengungen durch den Partner und traditionelle Rollenvorstellungen reagieren. Gerade Frauen, deren Handlungsspielräume in früheren Partnerschaften stark eingeschränkt waren, betonen, daß eine Partnerschaft nur dann funktionieren kann, wenn beide Partner uneingeschränkte Autonomieansprüche haben und versuchen, diese auch zu verwirklichen.

Auch die befragten Männer berichten über frühere Partnerschaftsprobleme, die sich aus unterschiedlichen Rollenauffassungen ergaben. Sie fühlten sich von ihrer früheren Partnerin in die Rolle des Ernährers gedrängt, der die finanzielle Verantwortung alleine übernehmen sollte. Für sie ist jedoch finanzielle Autonomie Grundlage jeder Beziehung. Hinzu kommt, daß dauerhafte emotionale Verbindlichkeiten oder gar emotionale Verantwortung für das psychische Wohlergehen einer Partnerin als Einschränkung des Strebens nach Autonomie und als Hindernis für die eigene Individualität verstanden werden.

Weitere Gründe für das Alleinleben werden von den Männern in der eigenen Persönlichkeit gesehen. Einige machen ihre mangelnde Bereitschaft, sich zu öffnen oder Gefühle zu zeigen, dafür verantwortlich, daß sie mit einer festen Partnerin auf Dauer nicht auskommen können. Diese Männer würden sich ein Zusammenleben mit einer Partnerin zwar wünschen, sehen dafür aber keine Möglichkeit. Sie sind zu introvertiert und besitzen vielleicht auch zu wenig Selbstvertrauen, um eine Partnerin kennenzulernen.

Herr A., Jg. 1955, kaufmännischer Angestellter, ledig, wohnt, seit er 1980 von zu Hause ausgezogen, ist, ununterbrochen alleine; seit vier Jahren hat er eine verheiratete Bekannte (Person 13).

„Aber im großen bin ich eigentlich, so wie man sagt, ein überzeugter Single ... da ist immer so das Gefühl für mich, das ist der Würgegriff. Da ist jemand, dem du also gehorchen mußt, das sind Sachen, die stören mich."

Herr E., Jg. 1954, Malermeister, seit 1981 geschieden, danach lebte er noch zweimal mit einer Frau in seiner Wohnung zusammen (Person 6).

„Ich habe mich in meiner Ehe immer sehr verantwortlich für alles gefühlt. Meine Frau hatte ja keine Ausbildung, ich hab' sie ja praktisch von der Schulbank weg geheiratet. Also mußte ich mich um's Geldverdienen kümmern. Als dann die Kinder kamen, eins nach dem anderen, hab' ich mich oft überfordert gefühlt von der totalen Verantwortung. Ich habe damals meine Kollegen, die ungebunden lebten und für niemanden sorgen mußten, sehr beneidet. Heute bin ich froh, daß ich das auch kann."

Herr C., Jg. 1956, Kunsthistoriker und Pressereferent, ledig, hatte noch nie in seinem Leben eine Beziehung (Person 10).

„Ich habe die Schotten erst einmal dichtgemacht, bis ich mir ein ganz konkretes Bild von der Welt gemacht habe und es kann sein, daß da andere Menschen so intensiv nicht rein passen. ... Mein Single-Dasein hat schon ein bißchen was auch mit eigener Philosophie zu tun. ... Ich bin so ein ganz zuträglicher Mensch, insofern es nicht übertrieben lange währt, sowas. Ich kann ganz gut mit Leuten umgehen und Small-Talk machen. Aber wenn es dann in die Tiefe geht, dann wird es schon etwas - schwierig. Denn dann muß man sich auch bekennen. Und das ist wiederum eine Sache, die mir nicht liegt."

Neben dieser, von Frauen und Männern mit unterschiedlichen Akzenten vorgetragenen Ablehnung des geschlechtsspezifischen Rollenverhaltens und der traditionellen Arbeitsteilung liegen die wichtigsten Gründe für ihre Lebensform in den positiven Erfahrungen, die sie mit ihrem Lebensstil gemacht haben. Männer wie Frauen gaben an, daß sie die Zeit als Single für einen persönlichen Reifungsprozeß nutzen konnten und selbständiger und unabhängiger geworden seien. Durch das Alleinleben hätten sie gelernt, kontaktfreudiger und vor allem selbstsicherer zu werden. Gerade Frauen empfinden dies als deutlichen Fortschritt gegenüber ihrer früheren Unselbständigkeit.

Weiter schlägt für sie positiv zu Buche, daß das Single-Leben die berufliche Entwicklung fördere. Sie meinen, daß sie für den Beruf und/oder zur Weiterqualifikation beliebig viel Zeit und Energie investieren können, ohne daß ein Partner sich zurückgesetzt und vernachlässigt fühlt. Besonders diejenigen unter den Singles, die bereits eine Scheidung bzw. Trennung hinter sich haben, betonen, daß sie ihr Leben danach viel stärker und bewußter auf den Beruf ausrichten konnten. Sie sind davon überzeugt, daß sie ihre heutige berufliche Stellung nicht erreicht hätten, wenn sie mit ihrem Partner zusammengeblieben wären. Zwar läßt sich aus diesen Angaben kein ursächlicher Zusammenhang zwischen Berufsorientierung und Single-Dasein ableiten, jedoch lassen sich bei den Befragten zumindest eindeutige zeitliche Übereinstimmungen nachweisen.

Aber auch andere Aktivitäten werden aufgrund des Alleinlebens gefördert und von den Befragten als die Chance der individuellen Entwicklung und Persönlichkeitsbildung erachtet. So müssen kulturelle oder sonstige Aktivitäten weder zeitlich noch inhaltlich mit einem Partner abgeklärt werden, und auch Reiseaktivitäten können ganz den individuellen Vorlieben angepaßt werden. Diese Entfaltungsmöglichkeiten, die ohne Rücksichtnahmen auf eine weitere Person ausgelebt werden können, werden als wichtige Vorteile der Lebensform der Singles angesehen.

Frau N., Jg. 1950, Sekretärin, seit 1980 geschieden, hat ihre Mittlere Reife und die Sekretärinnenprüfung gemacht (Person 1).

„Ich meine, mich auch persönlich in einer Form weiterentwickelt zu haben, die, glaube ich, in einer Partnerschaft nicht möglich gewesen wäre. Ich fühlte mich noch nie so frei wie jetzt. Früher hieß es, du darfst nicht, du kannst nicht, du sollst nicht. Heute bin ich zwar alleine, kann aber auch machen, was ich möchte."

Herr F., Jg. 1947, Stahlbetonbaumeister, seit 1976 geschieden, 1987 trennte er sich von seiner letzten Freundin, hat sehr vielfältige Hobbies (Person 4).

„Wenn man das richtige Naturell hat, ist es eine der seltenen Möglichkeiten, wirklich zu sich selbst zu finden und innere Ruhe, Sicherheit zu bekommen.... Zeit zu haben, für wirklich alles, was so das Auge und das Herz richtig erfreut.... Weil ich ja nicht suche, ich mir manchmal wie ein D-Zug vorkomme: Ich brettere mit Volldampf so durch das Leben. Und wenn es einer Partnerin gelingt aufzuspringen, dann muß sie erst einmal das Tempo mithalten. Die meisten fallen raus. Ich will aber nicht bremsen."

Frau J., Jg. 1956, ledig, Lehrerin, wohnt seit ihrem Auszug aus dem Elternhaus allein (Person 5).

„Ich komme alleine sehr gut zurecht, ich weiß mir zu helfen, ich lebe gerne alleine. Ich brauche keinen Partner als Helfer, um mein Leben zu organisieren. Von daher bin ich sehr anspruchsvoll gegenüber Männern. Ich bin nicht auf sie angewiesen, also kann ich ganz genau hinschauen, ob mir einer gefällt.

Dadurch, daß ich weiß, ‚ich kann auch ohne dich', brauche ich viel weniger Kompromisse zu machen. Wenn mir das Verhalten eines Partners nicht gefällt, wenn er mich einzuengen versucht, dann doch lieber alleine. Lieber mal ein einsames Wochenende, aber keinen Klotz am Bein, und sinnvoll meine Zeit verbracht."

Frau I., Jg. 1947, ledig, Industriekauffrau, wohnt seit sechs Jahren wieder allein (Person 9).

„Immer, bevor ich jemanden bitte, mir zu helfen, versuche ich es wirklich erst alleine. Wo andere ja genau umgekehrt reagieren, so auf hilflos machen. Und sie finden ja immer wieder Dumme. Mit unselbständigen Menschen kann ich nichts anfangen."

Das Single-Dasein beruht also nicht nur auf den einschränkenden Erfahrungen einer Partnerschaft, sondern auch auf den positiven Erfahrungen, es allein schaffen zu können. Dieser Möglichkeit, sich auf sich und seine eigenen Bedürfnisse einstellen und damit auch umgehen zu können, geht ein längerer Lernprozeß voraus. Man kann auch davon ausgehen, daß je länger jemand alleine lebt – sich mit sich selbst arrangiert –, er weniger bereit sein wird, Kompromisse in der Herstellung und Ausgestaltung einer neuen Partnerschaft zu machen.

Aber auch Singles haben Sehnsucht nach emotionaler Wärme und sexueller Nähe. Ein Ausweg für viele Singles ist da die/der Geliebte auf Zeit oder eben „Swinging-Single"-Affairen. Als Geliebte eignen sich offensichtlich besonders Verheiratete, die keine großen Ansprüche an Verfügbarkeit stellen können, da sie selbst nur begrenzt Zeit und Engagement investieren können.

Frau H., Jg. 1953, ledig, Fachärztin, wohnt seit 1972 allein (Person 3).

„Ich treffe meinen Freund einmal in der Woche zum Mittagessen und einmal kommt er zu mir, manchmal auch zweimal, wenn seine Familie es zuläßt. Er ist verheiratet und hat zwei Kinder, für die er sich auch sehr interessiert und mit denen er viel unternimmt. Ich bin ganz froh, daß ich meine übrigen Abende für mich habe. Die letzten zwei Jahre habe ich fast jeden Abend im Labor verbracht, war also kaum zu Hause und es wird noch einige Zeit so weiter gehen. Da wäre kein Platz für eine intensive Partnerschaft. Aber was sage ich intensiv? Für mich zählt wirklich nicht die Quantität sondern die Qualität. Und da bin ich mit ihm und unserer Liebesbeziehung hoch zufrieden."

Frau J., Jg. 1956, ledig, Lehrerin (Person 5).

„Mit seiner Frau möchte ich nicht tauschen. Das kann ich ganz klar so sagen. Ich bewundere sie, wie sie alles managet, die Kinder, den Mann, den sie auf seiner Karriereleiter an allen Ecken und Enden unterstützt. Sie ist immer für ihn da, hat immer Zeit für seine Probleme – von seinen Oberhemden gar nicht zu sprechen!

Ich hätte die Nerven nicht und nicht die Zeit. Es genügt mir, wenn wir uns alle 14 Tage einen Abend lang oder so sehen können. Da kann ich alles reinpacken, was ich an Gefühlen loswerden will. Er ist ein sehr liebevoller Mensch, der sich sehr um mich bemüht. Wir telefonieren natürlich häufig miteinander, so daß ich mir auch zwischendurch mal Rat und Unterstützung bei ihm holen kann."

Herr A., Jg. 1955, ledig, Kaufmännischer Angestellter, wohnt schon immer alleine. Er trifft sich einmal in der Woche mit seiner Freundin (Person 13).

„Seit vier Jahren habe ich also so eine Freundin, die ist verheiratet, scheinbar auch glücklich verheiratet. ... Mit der komme ich wunderbar aus, also in jeder Beziehung: dufter Kumpel, dufter Freund, in jeder Beziehung eine harmonische Angelegenheit. Aber dadurch, daß sie verheiratet ist, haben wir also gewisse Regeln einzuhalten. Sie hat einen freien Tag in der Woche. An diesem freien Tag ist sie also bei mir. Das läuft sehr harmonisch ab. Das reicht für mich eigentlich aus. ... Sie meint, daß unser langes gemeinsames Zusammensein darauf zurückzuführen ist, daß sie verheiratet ist. Sie ist der Meinung, wenn sie sich von ihrem Mann trennt, sind wir auch nicht mehr lange zusammen."

Herr G., Jg. 1943, geschieden, Hotelkaufmann, wohnt seit 20 Jahren alleine. Er hat seit 11 Jahren eine verheiratete Bekannte (Person 15).

„Die Nähe, die Wärme will ich nie bekommen. Ich bin auch nicht fähig, sie permanent weiterzugeben an einen Nächsten. Nähe empfinde ich als lästig und nur auf Entfernung kann ich das aushalten. ... Dieses enge Aufeinandersitzen würde mir auch den Atem nehmen. ... Es ist auch eine gewisse Angst von meiner Seite vor zuviel Nähe."

Herr E., Jg. 1954, geschieden, Malermeister, wohnt seit vier Jahren allein (Person 6).

„Na ja, ein- bis zweimal die Woche sehen wir uns. Es kommt auch öfter vor, daß wir uns nur einmal treffen. Es ist ja ganz schön, mal morgens gemeinsam aufzustehen, aber andererseits bin ich dann wieder froh, weggehen zu können oder das sie weg ist.

Ich hab' mir schon oft Gedanken gemacht, warum das so ist.

Wahrscheinlich ist sie einfach nicht so ganz die Richtige, ich weiß auch nicht, warum, oder die Liebe reicht eben einfach nicht aus."

Den befragten Singles scheint es gelungen zu sein, eine Form zu finden, in der sie ihre Bedürfnisse nach Sexualität und Emotionalität befriedigen können. Die Intensität und Häufigkeit ist dabei unterschiedlich. Einigen ist es genug, ab und zu jemanden kennenzulernen, Affären für eine Nacht oder ein Wochenende zu haben. Andere haben Partner, mit denen sie sich nur selten aber regelmäßig treffen. Wichtig für alle gewählten Beziehungsmodelle scheint zu sein, daß diese „Kurzzeit-" oder „Sparflammen"-partner nur einen geringen zeitlichen Faktor in der individuellen Alltagsplanung einnehmen. Ein Single läßt sich von seiner „Liebe" in seinem sonstigen Planen und Tun nicht einschränken.

„Die Höhle des Individuums"

Grundvoraussetzung des Lebensstils „Single" ist die eigene Wohnung. Sie repräsentiert räumlich die angestrebte Autonomie, die Rückzugsmöglichkeit auf sich selbst und die Abschottung nach außen hin. Dementsprechend wird die Wohnung als ein „Refugium", als „mein Reich", ohne Zutrittsberechtigung für andere bezeichnet. Die Befragten genießen es, alleine in ihrer Wohnung zu sein, und legen auch einen entschiedenen Akzent auf die Freiheit, die Tür hinter sich zumachen zu können. Es würde sie empfindlich stören, beispielsweise nach Feierabend mit jemandem reden, mit fremden Problemen konfrontiert zu werden oder anderen zuhören zu müssen. Singles wollen selbst entscheiden, wann sie sich auf andere einlassen wollen. Ansprüche, die an sie gestellt werden, sind oftmals lästig.

Frau K., Jg. 1952, ledig, Angestellte im technischen Verwaltungsdienst, hat bis 1975 im Elternhaus gewohnt. Danach ist sie in die heutige Wohnung gezogen (Person 7).

„Ich habe das als unheimlich toll empfunden, wie ich das erste Wochenende in dieser Wohnung verbracht habe, mit so gut wie keinen Möbeln drin. Diese Ruhe um mich herum, und keiner hat mich gestört und mich gefragt.

Ich habe Schwierigkeiten, mir vorzustellen, mit jemandem auf engem Raum zu leben. Also kann ich mir höchstens noch so ein Arrangement vorstellen, in einem großen Haus zu zweit oder so, aber eine relativ lockere Beziehung. Ich müßte immer das Gefühl haben, ich kann mich total zurückziehen. Ich kann jetzt total für mich alleine sein. Auch wenn ich mich schlecht fühle, brauch ich nicht unbedingt so wie andere Leute vielleicht die Nähe von anderen Leuten, sondern ich habe immer erst das Bedürfnis, das alleine zu verarbeiten. Da kann ich andere Leute in unmittelbarer Umgebung kaum ertragen.

Ich würde es schon schrecklich finden, wenn mich morgens jemand, bevor ich mich waschen will, anspricht. Also ich hätte schon Schwierigkeiten, wenn ich jetzt so einen Partner hätte, es gibt ja so Leute, die morgens die Augen aufschlagen können und wahnsinnig vor Aktivität sprühen. Das würde mich irrsinnig machen. Das wäre so ein Punkt, wo ich schon morgens mit so einem Gesicht ins Büro kommen würde.

Außerdem bin ich sehr unordentlich. Ich könnte es aber nicht ertragen, wenn jemand anderes noch zusätzlich seine Unordnung verbreitet. In meiner Unordnung finde ich mich ja zurecht. Sehr schnell sogar. Da finde ich alles."

Herr F., Jg. 1947, Stahlbetonbaumeister, seit 1976 geschieden (Person 4).

„Warum ich heute als Single lebe, hat mit Problemen einer Partnerschaft überhaupt nichts zu tun. Sondern fast ausschließlich, möchte ich sagen, mit der Situation, mit sechs Personen in so einer 3-Zimmer-Wohnung groß zu werden, dann noch als ältester von vier Brüdern, da entwickelt sich so eine Art ‚Freiheitsdrang', so eine versteckte Klaustrophobie.

Ich brauche einfach ein Refugium, in das ich mich zurückziehen kann. Ich kann also sehr gut alleine sein. Ich bin ja nicht alleine. Es ist ja immer was los. Von morgens bis abends, am Wochenende, Freunde, Bekannte, Training, Familie. Und wenn ich da so zwei, drei Tage die Woche allein bin, das genieße ich richtig. Da will ich gar keinen sehen. Da will ich meine Ruhe haben."

Herr D., Jg. 1954, seit vier Jahren getrennt, Diplom-Soziologe und Installateur, wohnt allein (Person 2).

„Ich betrachte das Alleinwohnen als Phase. Wenn ich alleine wohne und manchmal morgens aufstehe, wünsche ich mir, daß ich jetzt mit jemandem frühstücke. Zumindest in dieser partnerlosen Zeit war das so. Und der ist dann eben halt nicht da. Und manchmal war ich aber auch ganz froh, daß ich alleine – sozusagen in mein Reich zurückgekehrt bin, und hätte gar nicht unbedingt gewollt, daß sich jetzt überhaupt jemand anders in dieser Wohnung befindet, auf den ich in irgendeiner Form Rücksicht nehmen müßte. Und in der Zeit, wo ich eine Partnerin hatte oder habe, ist diese Art des Wohnens – solange ich mich nicht entscheide, mit der Partnerin zusammenzuwohnen, was ich mir auch durchaus vorstellen kann - eine sehr angenehme Rückzugsmöglichkeit."

Frau M., Jg. 1944, ledig, Physikalisch-Technische Assistentin, wohnt seit 1986 allein in ihrer Wohnung (Person 12).

„Außerhalb wohnen möchte ich nicht, da ich auf jeden Fall wissen will, daß ich, wenn ich noch etwas unternehmen will, noch die Möglichkeit habe. Eigentlich gefällt's mir in der Wohnung am besten. In der Wohnung hängen, vom Bett zum Balkon und zurück. Faulenzen, ausschlafen, das ist das Schönste.

Ich bin gerne zu Hause. Was soll ich mich zwischen die Massen quälen. Hier habe ich meine Ruhe abends, ich wüßte auch nicht, wohin. Viel zu laut da draußen, und die Leute haben sich nichts zu erzählen."

Frau L., Jg. 1952, Serviererin, hat sich 1971 von ihrem Mann getrennt. Seitdem wohnt sie allein (Person 14).

„Schauen sie sich mal um, es gibt Menschen, denen geht es unheimlich schlecht. Was will ich denn, ich habe einen Job, ich habe eine Wohnung, ich habe sehr gute Freunde. Soll ich vielleicht drüber weinen, daß mir einer fehlt?

Ich bin ein häuslicher Mensch, ich brauche das. Ich brauche ein Zuhause. Ich habe mir die Wohnung von Null, Stück für Stück eingerichtet. Ich bin auch heute nicht bereit, ein Stück abzugeben.

Auch wenn Besuch da ist, wird es mir nach drei Tagen zuviel. Über zwei, drei Tage geht das. Über länger ertrage ich das nicht. Es ist sehr schwer für mich, dann habe ich keine Lust mehr zu reden, haue ab und werde aggressiv."

Niemand beurteilt seine Wohnsituation als ein Provisorium, vielmehr haben die Befragten sich auf ein längeres Alleinwohnen eingerichtet. Wie aus den Zitaten deutlich wird, verbringen viele Singles einen nicht unerheblichen Anteil ihrer Freizeit in der eigenen Wohnung. Dahinter steht bei vielen ein ausgeprägtes Bedürfnis nach Ruhe, das sich in den meisten Fällen aus der beruflichen Belastung und dem Eingebundensein in andere soziale Zusammenhänge ergibt. Je „unruhiger es draußen" ist, um so ruhebedürftiger fühlen sich die meisten, und um so angenehmer empfinden sie das Alleinwohnen.

Mit zunehmender Dauer des Alleinlebens steigen die Ansprüche an die eigene Wohnung. Für die meisten gehört dazu eine entsprechende Größe – keiner wäre mit nur einem Zimmer zufrieden. Die Befragten legen Wert auf einen räumlich getrennten Wohn- und Schlafbereich. Sie lehnen eine Konzentration aller Wohnfunktionen auf einen Raum ab. Abhängig von Alter und Einkommensverhältnissen können sich die befragten Singles diese Wohnwünsche auch erfüllen.

Der überwiegende Teil der Befragten wohnt schon seit längerer Zeit in der heutigen Wohnung, was mit den jeweiligen Vorzügen der Wohnung wie ausreichende Größe, gute Ausstattung und Grundrißaufteilung, Balkon, Ruhe und auch mit der zentralen Lage begründet wird. Als zentral gilt eine Wohnung auch dann, wenn der Arbeitsplatz schnell erreicht werden kann und die von ihm bevorzugten Freizeitmöglichkeiten in der Nähe liegen. Die jeweilige Zentralität ergibt sich also nicht nur aus der räumlichen Nähe zur City, sondern auch aus der Nähe zu den wichtigsten Lebensbereichen der Befragten.

Hinzu kommt eine Ausstattung, die Bequemlichkeit und einen gewissen Komfort garantiert. Für diesen Wohnstil sind die Befragten bereit, eine relativ hohe Miete sowie entsprechend viel Geld für einen hohen Ausstattungsstandard der Wohnung zu investieren.

Mit der Wohnungseinrichtung und der Art, die Wohnung zu bewohnen, können sie ihren Stil, ihre Lebensauffassung auch räumlich zum Ausdruck bringen. Jeder Einrichtungsgegenstand kann zum individuellen Symbol ihrer Geschmacksrichtung und persönlichen Ungebundenheit werden. Wie man sich die Wohnung einrichtet, in welchen Zustand von Ordnung oder Unordnung man sie versetzt, darauf braucht keiner anderen Person gegenüber Rücksicht genommen zu werden.

„Die doppelte Freiheit"

Die Alltagsgestaltung von Singles wird von einer doppelten Freiheit bestimmt: sie sind frei für die ungebundene Realisierung ihrer eigenen Interessen, aber auch frei von der Unterstützung eines Partners.

Einerseits gibt es niemanden, auf den ein Single im Privatbereich Rücksicht nehmen und mit dem er seinen Alltag koordinieren muß. So gibt es keine mit einem Partner abzusprechenden Zeiteinteilungen, etwa, wann man nach Hause kommt, wann und wo man sich trifft. Es existieren keine Verpflichtungen, die einem anderen gegenüber einzuhalten wären, und keine geregelten Aufgaben, die mit Rücksicht auf einen Partner zu bestimmten Zeiten erledigt werden müssen. Andererseits gibt es aber auch niemanden, mit dem Singles die alltäglichen Arbeiten, Verpflichtungen und Entscheidungen teilen könnten. Niemand springt in Zeiten großer Arbeitsbelastung ein, um die alltäglichen Notwendigkeiten zu erledigen. Bei keiner Entscheidung kann sich ein Single auf die selbstverständliche Unterstützung und die Hilfe eines Lebensgefährten verlassen.

Frau J., Jg. 1956, Lehrerin, hat seit 1973 immer alleine gewohnt (Person 5).

„Alles, aber auch alles, was so ein Leben bietet, muß man alleine regeln. Also, alle Alltagstätigkeiten, Schreibkram, Behördengänge, Reparaturen, Urlaub, pipapo. Jeden Gang, jedes Telefonat mit der Versicherung muß man selber machen. Das ist natürlich auch ein Vorteil, daß ich alles alleine machen kann. Ich kann mit meiner Zeit umgehen, wie ich will.

Es gibt am Tag mindestens einen Moment, wo ich unheimlich froh bin, daß ich alleine bin. Nämlich dann, wenn ich völlig kaputt aus der Schule komme und nicht für irgendeinen Mann fröhlich lächeln muß oder gar auf Kinder eingehen müßte. Da kann ich mich dann in Ruhe hinsetzen und alleine überlegen, was nun."

Herr E., Jg. 1954, Malermeister, seit 1981 geschieden (Person 6).

„Von festen Terminen laß ich mich überhaupt nicht beeinflussen oder beherrschen. Das habe ich tagtäglich auf der Arbeit schon, daß ich zu irgendwelchen Zeiten dann und dann da sein muß; und das möchte ich in meiner Freizeit nun, weiß Gott, nicht. Gerade so, wie es ist, wozu ich wirklich Lust habe, das mache ich dann einfach."

Frau I., Jg. 1947, ledig, Industriekauffrau, lebt und wohnt seit sechs Jahren allein (Person 9).

„Wenn mal die Sonne scheint, muß ich was tun. Sonntag morgens, wenn mich die Sonne küßt, steh ich sehr früh auf und bin schon um neun Uhr am Wannsee. Ich brauch ja keinen fragen, oder Rücksicht nehmen, ob ein Partner nicht lieber zu Hause bleibt.

Und wenn ich solche Sachen vorhabe, an denen ich meinen Spaß habe, da kann sich dann auch mal der Abwasch türmen. Da mach ich einfach die Tür zu. Stört mich überhaupt nicht. Heinzelmännchen kommen sowieso nicht, und 'nen anderen, den das stören könnte, gibt's nicht. Und wenn ich dann abends wiederkomme und mich die Wäsche oder der Abwasch anguckt, dann fahre ich eben mal 'ne Nachtschicht."

Besonders für Frauen sind die in den Zitaten angesprochenen „Freiheiten des Single-Daseins" wichtige Unterschiede zum Leben in der Ehe oder anderen Partnerschaftsformen. Sie weisen darauf hin, daß sie in früheren Partnerschaften viel Zeit, die sie eigentlich für eigene Interessen hätten einsetzen können, für den Partner investiert und vor allem für die tägliche Hausarbeit verwendet haben. Ihre damaligen Partner hätten sich demgegenüber nicht im gleichen Umfang und in gleicher Intensität um die Hausarbeit gekümmert. Diese traditionellen Verpflichtungen hätten ihre Möglichkeiten eingeschränkt, individuelle Interessen in ähnlich starker Weise zu entfalten wie ihre Männer.

Heute ist es für alle Frauen eine Erleichterung, nur noch für den „eigenen Dreck“ verantwortlich zu sein, nur für die eigenen Bedürfnisse einkaufen zu müssen und nur dann zu kochen, wenn man Lust dazu hat. Die Frauen beschreiben es als wichtigen positiven Effekt, daß sie über Art und Umfang der Hausarbeit alleine, ohne Rücksicht auf andere, entscheiden und auch, falls andere Dinge wichtiger erscheinen, die Hausarbeit entsprechend vernachlässigen können.

Für die befragten Männer ist dieser Aspekt von ganz anderer Bedeutung. Alleinwohnende Männer haben höhere Belastungen im Alltagsbereich als verheiratete, deren Frauen die Hausarbeit übernehmen. In dem Maße, wie alleinlebende Männer es sich leisten können, nehmen sie bezahlte Dienstleistungen im hauswirtschaftlichen Bereich in Anspruch. Einige Befragte beschäftigen regelmäßig eine Putz- und Haushaltshilfe, andere geben ihre Wäsche in Wäschereien oder engagieren Fensterputzdienste.

Die Interviews zeigen auch, daß die Männer, abhängig von der Dauer ihres Alleinlebens, unterschiedlich gut mit der Hausarbeit zurechtkommen. Singles, die noch nicht so lange alleine leben und eventuell noch an die selbstverständliche Unterstützung durch die Partnerin gewöhnt sind, fällt dies schwerer als Männern, die schon viele Jahre keine Partnerin mehr haben. Diese „Langzeit-Singles“ haben gelernt, für die Organisation ihres Alltags alleine verantwortlich zu sein und vermissen in diesem Bereich keine weibliche Unterstützung mehr.

Herr G., Jg. 1943, seit 1968 geschieden, wohnt seit 20 Jahren ununterbrochen allein (Person 15).

„Mit meinem Haushalt und meiner Wohnung bin ich eigen. Wenn man so lange alleine lebt, hat man ziemlich feste Vorstellungen, wie etwas zu sein hat. Ich kann es nicht leiden, wenn jemand etwas herumliegen läßt und seine Sachen nicht wegräumt. Und ich mag es auch nicht, wenn jemand kocht und hinterher sieht es aus, als hätten die Vandalen gehaust! Bei mir muß alles picobello sein, damit ich mich wohlfühlen kann zu Hause. Das geht bis zu den Kleinigkeiten. Es mag ja vielleicht etwas schrullig klingen, aber ich mag es auch nicht, wenn jemand seinen Löffel in der Kaffeetasse läßt und dabei Kaffee trinkt, und ich es ihm erst abgewöhnen muß und er dann sagt, das mache ich so und ich denke gar nicht daran. Also, muß ich mir das ein Leben lang ansehen?"

Frau H., Jg. 1953, ledig, Fachärztin, hat, seit sie 1972 zu Hause ausgezogen ist, noch nie mit einem Partner zusammengewohnt (Person 3).

„Ich kenne viele Frauen, die quälen sich mit ihrem Partner ab, jahrelang, obwohl er sie von vorne und hinten behindert, nur weil sie nicht allein sein können. Und das würde ich nicht mehr tun. Ich lasse mich nicht mehr von meinen Sachen abhalten, nur weil jemand meint, ich müßte mehr zu Hause sein, mich mehr kümmern.

Da nehme ich's schon in Kauf, daß ich vieles alleine regeln muß, wo andere sagen können: ‚Besorg doch mal was'. Oder: ‚Wir sind da eingeladen, mach doch, kauf du doch noch etwas. Hast du Zeit, noch schnell einen Wein zu besorgen?' Da steh ich immer allein da und kann niemanden schicken."

Herr E., Jg. 1954, geschieden, Malermeister, wohnt seit vier Jahren allein (Person 6).

„Mein Haushalt ist mir ziemlich egal. Ich hab so viel um die Ohren, beruflich und privat, daß ich für die Hausarbeit oft keine Zeit habe. Naja, und da bleibt dann eben alles liegen. Es sieht ja auch keiner! Oft habe ich wochenlang gar nichts richtiges zu essen zu Hause. Das brauch' ich auch nicht! Tagsüber esse ich unterwegs, abends oft beim Sport oder in der Kneipe. Kochen tu ich für mich alleine so gut wie nie. Das würde auch viel zu lange dauern.

Und wenn ich dann eine Phase habe, wo ich öfter zu Hause bin, dann wird eben wieder einmal gründlich aufgeräumt. Da mach ich dann mal ein Wochenende sauber, das reicht dann wieder für eine Zeit."

Frau L., Jg. 1952, geschieden, Serviererin, wohnt seit der Trennung von ihrem Mann 1981 alleine. Seit 1985 hat sie keinen festen Partner mehr (Person 14).

„Ich bin keine Hausfrau, keine ausgesprochene Hausfrau. Ich mache mal jeden Tag so meinen Teil; aber daß ich nun Frau Saubermann bin und dann wie eine Bekloppte durch die Wohnung rase, das ist nicht mehr meine Welt.

Das ist sicher ein Fehler, wenn man mit einem Mann zusammenlebt, es so zu machen. Aber die erwarten das ja doch alle irgendwie. Für mich alleine ist das anders. Ich bin doch nicht Sklave meiner Wohnung, daß ich so einen Putzfimmel habe. Wenn mir gerade mal andere Dinge wichtiger sind, dann kann ich auch über meinen Dreck drübersteigen. Mich stört das dann einfach nicht, und 'nen anderen, den es stören könnte, den gibt's eben nicht."

Herr F., Jg. 1947, geschieden, ist von Beruf Stahlbetonbaumeister. Seit der Trennung von seiner letzten Freundin 1987 wohnt er allein (Person 4).

„Ich bin beruflich sehr eingespannt, habe viele Hobbies, die ganze Woche Action. Das ist meine Welt, das macht mir Spaß. Und diesen lästigen Haushalt, da bin ich froh, wenn mir das jemand abnimmt. Ich habe eine Haushälterin, die macht hier sauber und kauft auch für mich ein. Und ich hab auch einen Fensterputzer. Waschen tu' ich alleine, das ist nicht so schlimm. Aber die anderen Sachen, da bin ich froh, daß ich sie los bin."

Für Singles, für die der Beruf im Mittelpunkt steht, nimmt dieser die meiste Zeit ihres Lebens in Anspruch. Für einige besteht aufgrund der Anforderungen ihres Berufes, für andere wegen des Interesses an beruflicher Fortbildung eine so große Belastung, daß für andere Aktivitäten kaum Zeit bleibt. Für Selbständige oder Angehörige kreativer Berufe ist die Arbeit oft der wichtigste Lebensinhalt. Diese Befragten identifizieren sich vollständig mit ihrer Tätigkeit und kennen zumeist keine zeitliche Trennung von Beruf und Freizeit. Die Tage und Wochenenden sind voller Termine, Veranstaltungen, Arbeitstreffen und Sitzungen. Manche sind schon jahrelang nicht mehr im Urlaub gewesen, das letzte freie Wochenende liegt Monate zurück - ein Privatleben im eigentlichen Sinne kennen sie nicht. Bei solch einer Lebensweise würde ein Partner nur als Störfaktor empfunden. Deshalb wird gerade bei diesen Befragten das Bedürfnis nach einer Partnerschaft oftmals auf eine ferne Zukunft projiziert.

Beruflich stark engagierte und ambitionierte Singles haben wenig Freizeit. Diese Zeit wird während der Woche zur Reproduktion der Arbeitskraft benötigt und um die tägliche Hausarbeit zu erledigen. Freizeitaktivitäten oder kulturelle Interessen werden meistens auf das Wochenende verschoben.

Zum Kochen während der Woche fehlt Zeit und Energie. Die Betreffenden essen tagsüber meist in einer Kantine und machen sich abends allenfalls eine kleine Mahlzeit ohne viel Aufwand. Auch für den Einkauf ist während der Woche nur selten Gelegenheit, so daß Besorgungen überwiegend am Samstagvormittag erledigt werden. Auch das Aufräumen und Säubern der Wohnung wird auf das Wochenende verschoben.

Alle Befragten haben eine Lebensphase durchgemacht, in der sie sich verstärkt und intensiv auf den Berufs- oder Ausbildungsbereich konzentrierten. Während dieser beruflich orientierten Selbstfindungsphase wurden fehlende Ausbildungsvoraussetzungen nachgeholt, wichtige, für den erlernten Beruf weiterführende Qualifikationen angeeignet, teilweise neue Ausbildungswege eingeschlagen oder gar Berufe ergriffen, die im Vergleich zur Ausbildung völlig atypisch sind. Dies erklärt, warum alle befragten Singles mit dem, was sie in ihrem Beruf zustandegebracht haben, durchweg zufrieden sind - und auch damit, daß sie ohne die Unterstützung eines Partners durchgehalten haben. Insbesondere die Frauen beziehen aus dieser Erfahrung einen hohen Selbstwert, den „Mut“ zum Alleinleben und ein gewachsenes Selbstbewußtsein, es alleine zu etwas gebracht zu haben und sich von niemandem abhängig zu wissen.

Für Singles, deren Hauptinteressen außerhalb des Berufes liegen, verschiebt sich entsprechend die Gewichtung innerhalb der Gestaltung ihres Alltags. Bei diesen freizeitorientierten Singles lassen sich je nach Aktivitätsgrad zwei Gruppen unterscheiden.

Einige verbringen Feierabend und Wochenende zu Hause in ihrer Wohnung, nutzen die Zeit zum „Relaxen, Trödeln, Rumhängen“ und Telefonieren. In der Regel gehen sie nach der Arbeit kurz einkaufen, damit der Kühlschrank nicht leer bleibt. Im Vergleich zu allen anderen kochen sie sich abends häufiger etwas und bringen relativ viel Zeit für die Erledigung der täglichen Hausarbeit auf. Sie charakterisieren sich als eher ordentlich, was bei einigen bisweilen bis zur Pedanterie geht. Andererseits können sie aber auch ganz gut damit leben, wenn „etwas liegenbleibt".

Die Wochenenden unterscheiden sich von den übrigen Tagen, weil hier die Möglichkeit, lange zu schlafen und ausgedehnt zu frühstücken, intensiv ausgenutzt wird. An diesen Tagen machen Singles Besuche bei Freunden und Verwandten oder gehen einem der Hobbies nach. Solche Tage werden manchmal auch als „Hängertage" empfunden – und genossen. So gehören Wochenenden, an denen sie freitags nach der Arbeit die Wohnung betreten und diese erst wieder verlassen, wenn sie montags morgens zur Arbeit gehen, durchaus auch zum „normalen" Single-Dasein.

Andere eher freizeitorientierte Singles sind während der Woche fast jeden Abend unterwegs. Je nach der Art ihrer Freizeitgestaltung bevorzugen sie spezielle Freizeitareale wie Tennis-, Fußball-, Handballverein, Schwimmbad, Sauna, Tanz- und Fitnesstudio. Trotz der vielen Aktivitäten vermeiden sie es, ihre Freizeit durch feste Termine zu verplanen. Gerade in der Flexibilität der Freizeitgestaltung – was man wann tut und mit welchem Freizeitpartner man die Zeit verbringt – liegt der besondere Reiz ihres Lebensstils. Sie wollen sich auch, oder gerade, in der Freizeit nicht „vorprogrammieren" und „verplanen" lassen. Zu viele festgelegte Termine verleiden den Spaß an der Sache und würden die persönliche Ungebundenheit auf ein nicht mehr akzeptables Maß einschränken.

Nach einer Phase der intensiven außerhäuslichen Freizeitgestaltung schließt sich auch bei ihnen oft eine ebenso intensive häusliche Phase an. Da werden dann schon einmal Verabredungen abgesagt oder Telefonanrufe einfach ignoriert, um sich ungestört nur mit sich selbst und dem Haushalt beschäftigen zu können. Die Freiheit zu haben, jederzeit das Bedürfnis nach Rückzug befriedigen zu können, eine gewisse Zeit nur für sich zu haben, bewerten die Singles als einen unverzichtbaren Vorteil ihrer Lebensform.

Herr F., Jg. 1947, geschieden, Stahlbetonbaumeister (Person 4).

„Mir ist wichtig, drei, vier mal die Woche zum Training zu

gehen oder in der Karibik zu segeln ... oder mit meinen Brüdern zusammenzusein. Das ist mir wichtig.

Ich stelle sie nicht so als Forderungen in den Raum und messe jemanden daran, sondern ich bin schon durchaus bereit, also wenn ich jemanden kennenlernen möchte, ihn doch richtig kennenzulernen. Aber nicht mehr so holterdipolter, und dann habe ich eben, wie gesagt, so ein bißchen Interessen, wo nicht jeder mithalten kann oder mag."

Frau J., Jg. 1956, ledig, Lehrerin (Person 5).

„Ich habe einen ziemlich festen Wochenrhythmus. Am Wochenende bin ich zumeist unterwegs, Kino, Konzert, Essen gehen mit Freunden. Montag und Dienstag bin ich eher allein zu Hause, da besorge ich meinen Haushalt, gieße die Blumen, trödle herum. Manchmal hab ich dann auch Hefte zu korrigieren oder Unterricht vorzubereiten. Mittwochs kommt regelmäßig eine Freundin zu mir. Da sitzen wir in der Wohnung, oft kochen wir zusammen und erzählen uns etwas. Naja, und dann ist schon bald wieder Wochenende und alles geht von vorne los."

Herr E., Jg. 1954, geschieden, Malermeister, wohnt seit drei Jahren allein (Person 6).

„Die Hauptsache ist für mich, ich kann ungestört meine ganzen sportlichen Aktivitäten durchziehen und auch immer hinterher mit meinen Sportkumpels bis in die Nacht sitzen bleiben, wenn ich dazu aufgelegt bin. Auch auf meine Spontanreisen würde ich ungern verzichten."

Frau L., Jg. 1952, Serviererin, war 10 Jahre verheiratet. Sie ist seit 1981 von ihrem Mann getrennt, seit 1986 geschieden (Person 14).

„Während der Woche bin ich meist zu Hause, weil mein Beruf ziemlich anstrengend ist. Da bin ich froh, wenn ich ein bißchen relaxen kann. Aber wenn ich meinen freien Tag habe, dann sieht es anders aus! Zumeist bin ich mit meiner Freundin unterwegs. Ich bin dann lieber draußen, unter Menschen. Zu Hause hocke ich dann selten. Wir gehen ins Theater oder ins Konzert und natürlich ab und zu in die Disco! Meist planen wir das schon Tage vorher und es ist immer ein Riesenspaß."

Frau H., Jg. 1953, ledig, Fachärztin. (Person 3)

„Im Moment bin ich beruflich ziemlich eingespannt und habe den ganzen Tag mit Menschen zu tun. Ich muß mich alle paar Minuten auf eine neue Person einstellen, das ist unheimlich anstrengend. Da bin ich dann froh, wenn ich abends in meiner Wohnung bin und endlich alleine sein kann. Oft hänge ich dann nur rum, beschäftige mich mit meinen Sachen, höre Musik. Oft telefoniere ich lange mit einer Freundin und erzähle ihr, was den Tag über gelaufen ist. Zum Weggehen habe ich dann meist keine Lust mehr, das verschiebe ich auf's Wochenende."

So verschieden die Lebensführung und Alltagsorganisation der Befragten sind, sind sie doch typischer Ausdruck für das ausgeprägte Bedürfnis, frei und unabhängig zu leben. In dieser Deutlichkeit haben nur Singles dieses Bedürfnis in den Vordergrund gestellt. Ihr verändertes Rollenverständnis, die Ablehnung typischer männlicher oder weiblicher Verhaltensweisen unterstützt ihr Streben nach Selbstverwirklichung und Autonomie. Eine Folge davon ist besonders für Frauen die Ausrichtung auf die Berufsrolle, was für weibliche Lebensentwürfe eher untypisch ist. Männer wollen ungebunden sein, sie lehnen vor allem die traditionelle Ernährerrolle ab.

„Das emotionale Netzwerk"

Freundschaftsnetze haben heute für fast alle Mitglieder dieser Gesellschaft jene Funktionen übernommen, die früher die klassische Mehrgenerationenfamilie ausfüllte. Für Alleinlebende sind Freunde fast so etwas wie eine Überlebensgarantie. Wo ein Kreis enger, verläßlicher, aber auch anregender und motivierender Freunde fehlt, da sind die Einsamkeitsgefühle viel häufiger und die Alltagsbewältigung wird aufwendiger.

Freundeskreise sind also unverzichtbar für Singles. Sie sind nicht nur zuständig für psychische Stabilisierung, wenn ihnen die Decke auf den Kopf fällt, sie sichern vor allem auch die ganz simple Alltagsbewältigung: Blumengießen, Katzen füttern, Hilfe bei Wohnungsrenovierung, Urlaubsbegleitung. Irgendwo im

Freundeskreis findet man meistens Rat und Hilfe. Oft genug sind Freundschaften das dauerhafteste Lebenselement überhaupt, sie halten Jahrzehnte, sie überleben wechselhafteste Liebesgeschichten, Glücks- und Trauerzeiten, Berufswechsel und Umzüge.

Singles sind in unterschiedlicher Intensität in verschiedene Beziehungskontexte eingebunden. Diejenigen, die vor allem im Beruf den entscheidenden Lebensinhalt haben, finden ihre Freunde überwiegend in beruflichen Kontakten. Aber der Beruf kann so ausfüllend sein, daß nur wenig Zeit für die Pflege und Intensivierung von Freundschaften bleibt.

Die Gruppe der Singles, die beruflich weniger eingespannt ist und dadurch mehr Zeit für ihre Freizeitaktivitäten aufwenden kann, hat ihren Freundeskreis sowohl im Arbeits- als auch im Freizeitbereich. Den umfangreichsten und heterogensten Freundeskreis haben offenbar die Singles, die den verschiedensten Freizeitaktivitäten nachgehen. Die am häufigsten genannten Aktivitäten sind dabei Tennis, Sauna, Schwimmen, Squash, Tanzen, Fußball und Handball. Neben der körperlichen Fitness stehen die sozialen Aspekte der Beziehungen bei der gemeinsamen sportlichen Aktivität im Vordergrund.

Herr A., Jg. 1955, ledig, kaufmännischer Angestellter, wohnt schon immer allein (Person 13).

„Ich bin doch eher ein Einzelmensch von jeher eigentlich gewesen, ohne also jetzt kontaktarm zu sein, das ist mit Sicherheit nicht der Fall.

Einsam bin ich nicht, dazu habe ich einen großen Bekanntenkreis und immense Möglichkeiten, wenn etwas sein sollte, jemanden anzurufen oder hinzufahren oder Besuch einzuladen. Aber im großen und ganzen bin ich eigentlich so, wie man sagt, ein überzeugter Single.“

Frau N., Jg. 1950, geschieden, Sekretärin, unternimmt viel zusammen mit Freunden (Person 1).

„Das Interessanteste an meinem Leben ist, daß ich mich mit meinen Hobbies und Reisen kein bißchen mehr einschränken muß, weil mein Partner dies oder jenes nicht mitmachen will.

Ich finde immer jemanden, wenn ich keine Lust habe, z.B. allein in eine Ausstellung zu gehen oder mal ins Kino, dann ist es einfach netter, sich mit jemand darüber austauschen zu können. Ich habe da einen ganz netten Kreis von Freunden, die ich dann zu den jeweiligen Aktionen anheuere."

Eines der wesentlichen Merkmale der Aktivitäten und des Sich-Treffens mit Freunden ist die Flexibilität und Spontanität, mit der die Befragten vorgehen. Alle Verabredungen erfolgen meist sehr kurzfristig, oft erst ein paar Stunden vorher, je nachdem wie der Betreffende gerade aufgelegt ist. Zur Durchführung der diversen Aktivitäten gehen einige nach dem „Taschenprinzip" vor: Je nach Vielfalt und Umfang der Aktivitäten gibt es für den jeweiligen Anlaß eine gepackte Tasche mit den notwendigen Utensilien, die morgens bereits mit zur Arbeit genommen wird, so daß keine Zeit mehr für das Nachhausefahren aufgebracht werden muß.

Ein weiteres Merkmal für die sozialen Beziehungsgeflechte von Singles ist, daß es keine Rolle spielt, ob die Freunde auch Singles sind oder in einer Partnerschaft leben. Es gibt eher eine Zuordnung von Spezialfreunden zu den unterschiedlichen Aktivitäten. So gibt es einen Kultur- oder Tanzfreund, den Musik-, den Sportsfreund, den Handwerker, den Vertrauten und manchmal den Sexualpartner.

Für zwei Drittel der Befragten nimmt die Person des „Vertrauten" die wichtigste Position im Beziehungsnetz ein. Mit ihr werden alle persönlichen Probleme und Angelegenheiten offen besprochen. Sie wird eingeweiht in die intimsten Angelegenheiten, sie spendet Trost und Nähe, mit ihr wird Freud und Leid geteilt. Diese Vertrautheit basiert auf Gegenseitigkeit. Bei dem restlichen Drittel bleibt die Position des Vertrauten, wie sie für die übrigen beschrieben ist, unbesetzt. Ein Teil behauptet von sich, keine Probleme zu haben, die sie mit anderen besprechen müßten, weil sie sich am Besten selbst zu helfen wissen. Dazu ziehen sie sich zurück, verarbeiten und analysieren das Problem so lange, bis sie eine akzeptable Lösung gefunden zu haben glauben.

Herr E., Jg. 1954, geschieden, Malermeister, wohnt seit vier Jahren allein (Person 6).

„Gravierend schwere Sachen wie Trennung oder so'n Kummer berede ich mit meiner Mutter oder meinem Bruder. Mit meiner Familie kann ich so persönliche Dinge besprechen. Wir sehen uns jeden Sonntag. Sonntags bin ich immer bei Muttern und Oma zum Mittagessen. Meine Mutter versorgt auch die Wohnung, wenn ich in Urlaub fahre. Sie guckt nach dem Rechten und gießt die Blumen.

Mit meinen Freunden rede ich natürlich auch über Probleme, aber doch eher am Rande."

Frau N., Jg. 1950, geschieden, Sekretärin, wohnt seit 1978 allein (Person 1).

„Für mich ist es ganz wichtig, daß ich mich regelmäßig mit meiner Freundin aus dem Sportclub treffe. Ich habe auch zu einer Arbeitskollegin einen recht guten Kontakt. Wir können wirklich über alles reden. Also, mit diesen beiden Freundinnen kann ich sozusagen Freud und Leid teilen. Die Steffi kenne ich schon länger als meinen Verflossenen. Die hat auch die gescheiterte Beziehung zu dem Pit mit durchlitten. Ohne sie, d.h. ohne die Möglichkeit, mit ihr alles bereden zu können, hätte ich noch viel mehr gelitten. Mein Kontakt zu meiner Familie ist nicht der Beste. Meine ältere Schwester ist da sehr dominant. Ich hab' zwar zu ihr ein sehr gutes Verhältnis, aber irgendwie steht sie meiner Mutter sehr viel näher als ich, ich fühl' mich da etwas vernachlässigt, und deshalb fahr' ich da auch nicht oft hin."

Frau H., Jg. 1953, ledig, Fachärztin, wohnt seit 1972 allein (Person 3).

„Meine Schwester wohnt hier gleich um die Ecke. Das ist optimal. Ich bin zwar beruflich sehr eingespannt und deshalb nicht oft zu Hause, aber ein kleiner Abstecher zu Tilly ist immer noch drin. Sie ist jünger als ich, hat zwei ganz süße Kinder und ist von daher zu Hause. Sie ist nicht nur für ihre Familie, sondern auch für mich der „gute Geist", sie denkt immer für mich mit, ob das nun beim Einkaufen ist, irgendwelche Sonderangebote, die sie mir dann gleich mitbringt, oder Weihnachtsvorbereitung oder so! Ich kann mich da voll auf meine Schwester verlassen."

An den sozialen Beziehungen der Singles wird deutlich, daß sie besonders dann mit sich und ihrer Lebensform zurecht kommen, wenn sie in ein dichtes Netz zwischenmenschlicher Kommunikation integriert sind oder prinzipiell die Möglichkeit des Kontaktes zu anderen Menschen besteht.

Alleinerziehende Mütter und Väter

„Das kleinere Übel“

Für eine Analyse „neuer“ Lebensformen sind vor allem Väter und Mütter interessant, die sich freiwillig dafür entschieden haben, ihr Kind alleine großzuziehen. Zu dieser Gruppe gehören Frauen, die schon während der Schwangerschaft wußten, daß ihr Partner nicht bereit sein würde, sich an der Erziehung zu beteiligen oder Personen, die sich – aufgrund welcher Motive auch immer – bewußt aus einer ehelichen oder nichtehelichen Partnerschaft lösten und das Kind bei sich behielten. Personen hingegen, die unfreiwillig in diese Situation kamen, etwa durch Verwitwung, erscheinen uns im Kontext neuer Lebensformen weniger von Interesse.

Mütter, die bereits vor der Geburt des Kindes entschlossen waren, ihr Kind alleine zu erziehen, sind zumeist ledig. Ledige Mütter waren bis vor wenigen Jahren meist sehr jung und trafen ihre Entscheidung für das Kind oftmals aus einer Zwangssituation heraus. Heute hat sich ein neuer Typus von ledigen Müttern herausgebildet: Diese Frauen sind zum Zeitpunkt der Schwangerschaft bereits etwas älter, d.h. Ende 20, Anfang 30, materiell unabhängig und selbstbewußt genug, sich auch zuzutrauen, ein Kind alleine groß zu ziehen. Bei den meisten Frauen in dieser Situation bestand bereits vor der Schwangerschaft ein langjähriger Kinderwunsch, mit dem sich die Frauen intensiv auseinandergesetzt hatten. Einige von ihnen hatten außerdem eine oder mehrere Abtreibungen hinter sich.

Der Entschluß von Frauen zu einem Kind – auch wenn von vornherein klar ist, daß es ohne leiblichen Vater aufwächst – wird sicherlich durch die in den letzten Jahrzehnten verbesserte materielle Situation von Frauen und alleinerziehenden Müttern erleichtert. Früher mußten viele ledige Mütter im Haushalt der

Eltern unterkommen und konnten nur unter schwierigsten Umständen einen eigenen Haushalt führen. Heute jedoch ist eine eigenständige Haushaltsführung für die meisten ledigen Mütter selbstverständlich geworden. Hinzu kommt die Abnahme der sozialen Diskriminierung von Alleinerziehenden und insbesondere ledigen Müttern. Dies mag einerseits daran liegen, daß ihre Zahl kontinuierlich steigt und daher ihre Lebensform auch eher als „normal“ angesehen wird, und andererseits daran, daß in einer Großstadt wie Berlin Vorurteile gegen andere Lebensstile geringer ausgeprägt sein mögen als auf dem Land oder in einer Kleinstadt.

Für Frauen, die bereits vor der Geburt des Kindes wußten, daß sie es alleine großziehen würden, waren unterschiedliche Gründe für ihre Entscheidung ausschlaggebend. Ein Teil der Frauen kannte ihren damaligen Partner nur flüchtig, wollte mit ihm von Anfang an längerfristig nichts zu tun haben oder konnte sich ein wie auch immer geartetes Familienleben mit ihm einfach nicht vorstellen. Trotzdem wollten sie das Kind bekommen, oft weil sie sich seit Jahren intensiv ein Kind gewünscht hatten. Andere fühlten sich zu alt, den Zeitpunkt für ein Kind durch eine (weitere) Abtreibung noch weiter hinauszuschieben. Demgegenüber bestand bei einem anderen Teil der Frauen die Hoffnung, daß auch der Partner ein gemeinsames Kind wollte. Die Partner lehnten dies jedoch ab, bestanden auf einer Abtreibung und wollten, als sich die Frauen trotzdem für das Kind entschieden, die Partnerschaft nicht weiterführen. Keine der interviewten Frauen, die bereits vor der Geburt des Kindes wußten, daß sie es alleine erziehen würden, bedauert in der Rückschau den damaligen Entschluß.

Frau I., Jg. 1950, ledig, arbeitet halbtags als Sekretärin. Sie lebt mit ihrem sechsjährigen Sohn. Der Vater hat zu Beginn der Schwangerschaft den Kontakt mit ihr abgebrochen (Person 17).

„Als ich gemerkt habe, daß ich schwanger war, da war ich schon im dritten Monat. Mit dem Vater hätte ich eine Affäre, würde ich heute sagen, damals hatte ich allerdings gedacht, es würde mehr daraus. Ich hab' ihm dann gesagt, daß ich schwanger bin, und er wollte, daß ich abtreibe.

Ich hab' mir dann lange überlegt, was ich tun sollte, ich hab's mir nicht leicht gemacht. Dann hab' ich mich doch dazu entschieden, das Kind zu bekommen.

Aber es ist mir schwergefallen, ich hatte solche Schuldgefühle gegenüber dem Vater. Ich hab' ihm meinen Entschluß dann mitgeteilt. Er hat zwar die Vaterschaft anerkannt, aber wir haben uns nie wieder gesehen."

Frau P., Jg. 1952, ledig, lebt zusammen mit ihrem dreieinhalbjährigen Sohn. Sie ist arbeitslos und bezieht seit Geburt des Kindes Sozialhilfe (Person 18).

„Zum Zeitpunkt, als ich schwanger war, war die Beziehung zu meinem damaligen Freund schon ziemlich den Bach runter. Deswegen hab' ich mir auch überlegt, ob ich das Kind haben wollte oder nicht. Ich wollte schon länger ein Kind und dachte, irgendwie wird's schon gehen. Aber ich habe damals schon konkret darüber nachgedacht, daß ich das Kind allein erziehen müßte, weil der Vater nicht mitspielt.

So kam's dann auch. Anfangs war er ganz euphorisch, aber je weiter die Schwangerschaft war, desto schwieriger wurde es zwischen uns. Das Ende war damals schon abzusehen.

Als dann der Kleine kam, haben wir es nochmal miteinander probiert. Aber es ging wieder nicht gut. Ungefähr als der Kleine ein halbes Jahr war, haben wir uns dann getrennt."

Frau S., Jg. 1948, ledig, Sekretärin, z.Zt. arbeitslos, lebt mit ihrem fünfjährigen Sohn (Person 24).

„Am Anfang war es ziemlich schwierig. Erstens wollte ich nicht unbedingt ein Kind. Ich war nicht darauf eingstellt, ein Kind zu haben. Dann war es außerdem noch ein schwieriger Fall. Es waren zwei Männer im Spiel und keiner wollte das Kind haben. Es war ein Alptraum. Dann hab' ich noch nie ein Kind gewollt. Ich hab' schon viermal abgetrieben. Ich bin überhaupt kein Muttertyp. Ich kann das gar nicht, dachte ich. Aber dann dachte ich, es ist das Kind vom Gerd, von dem Typen mit dem ich also so unheimlich lange zusammen gewesen war und den ich gerne mag. Also das hätte ich gar nicht fertig gekriegt. Und außerdem war ich auch ziemlich alt – ich war ja schon 35. Es war also die letzte Chance. Wenn ich jetzt wieder nein sage, dann habe ich halt nie ein Kind. Das wollte ich dann auch nicht. Dieser Punkt, daß ich schon etwas älter war und daß ich dachte, das ist Schicksal – jetzt ist es wieder mal so weit – jetzt muß ich mich dafür entscheiden, auch wenn ich alleine bin. Das wird schon irgendwie gehen. Dann hatte ich auch mehr Mut, weil ich eine Arbeit hatte und ein Recht auf Mutterschutz. Wenn ich keine Arbeit gehabt hätte, hätte ich mir das nicht getraut."

Ein anderer Teil der Alleinerziehenden hat das Kind in einer ehelichen oder nichtehelichen Partnerschaft bekommen, die sich dann aufgelöst hat. Für sie entwickelten sich die Motive anders als bei den Alleinerziehenden, die das Kind von Anfang an alleine großziehen wollten. Mit dem Kinderwunsch verbanden die Befragten zum Zeitpunkt der Schwangerschaft die Vorstellung einer dauerhaften Partnerschaft, sie wollten das Kind gemeinsam mit dem Partner erziehen. Als die Beziehung – aus welchen Gründen auch immer – in eine Krise geriet, fiel den meisten eine Trennung nicht leicht; viele zögerten, bis sie sich entschlossen, mit ihrem(n) Kind(ern) alleine zu leben. Letztendlich wurden von den Frauen zerrüttete Familienverhältnisse jedoch als schlimmer für die Kinder eingeschätzt als die Situation ohne Ehemann/Vater.

Mütter, die ihr Kind nach der Trennung einer Nichtehelichen Lebensgemeinschaften erziehen, sind ebenfalls ein „neuer" Typ Alleinerziehender, der bislang familiensoziologisch kaum zur Kenntnis genommen wurde. Spezifisch an dieser Form ist, daß die Mütter das Sorgerecht für die Kinder alleine haben und der Vater keine Rechte gegenüber dem Kind hat. Die Mütter bekommen weniger Unterhalt für die Kinder als geschiedene Mütter und können für ihre Person keinen Unterhaltsanspruch gegenüber dem ehemaligen Partner geltend machen.

Geschiedene Mütter stellen statistisch gesehen die große Gruppe der Ein-Elternteil-Familien dar. „Neu" an diesem Typ von Alleinerziehenden ist, daß sich gerade die Einstellung von Frauen gegenüber Familie und Scheidung in den letzten Jahren radikal geändert hat. Während sie früher zerrüttete eheliche Beziehungen – nicht zuletzt der Kinder wegen – lange Zeit aufrechterhielten, sind sie heute zunehmend materiell in der Lage und selbstbewußt genug, die Scheidung einzureichen. Diese veränderte Einstellung der Frauen zeigt sich einerseits in der rapiden Zunahme der Scheidungen und andererseits daran, daß sie zunehmend von Frauen initiiert werden. Geschiedene Alleinerziehende stehen insgesamt gesehen materiell besser da als Ledige, weil der Unterhalt für die Kinder höher ist, und Unterhaltszahlungen für die Frauen selbst möglich sind.

Die befragten Geschiedenen sind der Meinung, daß die Erziehung eines Kindes in einer „funktionierenden Partnerschaft" prinzipiell leichter sei, als ein Kind alleine aufzuziehen. Als „funktionierend" erachten die Frauen dabei eine Partnerschaft, bei der sich der Mann in gleicher Verantwortung an Hausarbeit und Kindererziehung beteiligt und, falls erforderlich, auch Abstriche im Beruf macht. Aber gerade im Hinblick darauf waren bei allen geschiedenen oder getrennten Befragten Probleme aufgetreten. Nach Ansicht der Befragten waren ihre früheren Partner, weil sie sich an der täglichen familialen Arbeit nicht entsprechend beteiligten, eine zusätzliche Belastung und verursachten, verglichen mit der Situation des Alleinerziehens, Mehrarbeit.

Frau L., Jg. 1946, Sachbearbeiterin, lebt seit ihrer Scheidung 1986 allein mit ihren beiden Töchtern, Jg. 1976 und Jg. 1979 (Person 20).

„In meiner Ehe führte meine Mann ein richtiges Pascha-Dasein; der hat nichts angerührt zu Hause. Und immer wenn ich dann aufgeschrien hab' von wegen er sollte mir doch helfen oder so, ach na ja, dann mach' mir doch 'nen Zettel. Also er war nicht großartig bereit einzukaufen und irgendwas mal zu machen. Er hat auch nicht gesehen, ob mal Staub zu wischen ist oder daß man sich mal den Staubsauger nehmen kann. Wenn er nicht zufälligerweise den letzten Müll rein geschmissen hat, dann hat er nicht gesehen, daß der Mülleimer voll war.

Als ich noch in der Ehe lebte, hatte ich ja immer die große Sorge, daß ich es alleine mit den Kindern nicht schaffen könnte. Nach der Scheidung ist mir dann klar geworden, daß ich ja schon viele Jahre vorher mit meinen Kindern alleine war. Mein Mann hat immer, wenn es um die Kinder ging, gesagt: „Mach du mal", also er hat sich nicht gekümmert, er wollte nicht. Im Nachhinein habe ich eben gesehen, daß ich schon viel früher mit den Kindern allein war.

Nach der Scheidung stellte ich fest: Es ist ja absolute Ruhe, es ist Frieden, keiner brüllt mehr, es gibt keine Aggressionen, also es wurde allmählich paradiesisch. Die Überforderung wurde eigentlich geringer, weil die dritte Person weggefallen war, die ja auch noch von mir gefordert hat. Also eigentlich hab' ich mich mit diesem Schritt verbessert."

Frau P., Jg. 1952, ist z.Zt. arbeitslos und lebt mit ihrem dreijährigen Sohn von Sozialhilfe (Person 18).

„Eine ideale Partnerschaft hieße für mich, daß alles wirklich partnerschaftlich geteilt würde. Die Hausarbeit, die Kindererziehung usw. Und es müßte heißen, daß trotz Kind jeder Partner zu seinem beruflichen Recht kommt, zumindest in Annäherung. Und wenn es nicht geht, daß beide full-time arbeiten, dann dürfte nicht von vornherein so klar sein, daß die Frau zurücksteckt und für das Baby und den Haushalt zuständig ist."

Neben diesen drei verschiedenen Typen von alleinerziehenden Müttern erscheinen uns alleinerziehende Väter als weitere besonders relevante Gruppe. Dabei sind – analog zu den Müttern – ledige und geschiedene Väter von größerem Interesse als verwitwte. Bei ihnen kann man davon ausgehen, daß sie bewußt alleine erziehen und sich aktiv um das Sorgerecht und den Aufenthaltsort des Kindes bemühen. Männer hingegen, die durch Verwitwung in die Situation des Alleinerziehens gerieten, stellen in diesem Sinne keine „neue" Lebensform dar.[1]

Die befragten Männer, die ihr Kind nach der Trennung von ihrer Partnerin allein oder weiterhin mit der Mutter gemeinsam betreuen, hatten bereits vor der Trennung intensiven Kontakt zu dem Kind. Diesen gewachsenen Kontakt wollten sie durch die Trennung auf keinen Fall verlieren.

Herr E., Jg. 1950, ledig, Schreiner, teilt sich die Betreuung der fünfjährigen Tochter mit seiner ehemaligen Freundin, der Mutter des gemeinsamen Kindes (Person 27).

„Mit der Mutter meiner Tochter war ich ungefähr sechs Jahre zusammen. Das war insgesamt gesehen eine ziemlich anstrengende Beziehung. Wir waren beide sehr unterschiedlich und haben uns auch viel gestritten, aber haben beide den Absprung nicht geschafft.

Und als dann nach fünf Jahren unser Kind unterwegs war, haben wir uns entschlossen, zusammenzuziehen, das gehörte für uns dazu, wenn man ein Kind bekommt. Aber eigentlich war's ein Anflug von Wahnsinn!

Und als das Kind ungefähr ein Jahr alt war, da ging das nicht mehr, da ist meine Freundin abgehauen. Auslöser war, daß sie dann 'nen kleenen Freund hatte und ich sie vor die Alternative gestellt hatte: ‚Entweder icke und du bleibst hier oder du gehst zu deinem Freund'.

Und dann ist sie gegangen. Und seit diesem Moment betreuen wir Johanna zusammen, Hälfte, Hälfte. Die Hälfte der Zeit ist sie bei mir, den Rest der Zeit bei der Mutter."

Herr H., Jg. 1953, Bildungsökonom, ist seit vier Jahren geschieden und betreut seitdem seinen sechsjährigen Sohn allein (Person 30).

„Ich wollte immer schon Kinder haben, am besten mehrere. Das kommt wahrscheinlich, weil ich aus einer sehr großen Familie stamme. Ich wollte einfach mit Kindern zusammensein, mit Kindern alt werden.

Ich hab mich sehr gefreut, als unser Sohn geboren wurde und hab' von Anfang an mitgemacht. Ich wollte meine Frau entlasten und vor allem etwas mit dem Kleinen zu tun haben. Das war prima.

Als der Kleine zweieinhalb Jahre alt war, wurde unsere Beziehung schwieriger. Meine Frau hat sich wegorientiert und das Ende vom Lied war, daß sie ausziehen wollte. Sie wollte erst mal alleine rauskriegen, was sie wollte.

Also ist der Kleine bei mir geblieben, aber anfangs hat sie sich noch viel um ihn gekümmert. Nach ein paar Monaten war klar: das wird nichts mehr. Da haben wir uns scheiden lassen. Für mich war klar, daß ich meinen Sohn behalten wollte, und da habe ich ihr vorgeschlagen, daß ich das Sorgerecht kriege. Sie hat eingewilligt. Seitdem wohne ich mit meinem Kind alleine."

Wichtig für die „neuen" alleinerziehenden Väter ist, daß sie sich ihre Situation zumindest als mittelfristige Lebensform und -perspektive vorstellen können. Dies bedeutet, daß sie die Versorgung und Erziehung des Kindes auch tatsächlich selbst übernehmen und sie nicht an eine „neue Mutter“ abgeben und damit die traditionelle Rollen- und Arbeitsverteilung wiederherstellen.

Es handelt sich offenbar um Männer, die aktiv die Erziehung und Betreuung von Kindern und damit auch die selbständige Sorge um Haushalt und Alltagsorganisation übernehmen.[2] Damit findet eine ähnliche Rollenerweiterung statt, wie wir sie bereits ansatzweise bei den jungen Vätern in Nichtehelichen Lebensgemeinschaften gefunden haben: Neben der traditionellen Selbstdefinition der Männer über die Berufsarbeit findet eine Aufwertung der Kindererziehung und des Alltagslebens statt. In diesem Sinne könnte man diese alleinerziehenden Väter ebenfalls als spezifische Gruppe der „Neuen Väterlichkeit“ ansehen.

In unserer Untersuchung haben wir sowohl Väter befragt, die ihr Kind alleine erziehen und das Sorgerecht für ihr Kind haben, als auch Väter, die kein Sorgerecht haben, sich aber trotzdem die Versorgung des Kindes mit ihrer ehemaligen Partnerin teilen. Das bedeutet, daß der Aufenthaltsort des Kindes zumindest teilweise beim Vater liegt oder das Kind, wenn es schon etwas älter ist, über den Aufenthaltsort selbst bestimmt. Für diese Väter, die zeitweise mit ihrem Kind in einem Haushalt leben, das Sorgerecht aber trotzdem bei der Mutter verbleibt, trifft weder die Bezeichnung „Ein-Elternteil-Familie“ noch „Alleinerziehende“ zu, da sich beide Begriffe am Sorgerecht orientieren.

Die gleichberechtigte Teilung der Kinderbetreuung mit der Mutter und der wechselnde Aufenthaltsort des Kindes können für alle Beteiligten (wenn sie sich über die Modalitäten, Erziehungsstile etc. einig sind) von Vorteil sein. In diesem Sinne miterziehende Väter stellen eine wichtige Entlastung der sorgeberechtigten Mutter dar und tragen ebenfalls zur Bereicherung der Erfahrungen des Kindes bei.

Die von uns befragten Männer und Frauen waren schon mehrere Jahre von ihrem (Ehe-)Partner getrennt, es hatte also bei allen eine Etablierung der neuen Situation stattgefunden. Die Auflösung der Beziehung bedeutete für alle eine Veränderung der Lebensgestaltung. Diese Neuorientierung war offenbar um so schwieriger, je länger die Beziehung bestanden hatte. Die Frauen hatten dabei andere Schwierigkeiten als die Männer. Für sie bedeutete die Aufgabe einer Partnerschaft und die Entscheidung, statt dessen die Verantwortung für das eigene Leben und das des Kindes alleine zu tragen, einen Bruch mit der traditionellen Frauenrolle und zumeist auch einen Bruch mit ihrem früheren Verhalten. Anfangs war dies für die meisten schmerzlich, und es dauerte einige Zeit, bis die Frauen ihrer neuen Situation auch Positives abgewinnen konnten.[3]

Die meisten Alleinerziehenden beurteilen ihre Situation sehr differenziert. Sie wägen die Vorteile und Nachteile gegeneinander ab und weisen zugleich auf die Ambivalenzen hin, die sowohl in den Vorteilen als auch in den Nachteilen stecken können. Als Vorteil wird an erster Stelle die persönliche Unabhängigkeit genannt, dadurch, daß sie sich jetzt „nur" nach den Bedürfnissen des/der Kind(es) richten müssen. Die Forderungen des Partners entfallen. Die Entlastung von der Koordinierung der Alltagsroutine (Zeitablauf, Hausarbeiten, Essenszeiten, Freizeit etc.) mit einem Partner wird ebenfalls als Erleichterung empfunden. Hingegen wird die alleinige Zuständigkeit für alle Entscheidungen zwar als Zuwachs an Selbständigkeit und Autonomie bewertet, aber auch als schwierige und belastende Anforderung.

Frau B., Jg. 1955, arbeitet als Heilpädagogin und lebte von Anfang an mit ihrer jetzt dreijährigen Tochter allein (Person 16).

„Es ist eben keiner da, der mir reinreden könnte, der z.B. sagt, ‚muß das denn sein, daß der Abwasch so lange herumsteht'. Ich teile mir meine Arbeit und meine Hausarbeit so ein, wie ich es möchte. Und wenn es andere Prioritäten gibt, lasse ich erst mal alles liegen. So ist es auch mit den Essenszeiten. Wegen mir muß es nicht regelmäßig pünktlich Essen geben, wenn ich lieber noch mit meiner Tochter auf den Spielplatz gehe. Ich könnte es nicht ertragen, wenn einer auf pünktlichen Essenszeiten bestehen würde.

Ich muß mich nur nach meiner Tochter richten, und der ist egal, ob der Abwasch herumsteht oder nicht. Keiner kann mir

Vorschriften machen darüber, was du tun sollst und wie du was tun sollst."

Frau W., Jg. 1939, arbeitet als Sachbearbeiterin im Bereich der Öffentlichkeitsarbeit und lebt seit zehn Jahren von ihrem Mann getrennt. Sie hat ihre drei Söhne überwiegend allein großgezogen (Person 26).

„Ich verreise jetzt auch viel alleine. In der Ehe hätte ich das nie geschafft. So ist das jetzt für mich eine Chance.

Ich hätte früher nie gesagt. ‚... so, das mache ich jetzt, das will ich', weil ich die Tendenz habe, mich sehr anzupassen. Das habe ich jetzt gelernt, zu machen, was ich selber will, und zu kaufen, was ich will – das allerdings weniger, weil ich nie Geld habe.

Aber dazu stehen, was ich will, und wenn die Leute hier reden, wenn ich nachts um drei erst nach Hause komme. Das ist mir jetzt piepegal. Das hätte ich früher nie gekonnt."

Diese positiven Aspekte der Ein-Elternteil-Situation sind für viele Grund genug, mit ihrer Situation zufrieden zu sein, und sie können es sich deshalb durchaus vorstellen, längerfristig so zu leben. Sie haben sich mit ihrer neuen Lebensform arrangiert und genießen die Vorteile, die diese Situation für sie bringt, und werden auch mit den Nachteilen fertig. Dieses Lebenskonzept schließt den Wunsch nach einer neuen Partnerschaft nicht aus. Jedoch können sich die Befragten kaum eine (erneute) Heirat vorstellen. Die meisten lehnen eine Ehe, viele auch einen gemeinsamen Haushalt mit einem neuen Partner ab. Sie haben Angst, wieder in ähnlich unbefriedigende Situationen hineinzurutschen, wie sie sie bereits erlebt haben, und wollen erneute Abhängigkeiten von einem Partner vermeiden. Vielmehr legen sie Wert darauf, keine Abstriche an der inzwischen erreichten Selbständigkeit zu machen.

Den Wunsch nach einer neuen Partnerschaft verbinden die Befragten mit konkreten Ansprüchen. Sie legen Wert auf eine partnerschaftliche Verteilung der Lasten einer Beziehung. Eine weitere Bedingung, die die Befragten an eine neue Partnerschaft knüpfen, betrifft die Beziehung des neuen Partners zu dem

Kind. Sie erhoffen sich, daß er/sie eine intensive emotionale Beziehung zum Kind aufbaut und sich langfristig auch an der Erziehung beteiligt. Einen solchen Partner zu finden, der nicht nur Interesse an der eigenen Person, sondern auch an dem Kind hat und darüberhinaus vom Kind auch noch akzeptiert wird, scheint den Befragten jedoch fast unmöglich.

Frau H., Jg. 1954, Lehrerin (im Referendariat), lebt nach der gescheiterten Beziehung mit dem Vater ihres fünfjährigen Sohnes allein (Person 21).

„Inzwischen hatte ich mal eine Beziehung, aber die war überhaupt nicht praktikabel. Ich kann mir schon vorstellen, daß es einen Menschen gibt, der sich da einfügt, aber ich denke, mit zunehmendem Alter gibt es sowieso weniger passende Partner oder die Distanz muß zwischen den Partnern relativ groß sein. Jemand, der sich mit zwei Leuten einläßt, der muß auch relativ flexibel sein. Was das Kind anbelangt, möchte ich nicht, daß jemand es anders erzieht, und wenn ein Mann von außen kommt und auf ein Kind von einem anderen Mann trifft, und es ist auch noch ein Junge ... ich hab' mich nicht wohl gefühlt, wenn da ein anderer Mann an ihm rumerzogen hat. Entweder es war so eine Onkelbeziehung, so Schokolade hier und aufs Knie setzen und vorlesen, aber so richtig echt, daß jemand Interesse an dem Kind hätte, hab' ich nie erlebt."

Frau L., Jg. 1946, Sachbearbeiterin, lebt seit ihrer gescheiterten Ehe allein mit ihren beiden Töchtern (Person 20).

„Ab und zu hat es mal Anzeichen gegeben, daß da eine neue Beziehung entstehen könnte, aber letztendlich sieht es so aus, daß zwei Kinder schockieren – schockieren ist vielleicht ein zu hartes Wort, zumindest den Leuten Angst machen, denen, die jetzt altersmäßig zu mir passen würden. Ich bin jetzt 41, und wer so um die 40 ist und wieder frei ist, der hat meist schon einen Erziehungsprozeß mit Kindern hinter sich und die Verantwortung, und insofern ist es also wahnsinnig schwierig, jemanden zu finden, der noch mal Lust hat, sich auf sowas einzulassen.

Zusammenzuleben ist nicht erstrebenswert, wohl aber jemanden zu haben, auf den man immer zurückgreifen kann. Das ist erstrebenswert. Die Vorteile des Zusammenlebens, die sehe ich nicht mehr. Im Gegenteil. Das kann ich mir inzwischen gar nicht mehr vorstellen, weil ich ja inzwischen der absolute Boss in diesem Laden bin. Ich kann finanziell und persönlich alles machen, was ich will, und das läuft.

Die Sehnsucht bleibt nach einem großen, starken Mann, der sagt: ‚laß' dich mal fallen, jetzt mach' ich mal', aber ich denke mir, daß es so eine gewisse Traumwelt ist, so eine heile Familie. Außerdem, wenn man dann so alt geworden ist und inzwischen auch so selbständig, sich nur noch auf sich selbst besinnen muß, nur sich selbst gegenüber verantwortlich ist, ist natürlich die Kompromißbereitschaft einer Partnerschaft gegenüber kleiner, als wenn man mit 20 Jahren anfängt. Weil man inzwischen einen eigenen Lebensstil hat."

Herr E., Jg. 1950, hat eine Tochter, die jetzt fünf Jahre alt ist (Person 27).

„Nachdem die Beziehung zu meiner damaligen Freundin auseinandergegangen ist, hatte ich schon noch andere Beziehungen. Aber das waren eher Verhältnisse, lockere Verhältnisse, nichts Festes. Ich hatte sicher auch Bedenken wegen Johanna. Ich wollte nicht, daß sie da gleich mit einer anderen Frau konfrontiert wird. ‚Das ist deine neue Mami', oder so, das wollte ich nicht. Deswegen bin ich auch anderen Frauen gegenüber immer auf Distanz geblieben, weil ich auch gar nicht wollte, daß die 'ne intensive Beziehung zu dem Kind entwickeln."

Frau C., Jg. 1949, Sekretärin in einer Behörde, lebt seit ihrer zweiten Scheidung allein mit ihrer 15jährigen Tochter (Person 19).

„Mit jemandem zusammenziehen, das möchte ich nicht. Gebranntes Kind scheut das Feuer! Wenn ich 'nen neuen Partner finden sollte, würde ich auf getrennte Wohnungen bestehen. Das wäre besser. Ich möchte immer sagen können, ‚so jetzt reicht's, geh jetzt lieber'. Eine eigene Wohnung haben, gibt Sicherheit und obendrein 'nen großen Freiraum. Ich laß mir hier von niemandem reinreden."

Frau W., Jg. 1939, Sachbearbeiterin, lebt seit zehn Jahren getrennt von ihrem Mann und z.T. nur noch mit ihrem 16-jährigen Sohn. Die beiden älteren Söhne sind mittlerweile ausgezogen (Person 26).

„Zum Beispiel Männergeschichten: Ich war zweimal verliebt

ohne weitreichende Konsequenzen. Vorher war ich 15 Jahre lang Ehefrau. Als mein Mann weg war, hatte ich erstmal jahrelange Blockaden. Da hab' ich erst mal nichts machen können.

Ich habe Bindungsängste. Ich habe immer nur Liebesgeschichten, von denen ich von vornherein weiß, das ist nichts Richtiges und nichts Festes. Ich hatte immer Angst vor diesen Männern. Ich hatte Angst, ich bin dann auch noch für die verantwortlich. Ich konnte keine Beziehung eingehen. Sobald einer kam: ‚Und ach, mein Kind, und lehn' dich an, ich beschütze dich', da bin ich weggerannt, denn das wollte ich überhaupt nicht, wenn ich das Gefühl hatte, ich muß irgendwas übernehmen. Im Grunde waren immer die Kinder wichtiger als ein Mann!"

Die Gesprächsausschnitte belegen die ausgeprägten Ansprüche der Alleinerziehenden an eine neue Partnerschaft und zeigen gleichzeitig ihre spezifischen Schwierigkeiten, einen solchen Partner zu finden: Er/sie muß für mindestens zwei Personen der „Richtige" sein, d.h. sowohl von den Kindern als auch den Befragten gleichermaßen akzeptiert werden. Gleichzeitig wollen sie jedoch die Etablierung einer traditionellen Kleinfamilie vermeiden, sondern streben eine „neue" Partnerschaftsform an, die man als eine Balance zwischen Autonomie und Gemeinsamkeit, Paarbeziehung und sozialer Elternschaft beschreiben könnte.

Die Befragten sehen keine Veranlassung, Abstriche gegenüber ihren Wünschen und Bedürfnissen zu machen, da sie gelernt haben, auf eigenen Füßen zu stehen und täglich beweisen, daß sie für sich und ihre Kinder auch alleine sorgen können. Sie sind aktuell nicht auf einen neuen Partner angewiesen und haben erfahren, daß ihre Lebensform trotz bestehender Schwierigkeiten auch positive Aspekte hat, die zu genießen sich lohnt. Von daher ist es erstmal naheliegender, auch weiterhin ihre Kinder alleine großzuziehen, als eine Partnerschaft „um jeden Preis" anzustreben.

„Man muß doppelt so gut funktionieren"

Bei der Analyse der Lebenssituation von Alleinerziehenden sollte man nicht aus dem Auge verlieren, daß sie im Widerspruch zu den bisher gängigen Normen dieser Gesellschaft, der traditionellen „vollständigen" Familie, handeln. Alleinerziehende müssen das in „normalen" Familien von zwei Personen geleistete Arbeitspensum allein bewältigen, d.h. alleinerziehende Väter und Mütter übernehmen für ihre Kinder zwei Funktionen, die im allgemeinen auch von zwei Personen bewältigt werden: Sie sichern das ökonomische Auskommen und sind für Hausarbeit und Sozialisation ihrer Kinder zuständig. Erst vor diesem Hintergrund wird deutlich, was Alleinerziehende tatsächlich leisten und unter welchen Erschwernissen sie ihr Lebenskonzept verwirklichen.

Hauptproblem dieser Lebensform ist es, Organisationsformen für den Alltag zu entwickeln, die die getrennten Bereiche Erwerbstätigkeit, Hausarbeit und Kindererziehung „unter einen Hut bringen". Dies bedarf eines teilweise unkonventionellen Verhaltens, das im Widerspruch zu den normativen Vorstellungen von Familie und der Berufswelt steht. Wie Alleinerziehende diese Doppelfunktion bewältigen, soll im folgenden geschildert werden.

Der Alltag der Ein-Elternteil-Familien unterscheidet sich je nachdem, ob die Betroffenen erwerbstätig sind oder nicht. Die Mehrzahl der Befragten bestreitet ihren Lebensunterhalt überwiegend durch Erwerbstätigkeit. Hinzu kommen Kindergeld, bei den meisten Unterhalt für das Kind vom Vater bzw. der Unterhaltsvorschußkasse und teilweise staatliche Unterstützungsleistungen (Wohngeld etc.). Die Nicht-Berufstätigen beziehen entweder Unterhalt vom ehemaligen Partner, Arbeitslosengeld, Arbeitslosenhilfe oder Sozialhilfe.

Die Erwerbstätigkeit der Alleinerziehenden ist einerseits finanzielle Notwendigkeit, bedeutet aber auch – gerade für die Frauen – eine wichtige Voraussetzung zur Selbständigkeit und Unabhängigkeit. Die Befragten können sich nicht vorstellen, ihren Beruf aufzugeben und von einem Partner finanziell abhängig zu werden, auch wenn sie dadurch ihre Arbeitsbelastung reduzieren würden. Darüber hinaus bedeutet der Beruf gerade für Frauen, weder von staatlicher Unterstützung, noch von Unterhaltszahlungen des ehemaligen Ehepartners oder der Herkunftsfamilie abhängig zu sein. Das Bewußtsein, auf eigenen Beinen zu stehen, wird als Bereicherung und für die eigene Entwicklung förderlich erlebt. Auch die sozialen Kontakte am Arbeitsplatz sind von Bedeutung. Die meisten haben gute Beziehungen zu den Kollegen. Wichtig ist das Gespräch am Arbeitsplatz, auch über private Dinge.

Grundlegende Voraussetzung für die Erwerbstätigkeit ist eine adäquate Unterbringung der Kinder während der Arbeitszeit (Tagesmutter, KiTa, Krippe, Hort, Verwandte, Freunde). Je komplizierter die Unterbringung, je weiter die Wege zwischen Arbeitsstätte und Kindertagesstätte, desto weniger Zeit bleibt für Hausarbeit, Kindererziehung und Freizeit. Je kürzer der zeitliche Abstand zwischen Arbeitsschluß und Schließung der KiTa, desto größer ist der Streß.

Alle Berufstätigen sind deshalb in ein enges Zeitkorsett gezwängt, das gerade wegen der notwendig präzisen Zeiteinteilung erhöhten Störanfälligkeiten ausgesetzt ist. Dies erfordert von den Befragten Disziplin, Flexibilität und Einfallsreichtum. Trotz solcher Belastungen können sich die Interviewten nur schwer vorstellen, ihre Berufstätigkeit aufzugeben. Zum einen fürchten sie finanzielle Einbußen und Probleme beim beruflichen Wiedereinstieg, zum anderen würde ihnen ein wichtiger Lebensinhalt fehlen.

Alleinerziehende sind sich ihres „Ernährerstatus'" bewußt, so daß ihre beruflichen Ambitionen immer auf eine kontinuierliche finanzielle Absicherung und ein zeitliches Abstimmen mit den Erfordernissen der Kindererziehung zielen. „Karriere"verhalten, das mit etwaigen Risiken verbunden wäre, ist mit der alleinigen Verantwortung für ein Kind nur schwer zu vereinbaren, vielmehr ist die Sicherheit des Arbeitsplatzes für die Alleinerziehenden von ausschlaggebender Bedeutung. Für viele muß deshalb die angestrebte Selbstverwirklichung im Beruf hinter die Erfordernisse des Familienalltags zurücktreten. Einen beruflichen Aufstieg, sofern er mit Umschulungen und Weiterbildungsmaßnahmen verbunden ist, können Alleinerziehende mit kleineren Kindern nur schwer verwirklichen.[4]

Wichtig im beruflichen Verhalten der Alleinerziehenden ist außerdem, bei Vorgesetzten und Kollegen nicht in den Verdacht zu geraten, als „Alleinerziehende" einen „Sonderstatus" nötig zu haben. Ihnen ist bewußt, wie angewiesen sie auf den Erhalt ihres Arbeitsplatzes sind und wie schwierig es sein würde, eine neue Stelle zu finden. Frauen, die Teilzeitarbeitsplätze haben, wissen, wie wenig solche Stellen auf dem Arbeitsmarkt zur Verfügung stehen und wie groß die Nachfrage und damit auch die Konkurrenz um diese Stellen ist. Hinzu kommt die Abneigung vieler Arbeitgeber, alleinerziehende Mütter einzustellen. Viele Chefs befürchten, daß Alleinerziehende häufiger krank und weniger belastbar sein würden als „normale" Arbeitnehmer und ziehen von daher die Einstellung kinderloser Frauen oder „normaler" Mütter vor. Diese Arbeitsplatzprobleme halten viele für die gravierendsten Diskriminierungen, denen sie ausgesetzt sind.

In der Realität sind jedoch gerade Alleinerziehende oftmals bereit, sich mehr als verlangt zu engagieren. Nicht zuletzt, um dann mit der Solidarität der Vorgesetzten und Kollegen rechnen zu können, wenn bei ihnen besondere familiale Belastungen eintreten. Sie wissen aus Erfahrung, daß die sogenannte „5-Tage-Regelung" (Betreuungstage unter Lohnfortzahlung) für Krankheitszeiten der Kinder nicht ausreichen und sie gezwungen sind, Sonderurlaub zu beantragen oder mit Kollegen Dienste oder Arbeitsschichten zu tauschen. Ein gutes Betriebsklima und entsprechende Beziehungen am Arbeitsplatz sind dafür Voraussetzung.

Frau I., Jg. 1950, arbeitet halbtags als Sekretärin und lebte von Anfang an mit ihrem sechsjährigen Sohn allein (Person 17).

„Wir sind von dem Geld, das ich verdiene, abhängig und damit auch davon, daß ich die Stelle behalte. Ein bißchen Angst hab' ich, daß die Kolleginnen und der Chef sagen, ‚die kommt ihren Pflichten nicht nach'. Deshalb gehe ich – sogar dann, wenn ich mich ganz schrecklich fühle – zur Arbeit, um allen zu beweisen, ‚seht her, ihr braucht auf mich als alleinerziehende Mutter keine Rücksicht zu nehmen'.

Ich weiß, daß das eigentlich keine Haltung ist, wenn ich krank bin, bin ich krank. Aber bevor ich mir von Kollegen sagen lasse ‚immer müssen wir wegen Dir eine Extra-Wurst braten', steh' ich lieber auf, wenn ich auch Fieber habe.

Ich möchte auch, daß sie wissen, wenn es irgendwie geht, kommt sie – dann sind sie auch eher bereit, wenn irgendwann einmal etwas mit meinem Kind wäre, für mich einzuspringen."

Herr E., Jg. 1950, Schreiner und Ausbilder, lebt von seiner ehemaligen Freundin und Mutter seiner Tochter getrennt (Person 27).

„Meine Arbeit ist natürlich auch ziemlich ideal dafür, daß man ein Kind großziehen kann. Ich arbeite nur vier Tage in der Woche von 8 bis 16 Uhr, und hab' ein sehr gutes Verhältnis zu meinen Kollegen. Da reicht es, wenn ich anrufe und sage ‚ich komme heute erst um zehn Uhr, mein Kind ist krank, ich muß zuerst mit ihr zum Arzt'. Die Kollegen verstehen das, und es ist o.k. Und genau so unproblematisch ist es, wenn sie so krank ist, daß ich dann zu Hause bleiben muß. Ich brauche mich nicht krank schreiben lassen – das geht auch so.

Klar ist natürlich, daß ich die Zeit später wieder reinarbeite. Meine Kollegen haben teilweise auch Kinder, und wenn die in dieselbe Situation kommen, geht's genauso. Zwischen uns ist klar, daß wir dann auf der Arbeit füreinander einspringen – sonst ginge es nicht."

Frau V., Jg. 1952, arbeitet als Buchhalterin in einer Transportfirma und lebt seit ihrer Scheidung 1986 mit ihrem vierjährigen Sohn allein (Person 23).

„Wir haben ein gutes Betriebsklima, das ist mir auch sehr wichtig. Allerdings hab' ich mir von meinen Kolleginnen Sachen aufbürden lassen, die ich nicht unbedingt machen müßte. Aber das ist schon in Ordnung so, weil ich weiß, die müssen irgendwann – wenn mein Kind wieder krank ist – für mich einspringen. Denn es gibt ja keine Möglichkeit, mein Kind zu betreuen, wenn es krank ist.

In der Regel ist er ja nicht sterbenskrank, aber er darf nicht in den Kindergarten. Also muß ich zu Hause bleiben. Ich muß mich krank schreiben lassen, und die Kolleginnen müssen für mich einspringen."

Nach der Arbeit wird das Kind von der KiTa abgeholt, und der Tag geht für die berufstätigen Befragten mit Hausarbeit und Kinderbetreuung weiter. In der Zeit zwischen Arbeitsschluß und Schlafenszeit haben dabei die Bedürfnisse der Kinder Vorrang. Das bedeutet, daß sie versuchen, mit den Kindern noch etwas zu unternehmen (Spielplatz, Park, Schwimmbad, Turnen etc.), was sie, abhängig vom Streß, den sie während der Arbeitszeit hatten, genießen können oder als weitere Belastung erleben. Wenn die Kinder im Bett sind, beginnen die meisten Interviewten noch einmal mit der Hausarbeit. Wäschepflege, Küche und Wohnung aufräumen werden entweder am Abend erledigt oder müssen auf das Wochenende verschoben werden. Die meisten der interviewten Berufstätigen gehen während der Woche selbst relativ früh ins Bett, so daß meist gearbeitet wird bis zum „Ins-Bett-Fallen".

Frau V., Jg. 1952, Buchhalterin, lebt mit ihrem vierjährigen Sohn allein (Person 23).

„Mein Sohn geht um halb acht ins Bett, und wenn er dann schläft, bin ich rechtschaffen müde. Ich hab dann ja auch einen langen Tag hinter mir: halb sechs aufstehen, ein bißchen Haushalt, den Kleinen wecken, Frühstück machen, ihn in die KiTa, dann zur Arbeit. Und abends alles nochmal, nur in die andere Richtung; und wenn er dann im Bett ist, erledige ich noch ein paar Sachen im Haushalt, bügeln, aufräumen und so. Oft bin ich um neun so kaputt, daß ich dann auch ins Bett falle."

Frau I., Jg. 1950, arbeitet halbtags als Sekretärin und lebt mit ihrem sechsjährigen Sohn allein (Person 17).

„Nach der Arbeit gehe ich als allererstes einkaufen, alleine, das geht eben viel schneller als mit Kind. Dann hole ich ihn im Schülerladen ab, und dann unternehmen wir noch etwas zusammen: Spielplatz, Freunde besuchen, bummeln, je nachdem. Diese Zeit bis zum Abendessen gehört ihm. Dann gehen wir nach Hause, dann gibt's was zu essen und dann, je nachdem, machen wir noch etwas, bis er ins Bett geht.

Anschließend geht's noch mit dem Haushalt weiter: Spülen, Waschen, Bügeln, Flicken und Nähen erledige ich prinzipiell abends, da komme ich tagsüber nie dazu. Solche Abende gibt's viele, ich hätte gern mehr Zeit für mich, aber wenn ich dann endlich fertig bin, bin ich genervt und müde."

Die Organisation des Alltags ist um so komplizierter und die Koordinierung von Berufsarbeit, Kindererziehung und Hausarbeit um so schwieriger, je kleiner die Kinder sind. Die Interviewten schildern, daß selbst, wenn keine zusätzlichen Belastungen eintreten (Krankheit des Kindes, zusätzliche Arbeitsbelastung im Beruf, Ausfall von Schulunterricht), die Alltagsorganisation ein Höchstmaß an Anforderung bedeutet und jeder Störfall die Balance aus dem Gleichgewicht bringt. Viele in dieser Situation sagen, daß die letzten Jahre nur dadurch möglich waren, daß sie selbst nie ernsthaft krank gewesen seien. Jedoch klagen fast alle über physische und psychische Erschöpfung.

Die Alltagsorganisation ist darauf ausgerichtet, die Hausarbeit und Kinderbetreuung zu minimieren. Auf einige Aspekte, die dies ermöglichen, wollen wir eingehen. Bei den erwerbstätigen Vätern und Müttern liegt die Betreuung der Kinder tagsüber entweder bei der Tagesmutter, KiTa oder Schule und Hort. Das Kind wird dort auch jeweils mit Mahlzeiten versorgt. Die Alleinerziehenden nehmen ihre Hauptmahlzeit ebenfalls überwiegend in einer Kantine oder vergleichbaren Einrichtungen ein. Das bedeutet, daß die Zubereitung einer Hauptmahlzeit mit dem dazu notwendigen Planen, Einkaufen, anschließendem Geschirrwaschen und Aufräumen der Küche, entfällt und sich die Essenszubereitung nur auf eine Abendmahlzeit und das Frühstück beschränkt.

Nach Aussagen der Alleinerziehenden wird deutlich, daß sie mit diesen verbleibenden Mahlzeiten recht flexibel umgehen können und „mal was vorbereiten und mal eben kalt essen". Das Aufeinanderabstimmen ist bei zwei Personen leichter als bei mehreren. Ein Termin für eine gemeinsame Mahlzeit muß in einer größeren Familie von den einzelnen verbindlich eingehalten werden, wenn nicht die ganze Planung durcheinandergeraten soll. Die im Gegensatz dazu unkomplizierte Abstimmung von Bedürfnissen und Aktivitäten in einem kleinen Haushalt wird von den Alleinerziehenden als deutliche Erleichterung empfunden. Besonders die Geschiedenen empfinden es als positiv, ihre Zeiteinteilung nicht mehr auf einen Partner ausrichten zu müssen.

Ein weiterer Aspekt, der ebenfalls dazu beiträgt, die Hausarbeit zu minimieren, ergibt sich aus der organisationsbedingten ganztägigen Abwesenheit des erwerbstätigen Elternteils und des Kindes aus der Wohnung. Dadurch, daß das Kind überwiegend außerhäusig untergebracht ist, minimiert sich die Unordnung, die die Spielaktivitäten von Kindern in der Wohnung verursachen können. Auch der Arbeitsaufwand, den „normale“ Mütter mit der Beaufsichtigung der Schularbeiten ihrer Kinder haben, entfällt bei Alleinerziehenden weitgehend, da die Kinder ihre Hausaufgaben im Hort erledigen. Lediglich eine Überprüfung von Hausaufgaben oder Hilfestellung vor schwierigen Klassenarbeiten ist nötig.

Trotz dieser etwas verringerten Hausarbeit im Vergleich zu vollständigen Familien bleibt die Alltagsorganisation ein „Kunststück“. Ein Faktor, der die Organisation erschwert, ist das schmale finanzielle Budget, das den meisten Alleinerziehenden trotz ihrer Berufstätigkeit zur Verfügung steht. Hinzu kommt, daß sie aufgrund ihrer Lebenssituation Ausgaben haben, die in vollständigen Familien nicht in dem Maße anfallen. Dazu gehören an erster Stelle die Kosten für die Betreuung der Kinder. Tagesmutter, KiTa, Krippe und Babysitter für Sondersituationen am Abend oder wenn das Kind krank wird, schlagen erheblich zu Buche.[5]

Keine/r der Befragten kann dauerhaft damit rechnen, daß Verwandte oder Freunde das (die) Kind(er) für längere Zeit unbezahlt versorgen. Freunde oder Verwandte springen zwar in der Regel in Notfällen ein, für normale Alltagssituationen oder längere Krankheitsperioden müssen jedoch bezahlte Betreuungsarrangements getroffen werden.[6] Die hier anfallenden Kosten sind bei den Befragten bereits teilweise so hoch wie der gesetzlich vorgesehene Unterhalt für das Kind. Hinzu kommen die laufenden Lebenshaltungskosten für die Kinder. Die festgesetzte Höhe der zu zahlenden Alimente ist um so niedriger, je jünger die Kinder sind. Die Ausgaben für Kinder sind aber gerade dann oft wegen der Kosten für Betreuungsleistungen besonders hoch, weil kleine Kinder ständiger Aufsicht bedürfen.

Hinzu kommen für viele der Berufstätigen die Ausgaben für ein Auto. Längere Fahrtwege zwischen Wohnung, KiTa und Arbeitsstätte und Zusammenfallen von Arbeitsschluß und Schließung der KiTa, machen ein Auto unabdingbar, sozusagen zur unverzichtbaren Voraussetzung für die Vereinbarkeit von Beruf und Kind. Die Benutzung öffentlicher Verkehrsmittel würde für einige der Interviewten zu erheblichen Koordinationsschwierigkeiten führen, einige müßten ohne Pkw ihre derzeitige Stelle aufgeben.

Der den Alleinstehenden im sozialen Wohnungsbau zustehende „Lebens"raum von einem Zimmer für Erwachsene und je einem halben Zimmer pro Kind ist für diese Familien zu knapp bemessen. Zwei, besser noch drei Zimmer werden als erstrebenswert angesehen und, falls die Befragten das finanzieren können, auch gemietet. In vielen Fällen bedeutet das, einen prozentual sehr hohen Anteil des Einkommens für Miete ausgeben zu müssen.

Das restliche Einkommen reicht für die Befragten gerade aus, um die Kosten für den Lebensunterhalt zu decken. Die meisten können es sich kaum leisten, die notwendigen Kinderutensilien „neu" zu kaufen. Alles wird in Second-hand-Shops erstanden. Viele stricken und/oder nähen, um Kosten für die Kinderkleidung zu sparen. Auch werden Kinderspielzeug oder die Kinderzimmerausstattung etc. untereinander getauscht oder möglichst günstig second-hand gekauft. Doch all diese Aktivitäten zur Reduzierung der Kosten erfordern Zeit.

Für die nicht erwerbstätigen Befragten ist der finanzielle Spielraum noch enger. Einige der von Sozialhilfe lebenden Frauen rechneten uns vor, daß das zur Verfügung stehende Geld nicht ausreicht, um Lebensmittel besserer Qualität kaufen zu können. Das Wirtschaften am Existenzminimum erfordert auch, daß vieles von dem, was Berufstätige für sich oder ihre Kinder kaufen können, durch Einfallsreichtum, Selberherstellen, Sparen, Tauschen etc. ausgeglichen werden muß. Viel Energie geht in die Pflege von Sozialkontakten, die dann auch ohne Bezahlung Hilfen wie Baby-Sitting, Kleidertausch, abwechselnde Betreuung der Kinder etc. möglich machen. Das bedeutet, daß Erwerbslose in Hausarbeit, Kinderbetreuung und in ihre sozialen Netzwerke erheblich mehr Zeit investieren müssen als Berufstätige. Das bedeutet auch, daß Erwerbslose, gerade wenn sie kleine Kinder haben, nur über wenig Freizeit, im Sinne von „kinder-freier Zeit", verfügen.

Frau P., Jg. 1952, z.Zt. arbeitslos, lebt mit ihrem dreijährigen Sohn von Sozialhilfe (Person 18).

„Die Sozialhilfe, das ist so wenig, ich habe überhaupt keine Bewegungsfreiheit. Oft reicht's kaum für anständiges Essen. An sich bemühe ich mich immer, zumindest für ihn anständiges Gemüse und Obst zu haben – aber oft reicht's vorne und hinten nicht. Und dann versuche ich, vernünftige Milch zu kaufen, unverstrahlte, aber die ist teuer. Ich hab auch nach Tschernobyl immer die Strahlenliste gelesen und entsprechend für Philipp eingekauft. Aber das geht ins Geld. Meistens eß ich dann irgend 'nen Scheiß, damit wenigstens er frische Sachen bekommt."

Frau K., Jg. 1947, z.Zt. arbeitslos, lebt mit ihren beiden Kindern, Jg. 1983 und Jg. 1986 von Arbeitslosenhilfe (Person 25).

„Wenn du dann so ein kleines Kind hast und hast gar kein Geld, o je! Die Kindersachen, die du dann alle brauchst, sind so teuer, unbezahlbar. Ich hatte Glück, denn ich kannte viele Frauen mit kleinen Kindern, die mir die Sachen geliehen haben: Kleidung, Bettchen und so. Das ging die erste Zeit. Auch heute ist es noch so, daß ich alle Sachen über Second-hand kaufe. Neue sind einfach zu teuer. Und wenn ich dann wirklich mal ein bißchen Geld übrig habe, kauf ich lieber mal ein bißchen Spielzeug oder ein Kinderbuch. So etwas mußt du ja eher neu kaufen."

Die höheren Ausgaben von Ein-Elternteil-Familien können in den meisten Fällen weder aus Ersparnissen, noch sonstigem

Vermögen gedeckt werden. Bei den Interviewten waren kaum Rücklagen wie Sparguthaben, Bausparverträge oder Wertpapiere vorhanden; nur einige haben, wie bereits erwähnt, zur Absicherung der Kinder eine Lebensversicherung abgeschlossen. Die Befragten verfügen auch nicht über Haus-, Grund- oder Immobilienbesitz.

Wegen der fehlenden Ersparnisse ist bei größeren Ausgaben der Schritt in die Verschuldung naheliegend. In einigen Fällen mußten nach einer Scheidung neuer Hausrat und Wohnungseinrichtung angeschafft werden. Bei Anschaffungen wie Kühlschrank oder Waschmaschine, in den meisten Fällen aber erst bei größeren Anschaffungen (Auto, Wohnungseinrichtung etc.) mußten deswegen Kredite aufgenommen werden.

Zusammenfassend läßt sich festhalten, daß für die Ein-Elternteil-Familien der finanzielle Spielraum äußerst knapp bemessen ist.[7] Finanziell am besten stehen die Erwerbstätigen da, doch ist es so, daß wegen der hohen Kosten für die Vereinbarung von Beruf und Kind sich eine Erwerbstätigkeit oft kaum lohnt. Einige der befragten Berufstätigen haben nur wenig mehr als ihnen an staatlicher Unterstützung (Arbeitslosenhilfe, Sozialhilfe etc.) zustehen würde.

„Verantwortung rund um die Uhr"

Spezifisch für die Situation der Ein-Elternteil-Familien ist, daß sie für die Erziehung der Kinder alleine verantwortlich sind und alle entsprechenden Entscheidungen selbst treffen müssen. Die befragten Alleinerziehenden können bei auftretenden Problemen lediglich Freunde, Bekannte, Verwandte oder Beratungsstellen um Rat fragen, kontinuierliche Absprache mit dem anderen Elternteil sind – im Unterschied zu vollständigen Familien – in der Regel nicht möglich.

Von vielen Alleinerziehende wird die Notwendigkeit, alle Entscheidungen alleine treffen zu müssen, als belastend empfunden. Sie haben Angst, etwas verkehrt zu machen und sind unsicher, ob ihr jeweiliges Erziehungskonzept das richtige ist.

Dieses Problem thematisieren vor allem die Geschiedenen, für die die Umstellung natürlich am größten ist. Alleinerziehende, die seit Geburt des Kindes keine gemeinsame Erziehungssituation mit einem Partner kennen, mußten von Anfang an in die Situation, für alles alleine verantwortlich zu sein, hineinwachsen und haben entsprechend weniger Selbstzweifel.

Die Befragten schildern aber auch Vorteile des Alleinerziehens. Allein Verantwortung zu tragen, heißt, niemandem Rechenschaft zu schulden, was eine große Erleichterung sein kann. Der Wegfall des Partners kann sich auch positiv auswirken, z.B. weil es keine Konflikte mehr über unterschiedliche Erziehungsstile gibt oder Ehestreitigkeiten nicht mehr über die Kinder ausgetragen werden.

Frau P., Jg. 1952, z.Zt. arbeitslos, zieht ihr Kind, Jg. 1985, alleine auf (Person 18).

„Die Verantwortung alleine für das Kind zu haben, war anfangs schon sehr belastend. Ich hatte Angst vor dieser Verantwortung und habe mich gefangen gefühlt, ständig mit so einem kleinen Kind zusammen sein zu müssen.

Später gewöhnt man sich an die Verantwortung. Dann gibt sie einem Stärke, wenn man weiß, man schafft es auch gut alleine. Ich bin inzwischen ganz froh darüber, daß es so ist, wie es ist. Ich weiß, daß ich Dinge so entscheiden kann, wie ich es für richtig erachte und wie ich meine, daß es für Philipp am besten ist. Und das gibt auch Selbstbewußtsein."

Frau V., Jg. 1952, lebt seit ihrer Scheidung 1986 mit ihrem vierjährigen Sohn allein (Person 23).

„Ich bin ja nie die Verantwortung los. Das ist das, was mich stört. Daß ich nicht mal für eine Stunde sagen kann in meinem Leben: Jetzt brauchst du dir über nichts mehr Sorgen zu machen, jetzt setze ich mich mal in die Sonne und werd' einfach nur braun oder so."

Frau L., Jg. 1946, Sachbearbeiterin, muß ohne Unterhaltszahlungen den Lebensunterhalt für ihre beiden Kinder bestreiten (Person 20).

„Am Anfang hat mich das sehr belastet. Als die Kleine sechs

war, fiel der Unterhalt flach. Da hab' ich gedacht, um Gotteswillen, du hast ja noch zehn Jahre vor dir. Aber mit psychologischer Unterstützung habe ich es geschafft, daß ich mir sage, mach die kleinen Schritte zuerst, und nun bin ich heute an dem Punkt, daß die Kleine dieses Jahr zehn wird, also die kommt auch aus dem Hort, und es sind nur noch acht Jahre. Wenn ich ein Jahr geschafft habe, dann bin ich schon wieder glücklich. Ich meine es ist zwar noch ein riesiges Stück, was ich noch vor mir habe. Aber es kann alles nur noch besser werden. Aber es hat mir mal wahnsinnig viel Angst gemacht, für zwei Kinder so lange Zeit verantwortlich sein zu müssen und nicht zu wissen, was kommt. Aber heute drückt mich das eigentlich nicht mehr, weil ich auch alles im Griff habe."

Frau W., Jg. 1939, Sachbearbeiterin, lebt allein mit ihrem Sohn, Jg. 1972. Zwei Söhne, Jg. 1963 und Jg. 1966, die sie über viele Jahre hinweg auch allein groß gezogen hat, leben nicht mehr mit im Haushalt (Person 26).

„Die Schwierigkeit mit dem Alleinleben ist, daß ein Gegengewicht fehlt. Für die Kinder, für deren Erziehung ist man ganz allein verantwortlich. Alles kommt auf einen allein zu, man kann es nirgendwo loswerden. Man kann sich selber nicht entlasten. Man verrennt sich auch oft, wenn keiner da ist, der mal sagt: ‚mach dich nicht verrückt'."

Spezifisch für die Lebenssituation der Alleinerziehenden ist die starke Bezogenheit auf das Kind. Da die Mehrzahl der Befragten nur ein Kind hat, findet die Kommunikation überwiegend zwischen einem Erwachsenen und einem Kind statt. Daraus ergeben sich verschiedene Probleme. Zum einen vermissen Alleinerziehende im häuslichen Bereich erwachsene Gesprächspartner für all die Themen, die Kinder nicht interessieren oder überfordern würden. Dies ist auch ein Grund, weshalb manche Alleinerziehende in Wohngemeinschaften ziehen. Zum anderen vermissen sie Spielkameraden für ihre Kinder, mit denen diese ein anderes Sozialverhalten erlernen und praktizieren könnten. Von daher ist es der Mehrzahl der Befragten wichtig, möglichst früh eine Betreuungsinstitution zu finden, die den Kindern einerseits Umgang mit anderen Kindern ermöglicht und andererseits ihnen eine „kinderfreie" Zeit verschafft.

Die meisten Alleinerziehenden mit Kleinkindern hatten zum Zeitpunkt des Interviews eine Tagesmutter, einen Krippen- oder Kindergartenplatz. Einige finanzierten übergangsweise auch selbst eine Tagesmutter, bis sie endlich eine geeignete Unterbringungsmöglichkeit für ihr Kind gefunden hatten. Alle Befragten bemängelten, daß es keine Unterbringungsmöglichkeiten für kranke Kinder gibt. Dieses Problem stellt sich natürlich besonders für die Berufstätigen. Sie sind dann gezwungen, bezahlten oder unbezahlten Urlaub zu nehmen oder sich selbst krankschreiben zu lassen, da die „5-Tage-Regelung“ in den meisten Fällen für die Betreuung eines kranken Kindes nicht ausreicht.

Insbesondere die Berufstätigen beklagen die unflexiblen Öffnungszeiten der Krippen, Kindertagesstätten, Arztpraxen und Behörden. Überall da, wo die Öffnungszeiten mit der Arbeitszeit kollidieren, treten für sie Probleme auf. Auch unvorhergesehene Überstunden, wichtige Besprechungen, die nicht verschoben werden können, und Dienstreisen führen oft zu Folgeproblemen, die fast unerträglich hohe Anforderungen an das Organisationstalent und die Initiative der Alleinerziehenden stellen. Besonders das Angewiesensein auf die Hilfe und Freundlichkeit anderer in solchen Notsituationen wird als belastend empfunden.

Herr E., Jg. 1950, Schreiner, teilt sich die Betreuung der fünfjährigen Tochter mit seiner ehemaligen Freundin (Person 27).

„Ein großes Problem ist, daß unser Kinderladen erst um acht Uhr aufmacht und meine Arbeit aber auch um acht Uhr beginnt. Ich habe fünf Minuten Weg zur Arbeit, d.h. daß ich jeden Tag mindestens fünf Minuten zu spät komme. Das ist nicht gut, diese Hetzerei. Ich versuch' dann, schon ein bißchen eher am Kinderladen zu sein und hoff', daß die Erzieher etwas früher kommen, aber 'ne Hetzerei bleibt's trotzdem. Und abends ist es dann genauso schwierig: Ich höre um 16 Uhr mit der Arbeit auf, und gleichzeitig macht der Kinderladen zu. Ich bemühe mich sehr, daß ich abends pünktlich raus komme und pünktlich bei meiner Tochter bin. Ich möchte nicht, daß sie immer die letzte ist, die abgeholt wird.“

Frau V., Jg. 1952, Buchhalterin in einer Transportfirma, hat ihren vierjährigen Sohn in einem städtischen Kindergarten untergebracht (Person 23).

„Morgens bring ich ihn hin, und am späten Nachmittag um 17 Uhr hole ich ihn wieder ab. Es hat mich aber ein Jahr Kämpfe in der Firma gekostet, daß ich meine Arbeitszeit den Öffnungszeiten der KiTa anpassen konnte.

Jetzt arbeite ich von acht bis sechzehn Uhr, da schaffe ich es, ihn pünktlich abzuholen. Früher mußte ich bis 17 Uhr arbeiten. Da habe ich es nie geschafft, ihn pünktlich abzuholen. Selbst mit dem Auto brauche ich 15 Minuten von der Arbeitsstelle bis zur KiTa, und dann war er immer der letzte, der auf seine Mama gewartet hat. Oft hat er geweint, wenn ich kam. Das wollte ich nicht mehr. Gott sei dank, daß ich mich in der Firma durchsetzen konnte."

Die Väter oder Mütter verbringen fast ihre gesamte Freizeit mit den Kindern. Die gemeinsame Organisation der Freizeit hat sicherlich positiven Einfluß auf das partnerschaftliche Miteinanderumgehen. Bei der Hausarbeit ist jedoch, wie wir festgestellt haben, die Partnerschaftlichkeit nicht ausgeprägt. Nur ein Teil der Kinder erledigt regelmäßig Aufgaben im Haushalt, die über das Aufräumen des eigenen Zimmers und das Tischdecken hinausgehen.

Frau L., Jg. 1946, Sachbearbeiterin, lebt seit ihrer Scheidung mit ihren beiden Töchtern, Jg. 1976 und Jg. 1979 (Person 20).

„Nee, strenger geworden bin ich nicht. Im Gegenteil, ich meine manchmal, daß ich zu wenig konsequent bin aus dem schlechten Gefühl heraus, nun keine komplette Familie zu sein.

Ich bin auch heute so, daß ich sage, laß sie möglichst spielen. Wir haben lediglich so einen kleinen Tischdienst und einen Mülldienst. Sonst haben sie keine Verpflichtungen, außer natürlich ihr Zimmer, da müssen sie sich drum kümmern. Also, den Laden, den schmeiß' ich, und das klappt auch ganz gut."

Frau W., Jg. 1939 Sachbearbeiterin, hat drei Söhne großgezogen. Mit dem jüngsten, Jg. 1972, lebt sie allein zusammen (Person 26).

„Na ja! Da muß es mir schon ganz schön schlecht gehen, daß

sie dann mal von sich aus was machen, aber sonst warten sie immer erst mal ab. Es ist schon auch mein Fehler, daß ich zu viel mache. Ich kann Leute nicht unter Druck setzen. Ich denke immer, die müßten das sehen, aber die sehen einfach nichts! Mülleimer raustragen, ja das schon, aber bei allem anderen haben sie sich ziemlich rausgehalten. Tja, die Wäsche mal aufhängen.

Mit dem Jüngsten läuft das jetzt. Der ist ganz verantwortlich. Der weiß, was hier gebraucht wird, oder geht einkaufen und führt die Haushaltskasse."

Deutlich wurde in den Interviews, daß ein ständiges Abwägen zwischen den eigenen Bedürfnissen der Erwachsenen und denen der Kinder stattfindet. Dies tun sie offenbar nicht zuletzt deswegen, weil sich die Mütter und Väter aus dem schlechten Gewissen heraus, dem Kind keine „heile Familie" bieten zu können, intensiver auf die Bedürfnisse ihrer Kinder einlassen. Die Angst vor Defiziten in der Erziehung durch den Wegfall des Vaters oder der Mutter wird ansatzweise durch besondere Zuwendung auszugleichen versucht. Trotzdem meinen einige Alleinerziehende, daß sie ihre Kinder emotional überfordern, weil sie sie notgedrungen stark mit ihren eigenen Problemen konfrontieren.

„Freunde sind wichtig"

Da die Lebenssituation der Ein-Elternteil-Familien von verschiedenen Schwierigkeiten geprägt wird, sind für sie – ebenso wie für Singles – funktionierende soziale Beziehungen besonders wichtig. Eine Einbettung in ein Netz aus freundschaftlichen, kollegialen und verwandtschaftlichen Beziehungen kann emotionale Unterstützung und materielle Hilfe bringen.

Für die Befragten standen Kontakte zu Kollegen und Freunden im Mittelpunkt, regelmäßige verwandtschaftliche Beziehungen waren demgegenüber seltener. Verwandtschaftliche Kontakte beziehen sich eher auf konkrete Hilfen bei der Lebensbewältigung (Babysitting, Betreuung kranker Kinder, Einspringen in Notsituationen). Private emotionale Probleme werden demgegenüber von den Befragten mit Freunden besprochen.

Frau L., Jg. 1946, Sachbearbeiterin, lebt seit ihrer Scheidung 1986 allein mit ihren beiden Töchtern (Person 20).

„Aus der Ehezeit ist aus dem Bekanntenkreis keiner mehr übrig geblieben, aber ich hab' mir einen ziemlich großen neuen Bekanntenkreis aufgebaut. In der Gruppe „Autogenes Training" habe ich ein paar nette Frauen kennengelernt, teilweise sind sie alleine, teilweise sind sie verheiratet, aber man hat so die gleiche Problematik: Kindererziehen und Haushalt und Beruf und alles unter einen Hut zu bringen. Na, und ob das jetzt mit Mann ist oder ohne Mann ist, die Probleme sind immer die gleichen. Ich habe viele Freundinnen, und im Kollegenkreis komme ich gut mit den Leuten aus. Ich fühle mich rundherum wohl und weiß, ich brauch keine Angst mehr zu haben.

Es gibt auch mal so Durststrecken, wenn man dann mal so monatelang allein war, dann sag ich manchmal so aus Blödsinn zu dem einen Kollegen: ‚Mensch! Nimm mich doch mal in den Arm. Ich brauch das mal wieder'. Jeder braucht mal so seine Streicheleinheiten."

Frau B., Jg. 1955, Heilpädagogin (Person 16).

„Damals kannte ich überhaupt keine anderen Mütter, mein Bekanntenkreis hatte keine Kinder. Aber als die Lea geboren war, habe ich dann welche kennengelernt. Das ist ganz automatisch so, wie eine Kettenreaktion funktioniert das: Spielplatz, Kiez, später der Kindergarten. Mittlerweile kenne ich sehr viele alleinerziehende und verheiratete Mütter, und die sind mir auch sehr wichtig geworden. Wir unterstützen uns ganz prima.

Aus der Zeit vor der Schwangerschaft sind mir nur zwei alte Freundinnen geblieben. Ansonsten ist niemand übriggeblieben. Meine ganze Lebensweise hat sich ja geändert. Ich bin jetzt viel mehr zu Hause als früher, hab' seltener Kontakt, bin nicht mehr so interessiert am Kneipengehen."

Frau K., Jg. 1947, z.Zt. arbeitslos (Person 25).

„Dann haben wir hier im Haus einen abgeschlossenen Hinterhof, der ganz schön ist und in dem sich die Kinder aus dem Haus treffen können. Da gehen dann die Kids schon alleine runter zum Spielen und ich kann ganz beruhigt sein, daß ihnen nichts passiert.

Die Kinder spielen da stundenlang, und ich kann hier oben für mich sein und auch für mich etwas machen. Das ist ganz toll. Meistens ist dann auch irgend eine Mutter mit unten, so daß die Kinder auch zu jemand hingehen können, wenn was ist. Der Hof ist für uns eine große Erleichterung."

Frau P., Jg. 1952, z.Zt. arbeitslos (Person 18).

„Unwahrscheinlich gut ist der Kontakt hier im Haus. Es wohnen drei Frauen hier mit kleinen Kindern, und wir versuchen schon, uns gegenseitig zu unterstützen. Den besten Kontakt habe ich zu Carola, die über mir wohnt. Wir wechseln uns mit der Kinderbetreuung ab. Wenn ich weggehen will, dann bring ich ihr meinen Philipp, und umgekehrt bringt sie mir ihre Tochter. Die beiden Kinder sind auch im gleichen Alter, so daß sie gut miteinander spielen können.

So kann ich auch mal unabhängig von meinem Sohn etwas unternehmen. Aber das geht nur, weil ich Carola habe und die auch in derselben Situation ist wie ich. Wenn ich hier mit meinem Kind ganz allein leben würde und den Kontakt zu den anderen Müttern im Haus nicht hätte, ich glaube, ich würde mir sehr eingesperrt vorkommen. Das wäre ziemlich schlimm."

Die Motive der einzelnen, alleine zu erziehen, bestimmten auch die Art und Weise, wie sie sich ihren Bekanntenkreis aufbauten. Bei Geschiedenen oder solchen, die sich aus einer langjährigen Nichtehelichen Lebensgemeinschaft lösten, ging durch die Trennung oft der Verlust des Freundes- und Bekanntenkreises einher. Auch führte der Verlust des Partners zunächst zu Unsicherheiten, neue soziale Kontakte zu knüpfen, und von daher zu Rückzugstendenzen gegenüber der Umwelt.

Für das Zurechtkommen mit der neuen Lebenssituation spielte eine wichtige Rolle, ob die Herkunftsfamilie die Scheidung (oder Trennung) akzeptierte und emotionale und materielle Unterstützung leistete. Wurde den Betroffenen die Schuld für das Scheitern der Ehe gegeben, dann war die Verbindung zur Familie und zur Verwandtschaft für die Befragten ein zusätzlicher Belastungsfaktor und sie leistete keine Hilfestellung bei der Orientierung in dieser neuen Lebensphase.

Um der sozialen Isolation zu entgehen, mußten neue Beziehungen geknüpft und ausgebaut werden, was, wie die Befragten schilderten, nicht einfach zu realisieren war.[8] Neue Kontakte entwickelten sich oftmals über die Kinder, etwa am Spielplatz oder in der KiTa. Berufstätige intensivierten ihren Kontakt zu Arbeitskollegen.

Für die Ledigen gestalten sich die Beziehungsnetze von vornherein anders. Für sie gibt es keine durch Trennung verursachte Isolation, ihre sozialen Bezüge bleiben auch nach der Geburt eines Kindes konstant. Für viele befragte Frauen waren der emotionale Rückhalt und die materielle Unterstützung von Freunden ausschlaggebend für die Entscheidung, ihr Kind zu bekommen und alleine großzuziehen. Besonders die „beste Freundin“ ist dabei als Gesprächspartnerin wichtig. Verwandtschaftsbeziehungen oder professionelle Helfer spielen nur eine untergeordnete Rolle.

Jedoch traten auch bei den Ledigen dadurch Verschiebungen im sozialen Umfeld ein, daß sich die Interessen durch ein Kind verlagerten und sich die Freizeitgestaltung veränderte. Meist ergaben sich neue Kontakte aus der Teilnahme an einer Gruppe zur Geburtsvorbereitung, aus einer Mütter- und Stillgruppe oder auch aus einer selbstorganisierten Baby-Krabbel-Gruppe.

Abendtermine, die für Weiterbildung, Freizeitgestaltung oder Elternabende notwendig wären, können von den von uns Befragten kaum wahrgenommen werden. Um einen Abend weggehen zu können, ist entweder die unmittelbare Hilfe der Nachbarn, der Familie oder die Betreuung durch einen bezahlten Babysitter notwendig. Da aber gerade Alleinerziehende in der Regel nicht über viel Geld verfügen, ist jeder Abend mit Babysitter ein teures Vergnügen. Bei solchen Betreuungsproblemen wird von den Alleinerziehenden der Nachteil, keinen Partner zu haben, mit dem man sich absprechen könnte, am häufigsten thematisiert.

Professionelle Betreuungen werden bislang ausschließlich

tagsüber in der Zeit bis maximal 17.00 Uhr angeboten, danach sind die Alleinerziehenden auf jeden Fall alleine für die Betreuung der Kinder zuständig. Die Befragten versuchen, in dieser Zeit Spielmöglichkeiten für ihre Kinder gemeinsam mit anderen zu organisieren, um einer Isolation vorzubeugen. Anknüpfungspunkt hierfür sind vielfach andere Eltern bzw. Mütter aus der KiTa. Jedoch bemängeln die Befragten, daß es kaum organisierte Kinderbetreuung am Spätnachmittag und Abend gibt und auch nur wenige Eltern-Kind-Aktivitäten zu dieser Zeit angeboten werden. Gerade für Ein-Elternteil-Familien wäre dies jedoch eine Entlastung und Bereicherung ihrer Lebenssituation.

Frau B., Jg. 1955, Heilpädagogin, lebt allein mit ihrer dreijährigen Tochter (Person 16).

„Weggehen kann ich kaum, ich hab' keine Verwandten, die mal auf sie aufpassen würden, und dann ist mir das zu teuer. Ich zahl' 10,– DM die Stunde. Die Nachbarin nimmt die Lea manchmal für fünf oder zehn Minuten, wenn ich mal runter muß, wenn ich was im Auto vergessen hab'. Aber länger auch nicht."

Frau H., Jg. 1954, Lehrerin (Referendariat), lebt seit der gescheiterten Beziehung zum Vater des Kindes allein mit ihrem Sohn, Jg. 1984 (Person 21).

„Seitdem ich mit Christian alleine wohne, hab' ich Einzelhaft und hab' halt Freigang, wenn irgendwelche Leute für zehn Mark die Stunde kommen oder der Vater mir das Kind abnimmt.

Der Martin hat wechselnde Freundinnen, so wechselte dann auch die Zeit, die er dann an Zuwendung für das Kind übrig hat. Nun haben wir eine Verabredung, daß er jeden Dienstag und alle 14 Tage einen Tag am Wochenende das Kind hat. Aber auch das klappt nicht regelmäßig.

Wenn ich dem Vater das Kind gebe, ist das auch psychisch teuer bezahlt, weil ich das Gefühl habe, ich muß das vorbereiten und nachbereiten. Weil das eben nicht so ist, als ob die liebe Oma kommt und die freut sich, sondern ich hab' das Gefühl, ich muß da was abarbeiten."

Herr E., Jg. 1950, Schreiner, betreut seine fünfjährige Tochter dreimal in der Woche (Person 27).

„Meine Freizeit teilt sich auch danach auf, ob die Johanna da ist oder nicht. Die Tage, wo sie da ist, bin ich abends zu Hause, die anderen Tage gehe ich eher weg. Da ich ja immer schon vorher weiß, wann sie kommt, ist das auch gar kein Problem. Ich erledige dann abends meine Post oder lese. Meine Freunde wissen, daß ich Montag und Dienstag zu Hause bin und kommen dann manchmal einfach vorbei. Das ist auch ganz gut, da hab ich die Abende, an denen ich zu Hause bin, auch mal 'ne Abwechslung."

Frau V., Jg. 1952, Buchhalterin, seit 1986 geschieden, lebt mit ihrem vierjährigen Sohn allein (Person 23).

„Das einzige, was mir schwer fällt, ist, daß ich keine Zeit mehr für mich alleine habe. Das ist das einzige. Alles andere an meiner Situation finde ich erst mal positiv. Ich hab' keinen, der mir reinredet, keinen, der zu meinem Kind sagt: ‚Du bleibst jetzt sitzen, bis du aufgegessen hast!' Ich habe meine Freiheit – aber keine Freizeit mehr! Meine ganze arbeitsfreie Zeit verbringe ich mit dem Kind, und da macht man natürlich eher das, was das Kind möchte, wenn man schon den ganzen Tag weg ist.

Früher hatte ich so viele Hobbies, nichts davon kann ich mehr machen, weil man da nur schwer ein Kind dabei brauchen kann. Das ist der einzige Nachteil – keine Freizeit mehr."

Frau K., Jg. 1947, z.Zt. arbeitslos, lebt allein mit ihren beiden Kindern, Jg. 1983 und Jg. 1986 (Person 25).

„Der größte Nachteil ist, daß man so angebunden ist und zeitlich so eingeschränkt, daß man kaum Gelegenheit hat, neue Leute kennenzulernen. Ich kenne vor allem Mütter mit Kindern, der Kontakt kommt über die Kinder. Was mir fehlt, ist Kontakt unabhängig von den Kindern. Mir fehlt ein Gedankenaustausch mit anderen Erwachsenen, wo man mal über seine Probleme und Erfahrungen reden kann. Früher hab' ich viel in Gruppen gearbeitet. Aber die sind meist abends, und abends kann ich nur schwer weg. Babysitter kosten eben Geld! Und so kann ich meinen früheren Interessen nicht mehr nachgehen."

Bei den erwerbstätigen Alleinerziehenden wird deutlich, daß die Sozialbeziehungen am Arbeitsplatz einen hohen Stellenwert einnehmen. Ein gutes Arbeitsklima trägt erheblich zur emotionalen Stabilisierung bei.

Jegliche Zeit, die sie für außerberufliche Aktivitäten erübrigen können, verwenden sie bewußt für die Zusammenarbeit mit KiTas oder Schule. Die Übernahme von Ämtern in Elternvertretungen zeigt, daß sie sich auch bewußt für die Erziehung ihres Kindes einsetzen wollen.

Ein anderer wichtiger Aspekt der sozialen Beziehungen ist der Kontakt zum anderen Elternteil. Der Großteil der Alleinerziehenden versucht, dem Kind die Möglichkeit offenzuhalten, auch vom anderen Elternteil versorgt zu werden und Zuwendung zu bekommen. Natürlich gibt es auch einige Fälle, wo der Kontakt zu den Kindern vom anderen Elternteil völlig abgebrochen wurde: z. B. wenn der Vater nach der Scheidung unauffindbar verschwand und keinen Unterhalt bezahlte oder der Kontakt zum Kind gar nicht zustande kam.

Den Alleinerziehenden gelingt es offenbar, ein soziales Umfeld herzustellen, von dem man annehmen kann, daß es für sie und ihre spezifische Lebenssituation eine wichtige Funktion der Stabilisierung übernimmt. Festzuhalten ist, daß der Spielraum, eigenen Interessen nachzugehen, und dabei möglicherweise auch einen neuen Partner kennenzulernen, äußerst gering ist. Die Befragten beschränken sich nicht etwa selbst aus übertriebener Verantwortung für ihr Kind, sondern ihre Freiheitsgrade, an sich selbst denken zu können, sind durch ihre spezifische Lebenssituation begrenzt.

Schluß

Wir haben versucht, einen Einblick in die gegenwärtige Lebenssituation von Paaren ohne Trauschein, Singles und Alleinerziehenden zu geben und die Gründe der einzelnen, die jeweiligen Lebens- und Beziehungsformen zu wählen, transparent zu machen. Es zeigte sich, daß gerade Frauen, die ihr Lebenskonzept mit einer kontinuierlichen Berufstätigkeit verbinden, den traditionellen Beziehungsmustern von Ehe und Familie skeptisch gegenüberstehen. Sie versuchen deshalb, mit unkonventionellen Lebens- und Beziehungsformen einen Weg zu finden, der ihnen mehr Selbständigkeit und eine höhere Flexibilität in der Gestaltung ihres beruflichen und privaten Lebens ermöglicht.

Eine dieser Lebensformen, die offenbar gerade von jungen, beruflich ambitionierten Frauen bevorzugt wird, ist alleine zu leben. Inwieweit diese Frauen keine längerfristigen Beziehungen zu Männern haben, also als „Singles“ zu bezeichnen wären, oder aber Partner haben, mit denen sie dennoch nicht zusammenleben wollen, ist von Fall zu Fall verschieden. Einig scheinen sich diese Frauen jedoch darin zu sein, daß ein gemeinsamer Haushalt mit einem (Ehe-)Mann oder einer Familie zuviel Energie- und Arbeitseinsatz im Privatbereich von ihnen fordern würde und mit ihrem beruflichen Fortkommen schwer zu vereinbaren wäre.

Auch wenn Frauen Kinder haben oder Kinder wollen, gibt es für manche von ihnen gute Gründe, ohne Partner bzw. ohne den Vater des Kindes zu leben. Die eigene wirtschaftliche Absicherung einerseits, die unabhängig vom Partner verläuft, und die sukzessive Abnahme gesellschaftlicher Diskriminierung andererseits tragen dazu bei, daß sich Frauen zu einem Kind entschließen, auch wenn zu Beginn einer Schwangerschaft schon feststeht, daß sie es ohne den Partner großziehen müssen.

Ziehen Frauen es vor, in verbindlichen Partnerschaften – sei es in getrennten Wohnungen, einem gemeinsamen Haushalt oder in einer Wohngemeinschaft – zu leben, ist die Vereinbarkeit von individuellen, auf Selbstverwirklichung gerichteten Interessen und der Gemeinsamkeit mit einem Partner besonders schwierig. Am schwierigsten wird dies, wenn Kinder vorhanden sind.

Wir haben auch zu zeigen versucht, welche Vorteile sich Männer von den neuen Lebens- und Beziehungsformen versprechen. Ihre Interessen richten sich nicht so sehr wie bei den Frauen auf eine Entlastung von der Arbeit im Privatbereich; hier können Männer auch heute noch von traditionellen Beziehungsformen profitieren. Vielmehr liegen ihre Vorteile eher in der Entlastung von materiellen Verpflichtungen gegenüber einer Partnerin und in der Chance zu einer Erweiterung der starren traditionellen Männerrolle. Diese Hoffnung wurde sowohl bei den befragten Männern in Paarbeziehungen als auch bei den alleinerziehenden Vätern und den Singles deutlich.

In allen drei Lebens- und Beziehungsformen geht es um die Optimierung von Individualität, Autonomie und Selbstverwirklichung, ob mit oder ohne Partner. Die Balancen, die die einzelnen hierbei für sich finden, führen zu individuellen Lösungen, abhängig vom jeweiligen finanziellen Hintergrund und langfristigen beruflichen Ambitionen.

Die Singles haben ihr Konzept offenbar am radikalsten auf Selbstverwirklichung aufgebaut. Wenn sie Bedürfnisse nach Nähe zu einem Partner haben, werden diese eher auf „Sparflamme“ gehalten und stellen das Prinzip der Individualität und Autonomie nicht in Frage.

Alleinerziehende haben sich aktuell gegen einen ehemaligen Partner entschieden, egal ob sie mit ihm eine verbindliche Partnerschaft hatten oder ihn nur kurz kannten. Ihre Erfahrungen mit der Vereinbarkeit von Autonomie und Paarbeziehung sind zumeist negativ. Ihr Kind alleine groß zu ziehen erscheint dann als das kleinere Übel gegenüber einer unbefriedigenden Partnerschaft und verspricht zudem Unabhängigkeit und Selbständigkeit. Die Einschränkung ihrer Freiheitsgrade resultiert aus der alleinigen Verantwortung für das Kind, nicht aber aus einer Partnerschaft.

Bei Paaren ohne Trauschein wird eine Balance zwischen Individualität und Gemeinsamkeit immer wieder neu verhandelt.

Dies unterscheidet sie kaum von Ehepaaren, jedoch stehen bei ihnen stärker die Prinzipien der Gleichrangigkeit und Gleichberechtigung der Partner im Vordergrund.

Nach der Lektüre mag der Leser den Eindruck haben, daß in den Aussagen zwar Egalität, Individualität und Autonomie zum Ausdruck kommen, jedoch Zweifel an der Umsetzung dieser Ideale bestehen bleiben. Daß vielleicht nicht alles so positiv ist, wie es scheint, läßt sich aufgrund einer Tendenz zu positiver Selbstdarstellung sicher nicht von der Hand weisen. Auch wenn die Beteiligten sich mit einer gewissen Flexibilität und Experimentierfreudigkeit jenseits traditioneller Rollenvorgaben zu bewegen versuchen, bekommen „neue" Werthaltungen schnell ihr normatives Gefüge, das mit in die Schilderungen und Interpretationen der Interviewten einfließt. Trotzdem sollte nicht zu skeptisch geurteilt werden. Eine gewisse Zufriedenheit mit der gewählten Lebenssituation muß schon unterstellt werden, zumal die meisten der Befragten Wahlmöglichkeiten und entsprechende Handlungsspielräume haben, die ihnen eine Veränderung ihrer bisherigen Lebens- und Beziehungskonzepte ermöglichen würden.

Wir sind in der Darstellung unserer Ergebnisse bislang nicht auf andere Untersuchungen eingegangen, um die Anschaulichkeit der Schilderungen der Befragten nicht zu unterbrechen. In der nun folgenden Zusammenschau unserer Ergebnisse soll jedoch eine Einbettung in einen breiteren Kontext von Erkenntnissen über neue Lebensformen vorgenommen und damit das bisher gewonnene Bild abgerundet werden.

Beginnen wir mit den Paaren ohne Trauschein. Trotz des Fehlens amtlicher Statistiken läßt sich die Zahl der Personen, die Nichteheliche Lebensgemeinschaften bevorzugen, mittlerweile genauer beziffern. Es waren in der Bundesrepublik Deutschland 1983 ca. 2,5 Millionen Paare. Vier Prozent der Paare haben gemeinsame Kinder und 25 Prozent leben mit Kindern zusammen.[1] Auch eine klare Identifizierung der Gruppe nichtverheirateter Paare haben nationale und internationale Untersuchungsergebnisse der letzten 20 Jahre erbracht. Sie sind meist jung,[2] in der Regel erwerbstätig,[3] verfügen über ein eher höheres Bildungsniveau,[4] wenn auch immer mehr Partner mit Hauptschulabschluß unverheiratet zusammenleben,[5] wohnen eher in Großstädten[6] und sind auch überwiegend kinderlos.[7]

Bei der Auswahl der von uns Befragten haben wir uns an diesen Ergebnissen orientiert und Paare interviewt, die in der Großstadt leben und bei denen beide Partner überwiegend in qualifizierten Berufen tätig sind. Abgewichen sind wir dagegen bezüglich des Alters und der Kinderlosigkeit. Wir haben bewußt ältere Paare ausgewählt, die schon länger zusammenleben, und außerdem verstärkt Paare mit Kindern befragt. Solche Paare schienen uns für eine Analyse der Gründe, unverheiratet zusammenzuleben, besonders wichtig, da Kinder in der Regel ein entscheidender Heiratsgrund sind.

Als wesentliches Motiv der interviewten Frauen und Männer, ohne Trauschein zusammenzuleben, kann der Wunsch angesehen werden, durch diese Lebensform die Selbständigkeit der einzelnen Partner zu wahren. Ausdruck dieser Bemühungen ist die Berufstätigkeit beider Partner, die einen festen Bestandteil in ihrer individuellen Lebensplanung einnimmt.

Vergleicht man die Beziehungsstruktur der Paare ohne Trauschein mit der von Ehepaaren, was in einer Vielzahl von Untersuchungen getan wurde,[8] dann fällt insbesondere die veränderte Stellung der Frauen in unverheirateten Partnerschaften auf. Grundlage dieser Differenz ist, daß alle befragten Frauen erwerbstätig sind und damit über eine finanzielle Unabhängigkeit vom Partner verfügen. Dies gilt auch dann, wenn Kinder vorhanden sind. Anders als bei den meisten Ehepaaren haben die Partner ihr eigenes Bankkonto, bezahlen ihre individuellen Anschaffungen selbst und teilen sich die Kosten für Miete, Lebensunterhalt und notwendige Anschaffungen.

Dieses Ergebnis steht in Übereinstimmung mit der Repräsentativbefragung von Emnid, die ebenfalls deutliche Unterschiede zwischen verheirateten und unverheirateten Paaren bezüglich der Berufstätigkeit von Frauen und dem Umgang mit Geld fand. Dem gemeinsamen Konto von Ehepaaren stehen eine individuelle Geldverwaltung und Kontoführung bei Paaren ohne Trauschein gegenüber.[9]

Entscheidungen werden bei den von uns befragten Paaren in der Regel gemeinsam getroffen, seien dies nun Fragen gemeinsamer Anschaffungen, der Wohnungssuche, Urlaubsplanung usw. Auch hier zeigt der Vergleich zur Repräsentativerhebung von Emnid eine Übereinstimmung, wenn auch die gefundenen Differenzen gegenüber Ehepaaren eher gering sind.[10] Dies liegt daran, daß es mittlerweile auch zum gängigen Sprachgebrauch von Ehepaaren gehört, gemeinsame Entscheidungen zu beschwören. So verwundert es nicht, daß sowohl unverheiratete als auch verheiratete Paare behaupten, Entscheidungen überwiegend gemeinsam zu treffen.

Deutliche Unterschiede zwischen verheirateten und unverheiraten Paaren sind dagegen bezüglich der Verrichtung von Hausarbeit festgestellt worden. In unserer Sekundäranalyse haben wir herausgefunden, daß Ehefrauen deutlich mehr Hausarbeit leisten als Frauen in Nichtehelichen Lebensgemeinschaften. Dies gilt besonders für die Altersgruppe der 26- bis 35-jährigen Frauen.[11] Sowohl bei Nichtehelichen Lebensgemeinschaften als auch Ehepaaren ist bei der Hausarbeitsverteilung weniger Egalität erreicht als bei den Entscheidungsstrukturen. Frauen sind nach wie vor stärker für Hausarbeit zuständig als Männer (Putzen, Waschen, Bügeln).[12] Auch dies ist ein im internationalen Vergleich belegtes Ergebnis.[13]

Bemerkenswert sind die Ergebnisse bezüglich der Kinder. Unseren Ergebnissen zufolge hat sich die „neue Väterlichkeit“ in Nichtehelichen Lebensgemeinschaften besonders gut durchgesetzt, so daß sich Männer durchaus an der Versorgung und Erziehung der Kinder beteiligen. Für viele Väter sind Kinder, gerade im Vergleich mit früheren Zeiten, äußerst wichtig geworden und bedeuten ihnen ein Stück unverzichtbarer Selbstverwirklichung. Die Interviews verdeutlichen, daß die Beteiligung der unverheirateten Väter an der Betreuung der Kinder höher zu sein scheint als die von Ehemännern, und daß sie darüber hinaus ihren Partnerinnen mehr Hausarbeit abnehmen.[14]

Ein wesentliches Ergebnis, das bisher vorliegende Kenntnisse vertieft und differenziert, ergab die Analyse der Gründe, nicht zu heiraten und stattdessen als Paar ohne Trauschein zu leben. Durch die Auswahl von Personen, deren Beziehung schon seit mehreren Jahren besteht und die von daher keinesfalls als Ehe auf Probe angesehen werden kann, haben wir es mit Befragten zu tun, die sich für ihre Lebensform bewußt entschieden haben und die in der Regel auch die Gründe für diese Entscheidung reflektiert haben.

Neben dem schon erwähnten Selbständigkeits- und Unabhängigkeitsbedürfnis, das jeweils beide Partner äußern, gibt es geschlechtsspezifisch unterschiedliche Motive, nicht zu heiraten.[15] Frauen heben vor allem den größeren Verhandlungsspielraum hervor, den sie gegenüber ihrem Partner in einer nichtinstitutionalisierten Beziehung haben. Für Mütter sind zudem die Kinder ein deutlicher Machtfaktor, da sie im Gegensatz zu Ehefrauen allein über das Sorgerecht verfügen und dies als Druckmittel gegenüber ihren Partnern auch einzusetzen wissen.

Den Vätern ist ihre rechtlich schwache Position gegenüber den Kindern durchaus bewußt. Als möglicher Vorteil einer Eheschließung wird deshalb von einigen das gleichberechtigte Sorgerecht angesehen. Ihnen ist allerdings klar, daß auch im Falle einer Ehescheidung in der Regel die Mütter das Sorgerecht erhalten, ihre Position gegenüber dem Kind sich nach einer Trennung also nicht unbedingt verbessern würde.

Positive Aspekte für Männer, in Nichtehelichen Lebensgemeinschaften zu leben, liegen in der Chance zur Rollenflexibilisierung, die sich aus einer gleichberechtigten Beziehung ergibt. Eine Partnerin, die einem eigenen Beruf nachgeht und damit finanziell unabhängig ist, bedeutet für Männer eine Entlastung von Verantwortung. Dadurch eröffnen sich größere Freiräume bei eigenen Berufs- und Lebensentscheidungen. Hinzu kommt die Chance, sich der traditionellen Rolle männlicher Stärke entledigen zu können.

Insgesamt bestätigen unsere Analysen die Annahme, daß der historische Prozeß zunehmender Gleichberechtigung von Frauen durch höhere Bildung und stärkere Beteiligung am Erwerbsleben die Bedingung für eine gleichberechtigtere Stellung in der Familie lieferte. Diese Gleichberechtigung ist in nicht-institutionalisierten Beziehungsformen besser zu realisieren als in der an einem traditionellen Modell der Geschlechterbeziehung orientierten Ehe.

Die zweite Lebensform, die uns neben den Paaren ohne Trauschein als Trend eines neuen Lebensstils erscheint, sind die Singles. Die Entwicklung zu einem bewußten Alleinleben setzte in der Bundesrepublik Deutschland erst in den 70er Jahren ein. Singles sind bislang noch eine Minderheit der Einpersonenhaushalte. Nach neuesten Berechnungen kann man davon ausgehen, daß in knapp einem Viertel aller Haushalte Singles leben, die zwischen 25 und 45 Jahre alt sind.[16]

Für unsere qualitative Untersuchung haben wir Singles befragt, die nach den bislang vorliegenden Kenntnissen als besonders typische Alleinlebende zu bezeichnen sind. Sie haben sich eine Lebenssituation geschaffen, die von finanzieller und persönlicher Unabhängigkeit geprägt ist. Ihre Entscheidung, als Single zu leben, ist weder durch strukturelle Umstände, wie kurzfristig zurückliegender Auszug aus dem Elternhaus, Ausbildungs- und Berufsbeginn bedingt, noch durch Verlust des Partners durch Scheidung, Trennung oder Tod erzwungen. Vielmehr haben die Befragten eine bewußte Entscheidung für ihre Lebensform getroffen, die zum Zeitpunkt der Befragung freiwillig aufrechterhalten wurde. Natürlich gibt es unfreiwillige Alleinlebende, die einen neuen Partner suchen oder vorhaben, (wieder) zu heiraten. Diese sind als neue Lebensformen jedoch von geringem Interesse.

Singles teilen sich, wie die Gespräche ergeben haben, in „Singles auf Zeit" und „Singles mit einer langfristigen Perspektive". Die Alleinlebenden mit einer langfristigen Perspektive, d.h. die Singles im eigentlichen Sinne, sind mit ihrer momentanen Lebensform zufrieden und planen auch eine Zukunft ohne Partner. Wie die Interviews gezeigt haben, interessieren sich diese Personen vorrangig dafür, ihre Persönlichkeit zu entfalten und selbst zu verwirklichen. Als Vorteile ihrer Lebensform bewerten sie ihre Unabhängigkeit und Selbständigkeit, weiterhin die Möglichkeit, sich ohne Rücksicht auf einen Partner auf ihren Beruf zu konzentrieren und die vielfältigen, individuell planbaren Freizeitaktivitäten. Ihr derzeitiger Alltag ist mit engagierter Berufstätigkeit und intensiver Freizeitgestaltung ausgefüllt und eingebettet in ein gut funktionierendes System zwischenmenschlicher Kommunikation, so daß diese Lebensphase beliebig lang dauern könnte, ohne daß ihr Wohlbefinden darunter leiden würde.

Der „Single auf Zeit" ist zwar mit seiner derzeitigen Lebensform auch zufrieden, kann sich jedoch für die Zukunft durchaus eine Partnerschaft vorstellen. Dafür haben „Singles auf Zeit" genaue Vorstellungen: Sie betonen, daß eine Beziehung nur dann funktionieren kann, wenn beide Partner uneingeschränkte Autonomieansprüche haben und sie auch weitgehend verwirklichen wollen. Von daher besteht auch eine deutliche Abneigung gegenüber einem Zusammenwohnen mit einem zukünftigen Partner. Erstrebenswert wären eher Nichteheliche Lebensgemeinschaften in getrennten Haushalten.

Auch eine quantitative Studie über Singles aus dem Jahre 1978 belegt, daß das Alleinleben für viele mit einer längerfristigen Perspektive verbunden ist.[17] Auf die Frage, ob sie lieber (wieder) mit einem Partner zusammenleben würden, oder ob sie es vorzögen, weiterhin alleine zu leben, geben 34,6 Prozent an, sie würden lieber mit einem Partner zusammenleben, und weitere 21,1 Prozent meinen, „es kommt darauf an", während 42,2 Prozent auch weiterhin alleine wohnen wollen. D.h. rund die Hälfte der Befragten konzipierten das Alleinleben als eine längerfristige Lebensform.

Über die Gründe, die Lebensform eines Singles zu wählen, gibt es bislang kaum Ergebnisse. Bei unserer qualitativen Befragung wurde deutlich, daß sowohl negative Erfahrungen aus früheren Beziehungen, aber auch die positiven Aspekte der gegenwärtigen Situation zur Stabilität dieser Lebensform beitragen.

Bei Frauen resultieren die negativen Erfahrungen aus früheren Beziehungen vor allem aus der mangelnden Bereitschaft ihrer früheren Partner, die Lasten einer Paarbeziehung gleichberechtigt zu verteilen und die Hausarbeit entsprechend mitzutragen. Bei den Männern liegen die negativen Erfahrungen eher in der Enge der Beziehungen, die ihnen nicht genug Raum zur

Entfaltung ihrer Interessen ließ und ihre Wünsche nach persönlicher Veränderung und Selbstverwirklichung behinderte.

Die wichtigsten Gründe für die längerfristige Beibehaltung des Alleinlebens liegen in den positiven Erfahrungen, die die Singles damit gemacht haben. Sie haben gelernt, unabhängiger, selbständiger und auch kontaktfreudiger zu werden. Ihren individuellen Interessen können sie sowohl im beruflichen Bereich als auch im Freizeitsektor unabhängig von einem Partner nachgehen und genießen diese Ungebundenheit.

Diese positiven Aspekte werden durch überdurchschnittlich gute wirtschaftliche Verhältnisse ermöglicht. Sowohl unsere Untersuchung als auch andere Studien[18] konstatieren ein deutlich höheres Einkommensniveau bei Singles als bei anderen Gruppen wie z.B. Paaren ohne Trauschein oder Wohngemeinschaften. Die Studien verweisen darauf, daß neben der zunehmenden Verstädterung und einer Verbesserung der gesundheitlichen Verhältnisse der wesentlichste Grund für die Zunnahme des Alleinlebens die gestiegenen Einkommensverhältnisse seien. Diese Auffassung gründet in der auch von Spiegel vertretenen Überlegung, daß Alleinleben ein bestimmtes ökonomische Niveau voraussetze, das in breiterem Maße erst in den letzten Jahrzehnten erreicht wurde.[19] Auch eine amerikanische Studie kommt zu dem Ergebnis, daß vor allem eine Verbesserung der ökonomischen Verhältnisse in den letzten Jahrzehnten den wesentlichen Faktor für die Entwicklung des Alleinlebens darstellt.[20]

Steigendes individuelles Einkommen allein fördert natürlich nicht automatisch die Tendenz, als Single zu leben. Deshalb muß unserer Auffassung nach für eine Erklärung der jeweiligen individuellen Motive, zusätzlich unterschieden werden zwischen dem Geschlecht, der sozialen Schichtzugehörigkeit und dem Alter. So ist zum Beispiel das Alleinwohnen für Männer gerade höherer Einkommensschichten im mittleren Lebensalter eher selten, weil es die Karriere eher behindert. Für Frauen der gleichen sozialen Gruppe hingegen scheint das Alleinwohnen eher karrierefördernd zu sein, da, wie bereits 1972 eine Untersuchung[21] für die USA feststellte, alleinwohnende Frauen beruflich erfolgreicher sind als Männer.

Lange Zeit wurde davon ausgegangen, Alleinlebende hätten mehr Probleme als Verheiratete und seien einsam und unglücklich. Für die Situation eines erzwungenen Alleinlebens mag dies gelten, wie zum Beispiel eine Arbeit von Dammer aus dem Jahre 1971 über die psychiatrische Auffälligkeit geschiedener Frauen zeigt.[22] Eine andere Studie aus dem gleichen Jahr kommt zu dem Ergebnis, „daß Alleinstehende in der Aufnahme und Unterhaltung sozialer Beziehungen über weniger Freiheitsgrade verfügen als andere Menschen".[23] Ähnlich urteilen ältere amerikanische Untersuchungen.[24].

Neuere Untersuchungen zeichnen ein wesentlich positiveres Bild des Alleinlebens. Danach sind Alleinlebende keineswegs allein, sie verfügen in der Regel über einen großen Freundes- und Bekanntenkreis. In unseren Interviews wird deutlich, daß für den Lebensstil der Singles die Kontaktfähigkeit und -häufigkeit sogar besonders typisch ist. Die von uns Befragten sind in unterschiedlicher Intensität in verschiedene Beziehungskontexte eingebunden. Singles, für die der Beruf den entscheidenden Lebensinhalt darstellt, finden ihre Freunde überwiegend im beruflichen Zusammenhang. Den umfangreichsten und heterogensten Freundeskreis haben Singles, die vielfältigen Freizeitaktivitäten nachgehen können. Je intensiver und vielfältiger die zwischenmenschlichen Kontakte der Singles, desto zufriedener sind sie und können sich auch vorstellen, langfristig in dieser Lebensform zu leben.

Natürlich spiegelt sich in den Antworten der Alleinlebenden auch die Widersprüchlichkeit ihrer Lebenssituation, einerseits Freiheit haben zu wollen, andererseits aber sozialer Nähe zu bedürfen. Daraus zu schließen, sie würden sich besonders unglücklich fühlen, wäre aufgrund der bisherigen empirischen Ergebnisse falsch. Vielmehr verdeutlichen ihre Antworten die Problematik einer historisch neuen Lebenssituation, für die bisher kein vergleichbares normatives Gefüge wie etwa für die Ehe entwickelt wurde.

Ähnlich wie beim Alleinleben hat sich die gesellschaftliche Bewertung des Alleinerziehens in den letzten Jahren merklich gewandelt. Während eine alleinerziehende Mutter, insbesondere mit einem unehelichen Kind, noch in den 60er Jahren starken Diskriminierungen ausgesetzt war, ist dies heute, zumindest in den Großstädten, kaum noch anzutreffen. Ein Grund für diesen Wertewandel dürfte ebenso wie bei der veränderten Bewertung des Alleinlebens die faktische Zunahme dieser sozialen Gruppe sein, die soziale Diskriminierung zunehmend erschwert. Hinzu kommt, daß seit einigen Jahren auch die Zahl der alleinerziehenden Väter zugenommen hat, denen nicht der traditionelle Makel alleinerziehender Mütter, ein uneheliches Kind zu haben, anhaftet.

1985 gab es in der Bundesrepublik Deutschland insgesamt 1,9 Mio. alleinstehende Väter und Mütter mit einem oder mehreren Kindern unter 18 Jahren. Das sind 14 Prozent aller Familien mit minderjährigen Kindern. Besonders bemerkenswert ist die Entwicklung bei den alleinerziehenden Vätern, deren Zahl sich von 88.000 im Jahr 1972 auf 301.000 im Jahr 1989 erhöht hat.[25] Dies bedeutet eine Zunahme von 242 Prozent, während im gleichen Zeitraum die Zahl der alleinerziehenden Mütter „nur" um 159 Prozent stieg. In den USA ist die Gesamtzahl der Alleinerziehenden mehr als doppelt so hoch wie in der Bundesrepublik Deutschland und auch die Zunahme dort in den letzten Jahren ist sehr viel höher gewesen.[26]

Neben dieser quantitativen Zunahme sind für uns die qualitativen Veränderungen dieser Lebensform von Interesse. Während in der Nachkriegszeit Alleinerziehende überwiegend verwitwete Mütter waren, läßt sich die derzeitige Tendenz der steigenden Zahlen von Alleinerziehenden eher auf andere Gründe zurückführen. Denn nur noch 184.000 Ein-Elternteil-Familien in der Bundesrepublik Deutschland sind auf Verwitwung zurückzuführen, während 581.000 durch Trennung oder Scheidung entstanden. 176.000 Alleinerziehende sind ledig.[27]

Wie bei den Singles wird die Entscheidung für die Lebensform, mit einem Kind alleine zu wohnen, in unterschiedlichem Maße freiwillig getroffen. Von Interesse für die Neue Lebensform ist auch hier wiederum die eher freiwillige Elternschaft ohne Partner. Unverheiratet ein Kind zu bekommen, stellt die Bedeutung von Ehe und Familie grundsätzlich in Frage. Aber auch die Scheidung einzureichen – wenn Kinder vorhanden sind –, bedeutet ein Infragestellen traditionellen Familienlebens.

Nach Ansicht der Alleinerziehenden liegt ein entscheidender Vorteil ihrer Lebenssituation in der Zunahme persönlicher Unabhängigkeit. Dies wird sowohl von Frauen gesagt, die ihr Kind von Anfang an alleine erziehen, als auch von Frauen und Männern, die dies erst seit einer Scheidung/Trennung tun. Die Befragten sehen es als Positivum ihrer neuen Lebenssituationen, daß sie sich „nur" nach den Bedürfnissen ihrer Kinder richten müssen und mögliche Anforderungen eines Partners entfallen. Der Wegfall einer Koordinierung der Alltagsroutine (Zeitablauf, Hausarbeiten, Essenszeiten, Freizeit etc.) mit einem Partner wird ebenfalls als Erleichterung empfunden.

Die Mehrzahl der Befragten bestreitet ihren Lebensunterhalt überwiegend durch Erwerbstätigkeit. Hinzu kommen Kindergeld, bei den meisten Unterhalt für das Kind vom Vater bzw. der Unterhaltsvorschußkasse und teilweise staatliche Unterstützungsleistungen (Wohngeld etc.). Die Nicht-Berufstätigen beziehen entweder Unterhalt vom ehemaligen Partner, Arbeitslosengeld, Arbeitslosenhilfe oder Sozialhilfe. Einige wenige erhalten darüber hinaus geringfügige finanzielle Unterstützung durch ihre Eltern.

Die Einkommen der Alleinerziehenden, vor allem die der Frauen, sind durchschnittlich niedriger als die von vergleichbaren vollständigen Familien. Frauen verdienen zumeist weniger als Männer in vergleichbaren Positionen.[28] Erschwerend kommt hinzu, daß Alleinerziehende einen erheblich höheren Bedarf an Betreuungsleistungen für die Kinder und von daher auch höhere Unkosten haben. Erwerbstätige sind darauf angewiesen, daß ihre Kinder während der Arbeitszeit entsprechend betreut werden. Daraus resultieren Kosten für Tagesmutter, Krippe, KiTa. Hinzu kommen Betreuungskosten in Sondersituationen wie Ferien der KiTa, Betreuung, wenn das Kind krank ist, Babysitter etc. Daß die materielle Lage der Alleinerziehenden - gemessen am Bevölkerungsdurchschnitt - schlecht ist, kann als einmütiges Ergebnis aller empirischen Studien angesehen werden.[29] Dies gilt sowohl für deutsche als auch ausländische Studien.[30]

Auch die soziale Lage Alleinlebender ist schwierig. Von den größeren deutschen empirischen Studien widmet sich eine Arbeit aus dem Jahre 1986[31] am ausführlichsten der sozialen Situation der Alleinerziehenden und deren psychischer Verarbeitung. Auf die Frage nach einer Vereinbarkeit von Beruf und Alleinerziehen antworten 34,7 Prozent der Frauen und 51,4 Prozent der Väter mit „eher schwer". Trotz oder vielleicht auch gerade wegen dieser Schwierigkeiten sehen über 60 Prozent ihr Selbstwertgefühl durch das Alleinleben gestärkt. In Übereinstimmung mit diesem Ergebnis steht, daß 46,4 Prozent der Alleinerziehenden in ihrer Lebenssituation den Vorteil sehen, „mehr Möglichkeiten zur Entfaltung der eigenen Persönlichkeit" zu haben.[32]

Verglichen mit den Vorteilen, sind die Angaben von Nachteilen sehr viel heterogener. Hier dominieren folgende Punkte: die Alleinverantwortung für die Erziehung des Kindes (18,9 Prozent), das Fehlen eines Partners (15,2 Prozent) und das Gefühl sozialer Diskriminierung (20,3 Prozent).[33] Über deutliche soziale Diskriminierungserfahrungen berichten auch die alleinerziehenden Mütter aus der Untersuchung von Anthes.[34]

Trotz der Schwierigkeiten, denen sie ausgesetzt sind, lehnen alleinerziehende Frauen eine (Wieder-) Verheiratung eher ab. Nur 28,3 Prozent würden gerne heiraten, während 58,7 Prozent sagen, eine Ehe käme für sie nicht in Frage. Auch ein zukünftiges Familienleben mit einem Partner ist nur für 47 Prozent attraktiv.[35] Napp-Peters meint, daß die meisten der befragten Mütter lieber permanent mit der schwierigen Vereinbarkeit von Familien- und Berufsrolle leben würden, als (erneut) eine traditionelle Rollenzuschreibung zu akzeptieren.[36] Alleinerziehende Männer wollen demgegenüber, obwohl ihre materielle und soziale Lage deutlich besser ist als die der alleinerziehenden Mütter,[37] doch eher (wieder) heiraten (44 Prozent). Den deutlich höheren Heiratswunsch der Väter erklärt Napp-Peters aus dem Wunsch der in der Regel berufstätigen Männer (81 Prozent), sich durch eine Heirat wieder mehr auf ihre Berufsrolle konzentrieren zu können.

Wir sind mit Napp-Peters der Meinung, daß alleinerziehende Väter ein größeres Interesse haben, wieder zu heiraten als alleinerziehende Mütter. Doch auch Väter können der Lebenssituation des Alleinerziehens positive Aspekte abgewinnen. Die eigenverantwortliche Kinderbetreuung ohne Partnerin eröffnet ihnen Lernchancen. Unsere Befragten betonen, daß sie hinsichtlich der Alltagsorganisation, Hausarbeit und Kinderbetreuung viele Fähigkeiten entwickelt hätten, bei denen sie sich vorher lieber auf ihre Partnerin verlassen hatten.

Bei der Betreuung der Kinder sind Alleinerziehende auf eine gut ausgebaute und funktionierende Infrastruktur angewiesen. Nahegelegene Kindergärten, Kinderspielplätze oder Jugendfreizeiteinrichtungen mit möglichst flexiblen Öffnungszeiten sind unabdingbar für eine optimale Alltagsorganisation. Defizite in der Infrastruktur wie fehlende Kindergärten, Kinderspielplätze oder Jugendfreizeiteinrichtungen, unzureichender Anschluß an das öffentliche Verkehrssystem, fehlende öffentliche Büchereien oder Volkshochschulen verringern die Lebensqualität der Alleinerziehenden, da sie sich in der Regel kaum leisten können, diese Versorgungsmängel auszugleichen. Besonders hart treffen diese Defizite der Infrastrukturversorgung die Arbeitslosen und Sozialhilfeempfänger.

In einer solchen Lebenssituation sind funktionierende soziale Beziehungen besonders wichtig. Um wenigstens einen Teil ihrer Belastungen zu reduzieren, sind sie gezwungen, sich ein Netz aus freundschaftlichen, kollegialen und verwandtschaftlichen Beziehungen, die sowohl emotionale als auch materielle Hilfe gewährleisten, zu schaffen. So berichten die Befragten, daß die Situation, mit dem Kind alleine zu wohnen, sie zwingen würde, vermehrt Kontakte und neue Freundschaften anzuknüpfen. Die daraus entstehenden teilweise sehr engen Kontakte werden besonders von den Frauen als Vorteil erlebt. Für einige wurden früher die Sozialkontakte durch den Partner vorgegeben oder eingeschränkt, vor allem war es nicht üblich, individuelle Freundschaften (ohne Partner) zu pflegen. Insgesamt meinen die befragten Frauen, durch die neue Situation selbständiger geworden zu sein. Für alles allein verantwortlich zu sein, wird zwar als schwierig (besonders von den geschiedenen Frauen) und belastend, aber auch als befriedigend erlebt.

In einer quantitativen Studie geben 63,2 Prozent der Befragten an,[38] daß sie sich mit anderen Alleinerziehenden treffen würden. 58,5 Prozent erleben diese Treffen als hilfreich, wobei ein Erfahrungssaustausch mit den anderen und das „Gefühl, nicht allein in dieser Situation zu sein“, im Vordergrund stehen (jeweils 20,2 Prozent der positiven Nennungen). Auch qualitative Studien betonen die Bedeutung sozialer Netzwerke für Alleinerziehende. Wie wir kommen sie zu dem Ergebnis, daß für alleinerziehende Frauen der Aufbau differenzierter sozialer Netzwerke von entscheidender Bedeutung für eine Bewältigung ihrer Lebenssituation ist. Informelle und halbinformelle Unterstützungsnetze (Verwandte, Freunde, Liebhaber, Nachbarn, Kommune und unterstützende Organisationen) sind insbesondere für die psychische Befindlichkeit der alleinerziehenden Frauen wichtig.[39]

Gladow und Ray haben herausgefunden, daß insbesondere Freunde von großer Bedeutung sind.[40] Sie geben mehr als andere emotionale Unterstützung, helfen, alleine besser zurechtzukommen und machen die Frauen zufriedener und glücklicher. Die Autoren meinen, dies liege daran, daß mit Freunden leichter offene, entlastende Gespräche über viele Themen geführt werden können als z.B. mit Verwandten oder auch einem Liebhaber. Es zeigt sich, daß Liebhaber nur die Einsamkeitsgefühle der alleinerziehenden Frauen reduzieren, nicht aber dazu beitragen, sie längerfristig glücklicher und zufriedener zu machen. Zum Wohlbefinden tragen Freundschaften mehr bei.

Auf der Grundlage unserer Analyse gehen wir davon aus, daß die Gruppe der Ein-Elternteil-Familien weiter anwachsen wird, obwohl ihre ökonomische Situation in vielen Fällen spürbar schlechter ist als die von „vollständigen“ Familien. Nimmt man die gestiegenen Ansprüche von Frauen an ein selbstbestimmtes Leben zum Ausgangspunkt und unterstellt, daß es keinen größeren ökonomischen Einbruch in den nächsten Jahren geben wird, kann man davon ausgehen, daß die Zahl alleinerziehender Mütter steigt. Die Veränderung der gesellschaftlichen Bewertung der Ein-Elternteil-Familien wird dazu beitragen, daß auch die Gruppe der alleinerziehenden Väter weiter wächst. Darüber hinaus scheinen uns Kinderbetreuungsformen zuzunehmen, bei denen sich die Eltern auch nach einer Trennung die Betreuung der Kinder fast gleichberechtigt teilen.

Wir haben versucht, die zentralen Ergebnisse unserer Untersuchung zusammenzufassen und mit Befunden anderer Studien in Beziehung zu setzen. So unterschiedlich die drei analysierten Lebensformen sein mögen, sind doch die grundlegenden Tendenzen vergleichbar. Bei allen neuen Lebens- und Beziehungsformen handelt es sich um unkonventionelle Lebenskonzepte, ohne der Institution Ehe vergleichbare normative Rollenvorgaben. Von daher scheint die Chance für die Einzelnen größer, neue Wege der Selbstverwirklichung und von der traditionellen Ehe abweichende Verhaltensweisen zu finden.

Bislang war es überwiegend Männern vorbehalten, ein eigenständiges Lebenskonzept mit Berufstätigkeit, Karriere und finanzieller Unabhängigkeit zu verwirklichen. Für Frauen gibt es erst seit den letzten Jahrzehnten verstärkt diese Möglichkeit der Lebensplanung. Für sie jedoch bedeutet der Weg in die Berufstätigkeit und finanzielle Unabhängigkeit, grundlegende Konflikte dieser Gesellschaft am eigenen Leib zu erfahren. Trotz zunehmender Erwerbstätigkeit sind sie nach wie vor allein zuständig für die Reproduktionsarbeiten in der Familie. Die Entscheidung für ein Kind ist für „moderne“ Frauen eine Entscheidung zur Doppel- oder Dreifachbelastung. Denn weder gibt es bislang ausreichende finanzielle Unterstützung, noch ausreichende Möglichkeiten der staatlich geförderten Kinderbetreuung. Keine grundsätzliche Lösung dieser Probleme, aber eine Milderung versprechen sich Frauen durch den Ausbruch aus dem normativen Gefüge der Ehe und der Entscheidung für Lebens- und Beziehungsmuster, die größere Handlungsspielräume als die Ehe bieten.

Für viele Frauen ist die Entscheidungsfreiheit zu heiraten, unverheiratet zusammenzuleben oder ein Kind allein großzuziehen, aufgrund eingeschränkter materieller Möglichkeiten, jedoch nur eine scheinbare Freiheit. Die verschiedenen Probleme, die aus der nach wie vor bestehenden weitgehenden Unvereinbarkeit von Beruf und Familie für Frauen resultieren, führen dazu, daß für viele der Traum vom eigenen Leben erst mal ausgeträumt ist, wenn ein Kind da ist. Dies gilt vor allem für Mütter mit mehreren Kindern, ältere Frauen oder für Frauen auf dem Lande. Nicht zufälligerweise finden sich in ökonomisch benachteiligten Regionen die stabilsten Ehen mit den meisten Kindern.

Dies ändert jedoch nichts an den prinzipiellen Veränderungen im Leben aller Frauen, die auch Auswirkungen auf das Leben von Männern haben. So scheint die Selbstverständlichkeit, daß Männer von der Arbeit im Haushalt freigestellt sind, ins Wanken geraten zu sein. Das konkrete Verhalten der Männer insgesamt hat sich zwar kaum geändert, doch gibt es positive Beispiele. Single-Männer haben gelernt, für sich allein zu sorgen und sind nicht von der Betreuung durch eine Partnerin abhängig; alleinerziehende Väter haben die Verantwortung für Versorgung und Erziehung von Kindern übernommen; die Bereitschaft von Männern in Nichtehelichen Lebensgemeinschaften, die Hausarbeit gleichberechtigt mit ihrer Partnerin zu teilen, ist größer als bei Ehemännern. Ob diese Verhaltensänderungen der Männer auf das „Reservat" der neuen Lebensformen beschränkt bleibt oder sich auch auf die traditionelle Ehe ausdehnen wird, bleibt abzuwarten.

Anmerkungen

Lebensformen im Wandel

1 vgl. Höpflinger 1987
2 vgl. z.B. Höhn und Otto 1985, S. 448f.
3 Die Abnahme der Familien- und Haushaltsgröße ist ebenfalls ein Indikator für verändertes familiales Verhalten. Vor 100 Jahren lebten im Durchschnitt über vier Personen (4,63 im Jahre 1871) in einem Haushalt, während es heute überwiegend nur noch zwei Personen (2,48 im Jahre 1980) sind.
4 Statistisches Jahrbuch 1979, S. 79
5 Höhn und Otto 1985, S. 453
6 ebenda
7 vgl. Roussel 1988 oder Hoffmann-Nowotny 1987
8 Familienalltag, Frauensichten – Männersichten. Ein Report des Deutschen Jugendinstituts, Reinbek 1989
9 Stich 1988, S. 44
10 Köcher 1985, S. 134
11 Köcher 1985, S. 135
12 Seidenspinner und Burger 1982, Tab.S. 16; Béjin 1988, S. 185ff.
13 Schmid-Tannwald und Urdze 1983, S. 172ff.
vgl. auch Jugendliche und Erwachsene '85 1985, Allerbeck und Hoag 1985 oder Immer diese Jugend 1985
14 vgl. Seidenspinner und Burger 1982
15 vgl. Pfeil 1968
16 Meyer und Schulze 1988 a, S. 341
17 Mackensen, Meyer und Schulze 1988 und 1989
18 Nichteheliche Lebensgemeinschaften 1985.
Die Untersuchung wurde vom Bundesministerium für Jugend, Familie und Gesundheit in Auftrag gegeben und von Emnid im Jahre 1983 durchgeführt.
19 Clausen 1985, S. 147
20 Das Sozio-ökonomische Panel ist eine repräsentative Längsschnittuntersuchung, die in jährlichem Abstand ca. 6000 Haushalts- wie auch Personeninformationen erhebt. Die Untersuchung wird vom Sonderforschungsbereich 3 ,Mikroanalytische Grundlagen der Gesellschaftspolitik' der Universität Frankfurt und Mannheim und dem Deutschen Institut für Wirtschaftsforschung in Berlin durchgeführt. Wir haben mit den Daten im Jahr 1987 eigene Berechnungen vorgenommen, um über mög-

lichst aktuelle Zahlen über Nichteheliche Lebensgemeinschaften und Alleinerziehende verfügen zu können. Vgl. Meyer und Schulze, MS 1989.

21 Nichteheliche Lebensgemeinschaften 1985, S. 12

22 Straver 1980, S. 18

23 Meyer und Schulze 1988 a, Khoo 1987, S. 279

24 Roussel 1978, S. 15; Pohl 1980, S. 88; Mackensen, Meyer und Schulze 1984, S. 63 und 64

25 Stich 1988, S. 158

26 Clayton und Voss 1977, S. 279; Roussel 1978, S. 18; Haslinger 1981, S. 28; Spanier 1983, S. 280

27 Stich 1988, S. 158

28 Meyer und Schulze 1988 a, S. 340

29 Pohl 1985, S. 92

30 Meyer und Schulze, MS 1989

31 Nichteheliche Lebensgemeinschaften 1985, S. 27; Clausen 1985, S. 162

32 Meyer und Schulze, MS 1989

33 Nichteheliche Lebensgemeinschaften 1985, S. 79. Nach den Panel-Daten von 1987 leben 17,3 Prozent der Paare ohne Trauschein mit Kindern unter 18 Jahren. Ob es eigene oder aus früheren Partnerschaften stammende Kinder sind, bleibt jedoch offen. Bei den 35–50jährigen leben 34,6 Prozent mit Kindern, bei den unter 35jährigen sind es 11,3 Prozent.

34 Clausen 1985, S. 163
1982 hatten – nach Mikrozensusdaten – nur knapp sieben Prozent der Nichtehelichen Lebensgemeinschaften gemeinsame Kinder.

35 vgl. Mackensen, Meyer und Schulze 1988

36 Meyer und Schulze 1988 c, S. 21

37 Für die Älteren, die zum Typus der unfreiwillig dauerhaft Alleinlebenden aufgrund von Verwitwung und Scheidung zu rechnen sind, kann man annehmen, daß keine Bildungsniveau-Unterschiede zu Verheirateten bestehen.

38 Pohl 1985, S. 92

39 Schreiber 1978, S. 242

40 Opaschowski 1981, S. 33

41 Neubauer 1988, S. 26; vgl. Krappmann 1988, S. 136, der in seiner Studie von einer weit höheren Anzahl von Alleinerziehenden ausgeht, als dies in der amtlichen Statistik ausgewiesen wird. Der Anteil der Alleinerziehenden beträgt 37 Prozent statt 23 Prozent in der amtlichen Berliner Statistik. In den Panel-Daten von 1987 sind es 8,8 Prozent Alleinerziehende mit Kindern unter 18 Jahren.

42 Neubauer 1988, S. 8 und BIB-Mitteilungen, 10, 1989, S. 10

43 Nach Angaben des U.S. Bureau of Census ist der Anteil der Kinder unter 18 Jahren, die nur mit einem Elternteil leben, von 11,8 Prozent im Jahre 1970 auf 21,9 Prozent im Jahre 1982 gestiegen. Der größte Teil der Kinder (über 90 Prozent) lebt wie in der Bundesrepublik Deutschland

bei alleinerziehenden Müttern (Arendell 1986). Doch hat sich die Zahl der alleinerziehenden Väter in den USA von 1970 bis 1985 verdreifacht (Greif 1985).

44 Neubauer 1988, S. 132 und 133

45 Neubauer 1988, S. 32

46 Alleinerziehende mit einem Kind erhalten rund 1108,– DM Sozialhilfe, Neubauer 1988, S. 44; vgl. auch Permien 1988, S. 91. Nach unseren Berechnungen der Panel-Daten von 1987 beträgt das Haushaltsnettoeinkommen der Alleinerziehenden (bis 50 Jahre) im Durchschnitt 1640,– DM. Die unter 35jährigen haben nur 1250,– DM zur Verfügung, die über 35–50jährigen 1890,– DM.

47 Neubauer 1988, S. 45

48 vgl. Wiswede und Kutsch 1978

49 vgl. Wiswede 1977

50 Scheuch und Sussmann 1970, S. 242

51 vgl. Beck-Gernsheim 1983 oder Beck 1986

52 vgl. Eisenstadt 1969

53 vgl. Tyrell 1976

54 Tyrell 1976, S. 397

55 Schuhmacher und Vollmer 1982

56 Spiegel 1983

57 Spiegel 1983, S. 84

58 Schenk 1987

59 vgl. auch Beck-Gernsheim 1983 und 1988

60 Schwarz 1983, S. 254

61 ebenda

62 Nave-Herz 1984, S. 22

63 vgl. Beck-Gernsheim 1988; Beck-Gernsheim 1983; Rerrich 1988; Kaufmann 1988

64 vgl. Müller 1983; Wilms 1983, Handl 1988

65 vgl. Wilms-Herget 1985; Handl 1988

66 Jäckel und Kirner 1987, S. 393 ff.

67 Rerrich 1988, S. 108 ff.

68 Rerrich 1988, S. 114 ff.; vgl. auch Häussler et al. 1983

69 Palamidis und Vorholt 1987, S. 190 ff.; vgl. auch Jeschek 1988 und 1989

70 Blossfeld 1985; Ostner 1984

71 Naumann 1980, S. 33; Hegelheimer 1979, S. 36 ff.

72 Allerbeck und Hoag 1985, S. 95 ff.; Findl 1985, S. 120ff.; vgl. Urdze und Rerrich 1981; Stach 1987, S. 17ff.

73 Seidenspinner und Burger 1982, S. 11

74 Bilden und Diezinger 1984, S. 199 f.

75 vgl. Ferree 1984; Pfrang 1987

76 Metz-Göckel und Müller 1985, S. 44

77 ebenda

78 Metz-Göckel und Müller 1985, S. 45

79 Pross 1978, S. 101 ff. und 165 ff.
80 Jugend '81 1982, S. 332 ff.; vgl. auch Jugendliche und Erwachsene '85 1985
81 vgl. Busch, Hess-Diebäcker und Stein-Hilbers 1988; Metz-Göckel und Müller 1987
82 Houseknecht, Vaughan und Statham 1987, S. 353
83 Houseknecht, Vaughan und Statham 1987, S. 359
84 vgl. Nichteheliche Lebensgemeinschaften 1985
85 Meyer und Schulze 1988 a, S. 342 und 343

Ziel und Durchführung der Befragung

1 Apelt et al. 1980, Pohl 1980 und 1985, Nichteheliche Lebensgemeinschaften 1985, Fries 1986, Wagensommer 1986, Spiegel 1986, Lengsfeld und Schwägler 1987, Meyer und Schulze 1983, 1988 a+b
2 Schreiber 1978, Pohl 1980 und 1985, Weber und Gaedemann 1980, Opaschewski 1981, Spiegel 1986
3 Gove 1972, Glick 1975, Kobrin 1976, Michael et al. 1980, Pampel 1983, Houseknecht et al. 1987
4 Buchhofer 1980, Napp-Peters 1985, Dieckmann et al. 1986, Neubauer 1988

Paare ohne Trauschein

1 Pross 1978, S. 68 ff.; Postler 1985, S. 24ff.; vgl. auch Metz-Göckel und Müller 1985
2 vgl. z. B. Hertz 1986
3 vgl. Smith und Reid 1986
4 Moore, Spain und Bianchi (1984) konnten diese positiven Aspekte durch Entlastung von der traditionellen Ernährerrolle auch bei verheirateten Männern feststellen
5 im Gegensatz zu anderen Studien wie z. B. Wingen 1984
6 vgl. Spiegel 1986
7 vgl. Smith und Reid 1986
8 vgl. Ryffel-Gericke 1983, Nave-Herz 1984, Metz-Göckel und Müller 1985, Pross 1975, Pross 1976, Pross 1978, Oakley 1978, Ostner 1978; Kössler 1984, Hilzenbecher 1984; Berger-Schmitt 1986
9 vgl. Bertram 1988 oder Burkhardt und Meulemann 1976
10 Rerrich 1988, S. 195; vgl. auch Bonorden 1989
11 Nave-Herz 1984, S. 128 ff.
12 Metz-Göckel und Müller 1985, S. 54ff., vgl. Beer 1983
13 Ryffel-Gericke 1983, S. 106–108 und S. 272; Nave-Herz 1984, S. 54–60; Findl, Laberda und Münz 1985, S. 140/141; vgl. Hoffmann-Nowotny u. a. 1984

14 vgl. dazu Busch, Hess-Diebäcker und Stein-Hilbers 1988
15 Busch, Hess-Diebäcker und Stein-Hilbers 1988, S. 131 ff; vgl. auch Familie und Arbeitswelt 1984
16 vgl. Strümpel u.a. 1987; Leube 1988; Hoff und Scholz 1985; vgl. Beer 1983

Alleinerziehende Mütter und Väter

1 Nave-Herz 1984, S. 64; vgl. auch Nave-Herz und Nauck 1978
2 vgl. Greif 1985; Brandwein 1977, Fthenakis 1985
3 Napp-Peters 1985, S. 102 ff.; vgl. auch Schöningh, Aslandis und Faubel 1988
4 vgl. Gutschmidt 1986, S. 82 ff.
5 Zur Ausgabenstruktur Alleinstehender: Neubauer 1988, S. 48 ff.
6 vgl. Napp-Peters 1985, S. 104 ff.
7 Zur Einkommenssituation Alleinstehender: Neubauer 1988, S. 33ff; Dieckmann et al. 1986, S. 56ff.; Napp-Peters 1985, S. 45 ff.
8 vgl. Schöningh, Aslandis und Faubel 1988

Schluß

1 Nichteheliche Lebensgemeinschaften 1985, S. 29
2 Khoo 1987, S. 186; Meyer und Schulze 1983, S. 747; Nichteheliche Lebensgemeinschaften 1985, S. 26; Clausen 1985, S. 143; Spanier 1983, S. 279
3 Nichteheliche Lebensgemeinschaften 1985, S. 35; Pohl 1985, S. 92; Clausen 1985, S. 159
4 Clausen 1985, S. 159; Nichteheliche Lebensgemeinschaften 1985, S. 27; Spanier 1983; Stich 1988; Roussel 1978, S. 15; Pohl 1980, S. 90; Mackensen, Meyer und Schulze 1984, S. 73
5 Stich 1988, S. 158
6 Nichteheliche Lebensgemeinschaften 1985, S. 35; Glick und Spanier 1980; Spanier 1983, S. 280; Clayton und Voss 1977, S. 279; Haslinger 1981, S. 28
7 Clausen 1985, S. 163; Altmeyer 1987, S. 15; Hoem und Rennermalm 1985, S. 53; Mackensen, Meyer und Schulze 1984, S. 65; Pohl 1985, S. 100
8 vgl. Raisch 1986; Metz-Göckel und Müller 1985; Schönauer 1983; Falbo und Peplau 1980; Held 1978; Smith und Reid 1986; Piotrkowski und Repetti 1984; Beer 1983; Bird, Bird und Scruggs 1984
9 Nichteheliche Lebensgemeinschaften 1985, S. 72
10 Nichteheliche Lebensgemeinschaften 1985, S. 62; vgl. auch Piotrkowski und Repetti 1984
11 Meyer und Schulze 1988 a, S. 351; 1988 b, S. 14

12 Meyer und Schulze 1988 a, S. 347; Steinmetz 1987, S. 37ff.
13 Stafford, Backman und Dibona 1977; Yllo 1978; Garza 1980 a; Stein 1984; Beer 1983; Lewis und Salt 1986; Ferree 1984
14 vgl. z.B. Fthenakis 1985; Rerrich 1988; Kössler 1984
15 Faust 1987, S. 5 und 6; Kabath-Taddei, Roehl und Witte 1986, S. 89; vgl. auch Cunningham, Braiker und Kelly 1982; Abernathy 1981
16 Meyer und Schulze 1988 c, S. 21
17 vgl. Schreiber 1978
18 vgl. z.B. Schreiber 1978 oder Spiegel 1986
19 Schwarz 1983, S. 254
20 Michael, Fuchs und Scott 1980, S. 39
21 vgl. Bernard 1972
22 vgl. Dammer 1971
23 Städtebauinstitut Nürnberg (Hg.) 1971, S. 136
24 vgl. Redick und Johnson 1974; Kobrin und Hendershot 1977
25 Neubauer 1988, S. 27 und BIB-Mitteilungen, 10, 1989, S. 10
26 vgl. Arendell 1986; Greif 1985 a und b
27 Neubauer 1988, S. 132
28 vgl. Neubauer 1988
29 vgl. Dieckmann et al. 1986; Buchhofer 1980; Neubauer 1988; Napp-Peters 1985; Gutschmidt 1986
30 vgl. Weiss 1984; Norton und Glick 1986
31 Dieckmann et al. 1986
32 Dieckmann et al. 1986, S. 85
33 Dieckmann et al. 1986, S. 86
34 Anthes 1974
35 Napp-Peters 1985, S. 123
36 vgl. Napp-Peters 1985; Behr und Häsing 1980, Bronnen 1978; Hoffmann 1976
37 vgl. Buchhofer 1980 oder Napp-Peters 1985
38 Dieckmann et al. 1986, S. 103
39 vgl. Jugend und Familie 1986; Tietjen 1985; Schöningh et al. 1988
40 Gladow und Ray 1986, S. 114

Literaturverzeichnis

Abernathy, Thomas, Adolescent Cohabitation: A Form of Courtship or Marriage?, in: Adolescence, 16, 1981, 64, S. 791–796

Allerbeck, Klaus, *Hoag,* Wendy, Jugend ohne Zukunft? Einstellungen, Umwelt, Lebensperspektiven, München 1985

Altmeyer, Sabine, Anlage und Durchführung der Untersuchung, in: *Lengsfeld,* Wolfgang, *Schwägler,* Georg (Hg.), Nichteheliche Lebensgemeinschaften – Ergebnisse eines empirischen Projekts, Materialien zur Bevölkerungswissenschaft, Heft 53, Wiesbaden 1987, o. S.

Anthes, Hans-Jochen, Lebenslagenanalyse lediger und geschiedener Mütter. Eine empirische Studie zur gesellschaftlichen Situation von unvollständigen Familien in der Bundesrepublik Deutschland, Köln, (Diss.) 1974

Arendell, Terry, Mothers and Divorce. Legal, Economic and Social Dilemmas, Berkeley, Los Angeles, London 1986.

Beck, Ulrich, Risikogesellschaft. Auf dem Weg in eine andere Moderne, Franfurt 1986

Beck-Gernsheim, Elisabeth, Die Kinderfrage. Frauen zwischen Kinderwunsch und Unabhängigkeit, München 1988

diess., Vom „Dasein für andere" zum Anspruch auf ein Stück „eigenes Leben". Individualisierungsprozesse im weiblichen Lebenszusammenhang, in: Soziale Welt, 34, 1983, 3, S. 307–340

diess., Von der Liebe zur Beziehung? Veränderungen im Verhältnis von Mann und Frau in der individualisierten Gesellschaft, in: *Berger,* Johannes (Hg.), Die Moderne – Kontinuität und Zäsuren, Soziale Welt, Sonderband 4, Göttingen 1986, S. 209–233

Beer, William R., Househusbands. Men and Housework in American Families, New York 1983

Behr, Sophie, *Häsing,* Helga, „Ich erziehe allein", Problemlösungen und Ermunterungen für die Erziehung ohne Partner, Reinbek 1980

Berger, Regine, Übereinstimmung und Unterschiede zwischen Ehepartnern, in: Glatzer, Wolfgang, *Zapf,* Wolfgang (Hg.), Lebensqualität in der Bundesrepublik Deutschland, Darmstadt 1984, S. 307–321

Berger-Schmitt, Regine, Innerfamiliale Arbeitsteilung und ihre Determinanten, in: *Glatzer,* Wolfgang, *Berger-Schmitt,* Regine (Hg.), Haushaltsproduktion und Netzwerkhilfe, Frankfurt 1986, S. 105–140

Bernard, Jessie, The Future of Marriage, New York 1972.

Bertram, Hans, *Borrmann-Müller*, Renate, Von der Hausfrau zur Berufsfrau? Der Einfluß struktureller Wandlungen des Frauenseins auf familiales Zusammenleben, in: *Gerhardt*, Uta, *Schütze*, Yvonne (Hg.), Familiensituation. Veränderungen in den letzten zwanzig Jahren, Frankfurt 1988, S. 251–272

Béjin, André, Ehe ohne Trauschein und Post-Adoleszenz: Anmerkungen zu einigen Mythen des „Nicht-Übergangs", in: *Lüscher*, Kurt, *Schultheis*, Franz, *Wehrspaun*, Michael (Hg.), Die „postmoderne" Familie. Familiale Strategien und Familienpolitik in einer Übergangszeit, Konstanzer Beiträge zur sozialwissenschaftlichen Forschung, Band 3, Konstanz 1988, S. 180–190

Bilden, Helga, *Diezinger*, Angelika, Individualisierte Jugendbiographie? Zur Diskrepanz von Anforderungen, Ansprüchen und Möglichkeiten, in: Zeitschrift für Pädagogik, 1984, 2, S. 191–207

Bird, Gloria, *Bird*, Gerald, *Scruggs*, Marguerite, Determinants of Family Task Showing: A Study of Husbands and Wives, in: Journal of Marriage and the Family, 46, 1984, S. 345–355

Blossfeld, Hans-Peter, Bildungsexpansion und Berufschancen, Frankfurt 1985

Bonorden, Heinz, Mann wird Vater. Anmerkungen, Berichte, Nachfragen, München 1989

Brandwein, Z. A., After Divorce: A Focus on Single Parent Families, in: The Urban and Social Change Review, 10, 1977, 1, S. 21–25

Bronnen, Barbara, Mütter ohne Männer. Gespräche und Informationen über eine neue Lebensform, Düsseldorf 1978.

Buchhofer, Bernd, Die soziale Lage der Ein-Elternteil-Familie. Eine Sekundäranalyse der Einkommens- und Verbrauchsstichprobe bei „unvollständigen" Familien und alleinlebenden Frauen, Weinheim 1980

Burkhardt, Wolfgang, *Meulemann*, Heiner, Die Rolle des Mannes und ihr Einfluß auf die Wahlmöglichkeiten der Frau, Schriftenreihe des Bundesministeriums für Jugend, Familie und Gesundheit, Bd. 41, Stuttgart 1976

Busch, Gabriele, *Hess-Diebäcker*, Doris, *Stein-Hilbers*, Marlene, Den Männern die Hälfte der Familie, den Frauen mehr Chancen im Beruf, Weinheim 1988

Clausen, Gisela, Sonderauswertung von Mikrozensusdaten, in: Nichteheliche Lebensgemeinschaften in der Bundesrepublik Deutschland, Schriftenreihe des Bundesministeriums für Jugend, Familie und Gesundheit, Bd. 170, Stuttgart 1985, S. 141–173

Clayton, Richard R., *Voss*, Harwin L., Shacking up: Cohabitation in the 1970's, in: Journal of Marriage and the Family, 39, 1977, 2, S. 273–283

Cunningham, John D., *Braiker*, Harriet, *Kelley*, Harold H., Marital-Status and Sex Differences in Problems Reported by Married and Cohabiting Couples, in: Psychology of Women Quarterly, 6, 1982, 4, S. 415–427

Dammer, Manfred, Zur Situation der alleinstehenden Frau unter Berücksichtigung der geschiedenen Frau, Düsseldorf (Diss.) 1971

Dieckmann, Johann, *Kruber,* Klaus-Peter, *Otto,* Harald, *Pallasch,* Waldemar, Analyse der Lebenssituation von Alleinerziehenden in Schleswig-Holstein. Gutachten im Auftrag der Parlamentarischen Staatssekretärin für Familie und Soziale Verbände im Sozialministerium des Landes Schleswig-Holstein, Kiel 1986

Eid, Volker, *Vaskovics,* Lazlo (Hg.), Wandel der Familie – Zukunft der Familie, Mainz 1982

Eisenstadt, Shmuel N., Sozialer Wandel, Differenzierung und Evolution, in: *Zapf,* Wolfgang (Hg.), Theorien sozialen Wandels, Köln, Berlin 1969, S. 75–91

Falbo, Toni, *Peplau,* Letitia A., Power Strategies in Intimate Relationships, in: Journal of Personality and Social Psychology, 38, 1980, 4, S. 618–628

Familie und Arbeitswelt. Schriftenreihe des Bundesministeriums für Jugend, Familie und Gesundheit, Band 143, Stuttgart 1984

Familienalltag. Frauensichten – Männersichten. Ein Report des Deutschen Jugendinstituts, Reinbek 1989

Faust, Annette, Gründe nichtehelicher Lebensgemeinschaften, (noch) nicht zu heiraten, in: *Lengsfeld,* Wolfgang, *Schwägler,* Georg (Hg.), Nichteheliche Lebensgemeinschaften. Ergebnisse eines empirischen Projekts, Materialien zur Bevölkerungswissenschaft, Heft 53, Wiesbaden 1987, o. S.

Ferree, Myra M., The View from Below: Women's Employment and Gender Equality in Working Class Families, in: Marriage and Family Review 7, 1984, S. 37–75

Findl, Inga, *Cabusda,* Angelika S., *Münz,* Rainer, Frauenalltag und familiäre Arbeitsteilung, in: *Münz,* Rainer (Hg.), Leben mit Kindern. Wunsch und Wirklichkeit, Schriften des Instituts für Demographie der Österreichischen Akademie der Wissenschaften, Band 7, Wien 1985, S. 129–159

Findl, Peter, Erwerbsarbeit, in: *Münz,* Rainer (Hg.), Leben mit Kindern. Wunsch und Wirklichkeit, Schriften des Instituts für Demographie der Österreichischen Akademie der Wissenschaften, Band 7, Wien 1985, S. 95–129

Fthenakis, Wassilios E., Väter – Zur Psychologie der Vater-Kind-Beziehung, München 1985

Garza, Joseph M., Living Together and the Double-Funnel-Theory of Courtship, in: The American Journal of Psychoanalysis, 40, 1980 a, 1, S. 67–70

ders., Sex Roles within Cohabitating Relationships, in: Americal Journal of Psychoanalysis, 40, 1980 b, 2, S. 159–163

Gerhardt, Uta, *Schütze,* Yvonne (Hg.), Frauensituation. Veränderungen in den letzten zwanzig Jahren, Frankfurt 1988

Gladow, Nancy W., *Ray,* Margaret, The Impact of Informal Support Systems on the Well-Being of Low Income Single Parents, in: Family Relations, 35, 1986, 1, S. 113–123

Glatzer, Wolfgang, *Berger-Schmitt,* Regine (Hg.), Haushaltsproduktion nach Netzwerkhilfe, Frankfurt 1986

Glatzer, Wolfgang, *Zapf,* Wolfgang (Hg.), Lebensqualität in der Bundesrepublik Deutschland, Darmstadt 1984

Glick, Paul C., *Spanier,* Graham B., Married and Unmarried Cohabitation in the United States, in: Journal of Marriage and the Family, 42, 1980, 1, S. 19–30

Greif, Geoffrey L., Children and Housework in the Single Father Family, in: Family Relations, 34, 1985a, 3, S. 353–357

ders., L., Single Fathers Raising Children, in: Journal of Marriage and the Family, 47, 1985b, 1, S. 185–191

Gutschmidt, Gunhild, Kind und Beruf. Alltag alleinerziehender Mütter, Weinheim, München 1986

Handl, Johann, Berufschancen und Heiratsmuster von Frauen. Empirische Untersuchungen zu Prozessen sozialer Mobilität, Frankfurt/New York 1988

Haslinger, Alois, Ehe ohne Trauschein, in: Demographische Informationen, Wien 1981, 2, S. 13–35

Häussler, Monika, *Helferich,* Cornelia, *Walterspiel,* Gabriela, *Wetterer,* Angelika, Bauchlandungen. Abtreibung – Sexualität – Kinderwunsch, München 1983

Hegelheimer, Barbara, Chancengleichheit in der Berufsbildung. Bildungs- und arbeitsmarktpolitische Maßnahmen zur beruflichen Förderung von Frauen in der BRD. Projektbericht Cedefop, Berlin 1979

Held, Thomas, Soziologie der ehelichen Machtverhältnisse, Darmstadt 1978

Hertz, Rosanna, More Equal than Others. Women and Men in Dual-Career-Marriages, Berkley 1986

Hilzenbecher, Manfred, Frauenerwerbstätigkeit, Familienzyklus und Zeitallokation: Zeitbudgetanalyse als Voraussetzung für eine empfänger- und phasengeregelte Ausgestaltung familienpolitischer Maßnahmen, Spandorf 1984

Hoem, Jan M., *Rennermalm,* Bo, Cohabitation, Marriage and First Births Among Never-Married Swedish Women in Cohorts Born 1936–1960, Stockholm Research Reports, Nr. 8, Stockholm 1982

dies., Modern Family Initiation in Sweden: Experience of Women born Between 1936 and 1960, in: European Journal of Population, 1, 1985, S. 81–112

Hoff, Andreas, *Scholz,* Joachim, Späte Väter, arrivierte Umsteiger und andere Männer an der Peripherie der Arbeitsgesellschaft, in: *Schmid,* Thomas (Hg.), Das Ende der starren Zeit. Vorschläge zur flexiblen Arbeitszeit, Berlin 1985, S. 72–94

Hoffmann, Freia, Ledige Mütter. Analysen, juristische Informationen, Sozialarbeit, Selbstorganisation, Frankfurt 1976
Hoffmann-Nowotny, Hans-Joachim, *Höpflinger,* François, *Kühne,* Franz, *Ryffel-Gericke,* Christiane, *Erni-Schneuwly,* Denise, Planspiel Familie. Familie, Kinderwunsch und Familienplanung in der Schweiz, Diessenhofen 1984
Hoffmann-Nowotny, Hans-Joachim, The Future of the Family, in: Plenaries of the European Population Conference edited by IUSPP/EAPS/FINNCO, Helsinki 1987
Houseknecht, Sharon K., *Vaughan,* Suzanne, *Statham,* Anne, The Impact of Singlehood on the Career Patterns of Professional Women, in: Journal of Marriage and the Family, 49, 1987, 2, S. 353–366
Höhn, Charlotte, Erwerbstätigkeit und Rollenwandel der Frau, in: Zeitschrift für Bevölkerungswissenschaft, 8, 1982, S. 297–317
Höhn, Charlotte, *Otto,* Johannes, Bericht über die demographische Lage in der Bundesrepublik Deutschland und über die Weltbevölkerungstrends, in: Zeitschrift für Bevölkerungswissenschaft, 11, 1985, 4, S. 445–518
Höpflinger, François, Die Wahrnehmung familialen Verhaltens im Paarvergleich. Ergebnisse einer Schweizer Ehepaarbefragung, in: Zeitschrift für Soziologie, 15, 1986, 1, S. 68–74
ders., Wandel der Familienbildung in Westeuropa, Frankfurt, New York 1987

Immer diese Jugend! Ein zeitgeschichtliches Mosaik. 1945 bis heute. Deutsches Jugendinstitut, München 1985

Jäkel, Stefan, *Kirner,* Ellen, Immer mehr Frauen im Beruf, in: Wochenbericht des Deutschen Instituts für Wirtschaft, 54, 1987, 29, S. 393–402
Jeschek, Wolfgang, Bildungsbeteiligung stieg weiter. Tendenz zur Stabilisierung auf hohem Niveau? in: Wochenbericht des Deutschen Instituts für Wirtschaft, 55, 1988, 45, S. 609–614
ders., Schulische Bildung und berufliche Qualifikation von Frauen und Männern, in: Wochenbericht des Deutschen Instituts für Wirtschaft, 56, 1989, 9–10, S. 106–112
Jugend '81. Lebensentwürfe, Alltagskulturen, Zukunftsbilder. Studie im Auftrag des Jugendwerks der Deutschen Shell, 3 Bände, Hamburg 1982
Jugend und Familie. Jugendhilfeplan der Stadt Köln, Teil 9. Zur Situation Alleinerziehender und ihrer Kinder. Ergebnisse einer Untersuchung aus dem Jahre 1985, Veröffentlichung des Jugendamtes der Stadt Köln, Köln 1986
Jugendhilfeplan Hamm. Querschnittsstudie zur Lebenssituation von Einelternfamilien in der Stadt Hamm – Problemanalyse, Hilfebestand und Hilfebedarf (Zwischenbericht), Hamm 1987
Jugendliche und Erwachsene '85. Generationen im Vergleich, Studie im Auftrag des Jugendwerks der Deutschen Shell, Opladen 1985

Kabath-Taddei, Christina, *Roehl*, Johann, *Witte*, Erich H., Unterschiede zwischen verheirateten und unverheirateten Paaren, in: Gruppendynamik, 17, 1986, 1, S. 83–94

Kaufmann, Franz-Xaver, Familie und Modernität, in: *Lüscher*, Kurt, *Schultheis*, Franz, *Wehrspaun*, Michael (Hg.), Die „postmoderne" Familie. Familiale Strategien und Familienpolitik in einer Übergangszeit, Konstanzer Beiträge zur sozialwissenschaftlichen Forschung, Band 3, Konstanz 1988, S. 391–415

Khoo, Siew-Ean, Living Together as Married: A Profile of De Facto Couples in Australia, in: Journal of Marriage and the Family, 49, 1987, 1, S. 185–191

Kobrin, Francis, *Hendershot*, Gerry, Do Family Ties Reduce Mortality? Evidences From the United States 1966–1968, in: Journal of Marriage and the Family, 39, 1977, 4, S. 737–746

Kössler, Richard, Arbeitszeitbudgets ausgewählter privater Haushalte in Baden-Württemberg. Ergebnisse einer Zusatzerhebung zur Einkommens- und Verbrauchsstichprobe 1983, Materialien und Berichte der familienwissenschaftlichen Forschungsstelle, Stuttgart 1984

Krappmann, Lothar, Über die Verschiedenheit der Familien alleinerziehender Eltern –, Ansätze zu einer Typologie, in: *Lüscher*, Kurt, *Schultheis*, Franz, *Wehrspaun*, Michael (Hg.), Die „postmoderne" Familie. Familiale Strategien und Familienpolitik in einer Übergangszeit, Konstanzer Beiträge zur sozialwissenschaftlichen Forschung, Band 3, Konstanz 1988, S. 131–142

Landers, Robert K., New Deal for the Family. Editional Research Reports, Vol. 2, July 1986

Lengsfeld, Wolfgang, *Schwägler*, Georg (Hg.), Nichteheliche Lebensgemeinschaften. Ergebnisse eines empirischen Projekts, Materialien zur Bevölkerungswissenschaft, Heft 53, Wiesbaden 1987

Leube, Konrad, Neue Männer, neue Väter – neue Mythen, in: Deutsches Jugendinstitut (Hg.), Wie geht's der Familie? Ein Handbuch zur Situation der Familie heute, München 1988, S. 145–154

Lewis, Robert A., Salt, Robert E. (Hg.), Men in Families, London 1986

Lewis, Robert A., What Men Get Out of Marriage and Partnerhood, in: *Lewis*, Robert A., *Salt*, Robert E. (Hg.), Men in Families, London 1986, S. 11–25

Limbach, Jutta, *Schwenzer*, Ingeborg (Hg.), Familie ohne Ehe, Schriften des Deutschen Juristinnenbundes, Bd. 3, Frankfurt/München 1988

Lüscher, Kurt, *Schultheis*, Franz, *Wehrspann*, Michael (Hg.), Die „postmoderne" Familie. Familiale Strategien und Familienpolitik in einer Übergangszeit, Konstanzer Beiträge zur sozialwissenschaftlichen Forschung, Band 3, Konstanz 1988

Mackensen, Rainer, *Meyer*, Sibylle, *Schulze*, Eva, Neue Typen der privaten

Haushalte in Berlin. Entstehungsbedingungen, Lebenssituation, Wohn- und Standortverhältnisse. Forschungsbericht, Berlin 1988

diess., Zur Analyse des generativen Verhaltens am Beispiel junger Frauen 1978: Entwicklung und Ergebnisse der Sekundäranalyse einer Erhebung bei verheirateten, unverheiratet mit dem Partner zusammenlebenden und alleinlebenden Frauen in vier Kreisen der Bundesrepublik Deutschland, Materialien zur Bevölkerungswissenschaft, Heft 37, Wiesbaden 1984

Macklin, Eleanor D., *Rabin*, Roger H. (Hg.), Contemporary Families and Alternative Lifestyles. Handbook on Research and Theory, Beverly Hills, London 1983

McKenry, Patrick C., *Price*, Sharon J., *Gordon*, Philip B. u.a., Characteristics of Husbands Family Work and Wives Labor Force Involvement, in: *Lewis*, Robert A., *Salt*, Robert E. (Hg.), Men in Families, London 1986, S. 73–83

Metz-Göckel, Sigrid, *Müller*, Ursula, Ändern sich die Männer wirklich? in: *Dunde, Rudolf (Hg.)*, Geschlechterneid – Geschlechterfreundschaft, Frankfurt 1987, S. 153–173

diess., Der Mann. Eine repräsentative Untersuchung über die Lebenssituation und das Frauenbild 20- bis 50-jähriger Männer, Studie im Auftrag der Zeitschrift Brigitte. Bericht und Tabellen, Hamburg 1985

diess., Partner oder Gegner? Überlebensweisen der Ideologien vom männlichen Familienernährer, in: Soziale Welt, 37, 1987, 1, S. 4–28

Meyer, Sibylle, *Schulze*, Eva, Nichteheliche Lebensgemeinschaften – Alternativen zur Ehe? Eine internationale Datenübersicht, in: Kölner Zeitschrift für Soziologie und Sozialpsychologie, 35, 1983, 4, S. 735–754

diess., Nichteheliche Lebensgemeinschaften – Eine Möglichkeit zur Veränderung des Geschlechterverhältnisses?, in: Kölner Zeitschrift für Soziologie und Sozialpsychologie, 40, 1988a, 2, S. 337–356

diess., Absage an die Ehe – Frauen suchen neue Beziehungsformen. Empirische Ergebnisse über die Heiratsneigung Nichtehelicher Lebensgemeinschaften, in: *Limbach*, Jutta, *Schwenzer*, Ingeborg (Hg.), Familie ohne Ehe, Schriften des Deutschen Juristinnenbundes, Bd. 3, Frankfurt, München 1988 b, S. 11–19

diess., Lebens- und Wohnformen Alleinstehender. Literaturstudie und Bibliographie, Materialien zur Bevölkerungswissenschaft, Heft 59, Wiesbaden 1988c

Michael, R. T., *Fuchs*, Victor R., *Scott*, Shara R., Changes in the Propensity to Live Alone: 1950–1976, in: Demography, 17, 1980, 1, S. 39–56

Moore, Kristin, *Spain*, Daphne, *Bianchi*, Suzanne, Working Wives and Mothers, in: Marriage and Family Review 7, 1984, S. 77–98

Müller, Walter, Frauenerwerbstätigkeit im Lebenslauf, in: *Müller*, Walter, *Wilms*, Angelika, *Handl*, Johann, Strukturwandel der Frauenarbeit 1880–1980, Frankfurt 1983, S. 55–107

Müller, Walter, *Wilms*, Angelika, *Handl*, Johann, Strukturwandel der Frauenarbeit 1880–1980, Frankfurt 1983

Napp-Peters, Anneke, Ein-Elternteil-Familien. Soziale Randgruppen oder neues familiäres Selbstverständnis?, Weinheim, München 1985

Naumann, Jens, Entwicklungstendenzen des Bildungsniveaus in der BRD im Rahmen wissenschaftlicher und demographischer Veränderungen, in: Max-Planck-Institut für Bildungsforschung, Projektgruppe Bildungsbericht (Hg.), Bildung in der BRD. Daten und Analysen, Band 1, Reinbeck 1980, S. 21–102

Nave-Herz, Rosemarie (Hg.), Wandel und Kontinuität der Familie in der Bundesrepublik Deutschland, Stuttgart 1988

diess., Die Bedeutung des Vaters für den Sozialisationsprozeß seiner Kinder. Eine Literaturexpertise, in: *Postler,* Jürgen, *Schreiber,* Robert (Hg.), Traditionalismus, Verunsicherung, Veränderungen. Männerrolle im Wandel, Hannover 1985, S. 45–76

diess., Familiäre Veränderungen seit 1950 – Eine empirische Studie, Projektabschlußbericht Teil I, Oldenburg 1984

Nave-Herz, Rosemarie, *Nauck,* Bernhard, Familie und Freizeit, München 1978

Neubauer, Erika, Alleinerziehende Mütter und Väter – Eine Analyse der Gesamtsituation, Schriftenreihe des Bundesministeriums für Jugend, Familie, Frauen und Gesundheit, Band 219, Stuttgart 1988

Nichteheliche Lebensgemeinschaften in der Bundesrepublik Deutschland, Schriftenreihe des Bundesministers für Jugend, Familie, Gesundheit, Band 170, Stuttgart 1985

Norton, Arthur J., *Glick,* Paul C., One Parent Families: A Social and Economic Profile, in: Family Relations, 35, 1986, 1, S. 9–17

Oakley, Ann, Soziologie der Hausarbeit, Frankfurt 1978

Opaschowski, Horst W., Allein in der Freizeit, Schriftenreihe zur Freizeitforschung des BAT Freizeit-Forschungsinstituts, Band 2, Hamburg 1981

Ostner, Ilona, Arbeitsmarktsegmentation und Bildungschancen von Frauen, in: Zeitschrift für Pädagogik, 30, 1984, 4, S. 471–486

diess., Beruf und Hausarbeit: Die Arbeit der Frau in unserer Gesellschaft, Frankfurt/New York 1978

Palamidis, Helene, *Vorholt,* Hubert, Bildung, in: *Krupp,* Hans-Jürgen, *Schupp,* Jürgen (Hg.), Lebenslagen im Wandel: Daten 1987, Frankfurt, New York 1987, S. 186–202

Permien, Hanna, Zwischen Existenznöten und Emanzipation – Alleinstehende Eltern, in: Deutsches Jugendinstitut (Hg.), Wie geht's der Familie? Ein Handbuch zur Situation der Familie heute, München 1988, S. 89–97

Pfeil, Elisabeth, Die 23jährigen: Eine Generationsuntersuchung am Geburtsjahrgang 1941, Tübingen 1968

Pfrang, Horst, Der Mann in Ehe und Familie, in: *Schulze,* Hans-Joachim, *Mayer,* Tilman (Hg.), Familie. Zerfall oder neues Selbstverständnis?, Würzburg 1987, S. 67–106

Piotrkowski, Chaya, *Repetti*, Lena L., Dual-Earner-Families, in: Marriage and Family Review 7, 1984, S. 99–123

Pohl, Katharina, Results of an Enquiry With 18–28 Year Old Women Conducted in 1978 by Order of the Federal Institute for Population Research, in: Materialien zur Bevölkerungswissenschaft, Heft 15, Wiesbaden 1980, S. 87–100

diess., Wende oder Einstellungswandel? Heiratsabsichten und Kinderwunsch 18- bis 28-jähriger deutscher Frauen 1978 und 1983, in: Zeitschrift für Bevölkerungswissenschaft, 11, 1985, 1, S. 87–110

Postler, Jürgen, Grundlagen, Erscheinungsformen und Wandlungstendenzen der männlichen Rolle, in: *Postler*, Jürgen, *Schreiber*, Robert (Hg.), Traditionalismus, Verunsicherung, Veränderungen. Männerrolle im Wandel, Hannover 1985, S. 11–45

Pross, Helge, Die Männer: Eine repräsentative Untersuchung von Männern und ihre Bilder von der Frau, Reinbeck 1978

diess., Die Veränderungen im Zeitbudget von Hausfrauen und berufstätigen Frauen, in: *Schweitzer*, Rosemarie von, *Pross*, Helge (Hg.), Die Familienhaushalte im wirtschaftlichen und sozialen Wandel, Göttingen 1976, S. 384–441

diess., Die Wirklichkeit der Hausfrau. Die erste repräsentative Untersuchung über nichterwerbstätige Ehefrauen, Reinbeck 1975

Raisch, Michael, Veränderungen des Rollenverhaltens des Mannes. Eine Studie bevölkerungswissenschaftlicher Literatur, Materialien zur Bevölkerungswissenschaft, Heft 50, Wiesbaden 1986

ders., Veränderungen des Rollenverhaltens des Mannes. Eine Studie bevölkerungswissenschaftlich relevanter Literatur, Materialien zur Bevölkerungswissenschaft, Heft 50, Wiesbaden 1986

Redick, Richard W., *Johnson*, Clifford, Marital Status, Living Arrangements and Family Characteristics of Admissions to State and County Mental Hospitals and Outpatient Psychiatric Clinics, United States 1970, National Institute of Mental Health, New York 1974

Rerrich, Maria S., Balanceakt Familie. Zwischen alten Leitbildern und neuen Lebensformen, Freiburg 1988

Roussel, Louis, Die soziologische Bedeutung der demographischen Erschütterung in den Industrieländern der letzten zwanzig Jahre, in: *Lüscher*, Kurt, *Schultheis*, Franz, *Wehrspaun*, Michael (Hg.), Die „postmoderne“ Familie. Familiale Strategien und Familienpolitik in einer Übergangszeit, Konstanzer Beiträge zur sozialwissenschaftlichen Forschung, Band 3, Konstanz 1988, S. 39–54

ders., La Cohabitation Juvénile en France, in: Population, 33, 1978, 1, S. 15–40.

Ryffel-Gericke, Christiane, Männer in Familie und Beruf. Eine empirische Untersuchung zur Situation Schweizer Ehemänner, Diessenhofen 1983

Scheller, Gitta, Erklärungsversuche des Wandels im Heirats- und Familiengründungsalter seit 1950, in: Zeitschrift für Bevölkerungswissenschaft, 11, 1985, 4, S. 549–576

Schenk, Herrad, Freie Liebe – Wilde Ehe. Über die allmähliche Auflösung der Ehe durch die Liebe, München 1987

Scheuch, Erwin K., *Sussmann,* Marvin B., Gesellschaftliche Modernität und Modernität der Familie, in: *Lüschen,* Günter, *Lupri,* Eugen (Hg.), Soziologie der Familie, Kölner Zeitschrift für Soziologie und Sozialpsychologie, Sonderheft 14, Opladen 1970, S. 239–253

Schmid-Tannwald, J., *Urdze,* A., Sexualität und Kontrazeption aus der Sicht der Jugendlichen und ihrer Eltern, Schriftenreihe des BMJFG, Band 132, Stuttgart 1983

Schönauer, Rüdiger, Eheliche Qualität und Stabilität. Ergebnisse und Hypothesen aus der anglo-amerikanischen Literatur, Materialien zur Bevölkerungswissenschaft, Heft 34, Wiesbaden 1983

Schöningh, Insa, *Aslanidis,* Monika, *Faubel,* Silke, Identitätsveränderung und soziale Beziehungen alleinerziehender Mütter, Forschungsbericht, Berlin 1988

Schreiber, Hermann, Singles. Allein Leben – Besser als zu zweit?, München 1978

Schuhmacher, Jürgen, *Vollmer,* Randolph, Differenzierungs- und Entdifferenzierungsprozesse im Familiensystem, in: *Hondrich,* Karl Otto (Hg.), Soziale Differenzierung. Langzeitanalysen zum Wandel von Politik, Arbeit und Familie, Frankfurt, New York 1982, S. 210–352

Schulze, Hans-Joachim, *Mayer,* Tilman (Hg.), Familie. Zerfall oder neues Selbstverständnis?, Würzburg 1987

Schwarz, Karl, Die Alleinlebenden, in: Zeitschrift für Bevölkerungswissenschaft, 9, 1983, 2, S. 241–257

Seidenspinner, Gerlinde, *Burger,* Angelika, Mädchen '82. Eine repräsentative Untersuchung über die Lebenssituation und das Lebensgefühl 15- bis 19-jähriger Mädchen in der Bundesrepublik Deutschland, München 1982

Siebel, Wigand, Herrschaft und Liebe – Zur Soziologie der Familie, Berlin 1984

Skolnick, Arlene S., *Skolnick,* Jerome H. (Hg.), Family in Transition, Boston, Toronto 1986

Smith, Andrey D., *Reid,* William R., Role-Sharing Marriage, New York 1986

Spanier, Graham B., Married and Unmarried Cohabitation in the United States: 1980, in: Journal of Marriage and the Family, 45, 1983, 2, S. 277–287

Spiegel, Erika, Neue Haushaltstypen – Alternativen zu Ehe und Familie? in: *Baethge,* Martin, *Essbach,* Wolfgang (Hg.), Soziologie: Entdeckungen im Alltäglichen. Festschrift zum 65. Geburtstag von Hans Paul Bahrdt, Frankfurt/Main, New York 1983, S. 65–86

diess., Neue Haushaltstypen. Entstehungsbedingungen, Lebenssituation, Wohn- und Standortverhältnisse, Frankfurt/Main, New York 1986
Stach, Hannelore, Gleichstellung im Erwerbsleben? Situation der Frauen zwischen Forderungen und Realität, Beiträge zur Sozialökonomik der Arbeit, Band 13, München 1987
Stafford, Rebecca, *Backman*, Elaine, *Dibona*, Pamela, The Division of Labor Among Cohabiting and Married Couples, in: Journal of Marriage and the Family, 39, 1977, 1, S. 43–57
Statistische Jahrbücher, Stuttgart, Mainz 1979 bis 1988
Statistisches Bundesamt (Hg.), Frauen in der Familie, Beruf und Gesellschaft, Wiesbaden, Mainz 1983
Städtebauinstitut Nürnberg (Hg.), Wohnen Alleinstehender, Stuttgart 1972
Stein, Peter J., Men in Families, in: Marriage and Family Review 7, 1984, S. 143–162
Steinmetz, Marlies, Vergleich der Arbeitsverteilung im Haushalt bei Ehepaaren und in nichtehelichen Lebensgemeinschaften, in: *Lengsfeld*, Wolfgang, *Schwägler*, Georg (Hg.), Nichteheliche Lebensgemeinschaften. Ergebnisse eines empirischen Projekts. Materialien zur Bevölkerungswissenschaft, Heft 53, Wiesbaden 1987, o. S.
Stich, Jutta, „Spätere Heirat nicht ausgeschlossen" – Vom Leben ohne Trauschein, in: Deutsches Jugendinstitut (Hg.), Wie geht's der Familie? Ein Handbuch zur Situation der Familie heute, München 1988, S. 155–162
Straver, Cees J., Die nichteheliche Lebensgemeinschaft, Bericht über eine qualitative Untersuchung in den Niederlanden, in: Loccumer Protokolle, 3, Loccum 1980, S. 18–43
Strümpel, Burkhard, u. a., Motive und Konsequenzen einer eingeschränkten Erwerbsarbeit von Männern, MS, Berlin 1987

Tietjen, Anne M., The Social Networks and Social Support of Married and Single Mothers in Sweden, in: Journal of Marriage and the Family, 47, 1985, 2, S. 489–496
Tyrell, Hartmann, Probleme einer Theorie der gesellschaftlichen Ausdifferenzierung der privatisierten modernen Kernfamilie, in: Zeitschrift für Soziologie, 5, 1976, 4, S. 393–417

U. S. Department of Labor, Bureau of Labor Statistics, Perspectives on Working Women: A Databook, Washington DC 1980
U. S. Bureau of the Census, Households, Families, Marital Status, and Living Arrangements: March 1983, in: Current Population Reports, Populations Characteristics, Series P-20, No. 382, 1983
Urdze, Andrejs, *Rerrich*, Maria S., Frauenalltag und Kinderwunsch. Motive von Müttern für oder gegen ein zweites Kind, Frankfurt/New York 1981
diess., Frauenbiographie und Kinderwunsch. Zur Dynamik generativer Entscheidungen, in: Materialien des Bundesinstituts für Bevölkerungsforschung, Heft 16, 1979, S. 171–185

Wehrspaun, Michael, Alternative Lebensformen und postmoderne Identitätskonstitution, in: *Lüscher,* Kurt, *Schultheis,* Franz, *Wehrspaun,* Michael (Hg.), Die „postmoderne" Familie. Familiale Strategien und Familienpolitik in einer Übergangszeit, Konstanzer Beiträge zur sozialwissenschaftlichen Forschung, Band 3, Konstanz 1988, S. 157–168

Weiss, Robert S., The Impact of Marital Dissolution on Income and Consumption in Single-Parent Households, in: Journal of Marriage and the Family, 46, 1984, 1, S. 115–127

Wilms, Angelika, Grundzüge der Entwicklung der Frauenarbeit von 1880 bis 1980, in: *Müller,* Walter, *Wilms,* Angelika, *Handl,* Johann, Strukturwandel der Frauenarbeit 1880–1980, Frankfurt/New York 1983, S. 25–55

Wilms-Herget, Angelika, Frauenarbeit. Zur Integration der Frauen in den Arbeitsmarkt, Frankfurt/New York 1985

Wingen, Max, Nichteheliche Lebensgemeinschaften, Formen – Motive – Folgen, Zürich 1984

Wiswede, Günter, *Kutsch,* Thomas, Sozialer Wandel. Zur Erklärungskraft neuerer Entwicklungs- und Modernisierungstheorien, Darmstadt 1978

Wiswede, Günter, Rollentheorie, Stuttgart 1977

Yllo, Kersti A., Nonmarital Cohabitation: Beyond the College Campus, in: Alternative Lifestyles, 1, 1978, 1, S. 37–54

Anhang

Auswahl der Befragten

Bei einer qualitativen Erhebung hängt die Validität der Ergebnisse entscheidend von der Auswahl der Interviewpartner ab. Bei der Zusammensetzung der Untersuchungspopulation orientierten wir uns an Ergebnissen der Mikrozensusauswertung und an Erkenntnissen vorliegender Studien zu Paaren ohne Trauschein, Singles und Alleinerziehenden. Der Vergleich der Mikrozensusdaten mit allgemein statistischen Erkenntnissen und den bisherigen empirischen Befunden sollte eine adäquate Auswahl der Interviewpartner ermöglichen.

Um potentielle Gesprächspartner zu finden, wählten wir drei Verfahren:

1. In einigen Zeitungen wurden kurze Artikel über unsere geplante Studie veröffentlicht. Durch die Auswahl verschiedener Zeitungen versuchten wir, unterschiedliche Leserkreise anzusprechen, um Personen unterschiedlichen Alters und Schichtzugehörigkeit zur Mitarbeit zu gewinnen.
2. In einigen lokalen Rundfunksendungen baten wir mit kurzen Aufrufen um Mitarbeit an unserem Projekt. Auch hier wählten wir Sendungen mit verschiedenen Hörerkreisen.
3. Als dritte Möglichkeit Interviewpartner zu finden, wendeten wir das Schneeballverfahren an. Wir fragten alle, die sich für ein Interview bei uns meldeten, ob sie noch andere Personen kennen würden, die in einer solchen Lebensform leben und sich interviewen ließen.

Diese drei Verfahren waren zwar aufwendig, garantierten aber eine breite Streuung hinsichtlich des Alters, des Bildungsniveaus, des Einkommens etc. Durch die Wahl dieser unterschiedlichen Kontaktaufnahme mit potentiellen Interviewpartnern konnten wir auch eine einseitige Verzerrung vermeiden. Beides ist für die Zusammenstellung der Untersuchungspopulation einer qualitativen Studie notwendig. Insgesamt meldeten sich über 200 Personen, mit denen wir telefonische Kurzinterviews führten, um danach unsere Auswahl für die qualitativen Interviews zu treffen.

Für die vorliegende Untersuchung führten wir in den Jahren 1987/88 qualitative Interviews mit 70 Personen in Berlin durch. Davon sind 20 Paare ohne Trauschein, wobei wir mit beiden Partnern, also insgesamt 40 Personen, sprachen. 15 Interviews führten wir mit Singles und weitere 15 mit Alleinerziehenden.

In folgender Populationsbeschreibung soll die Verteilung der Befragten nach Lebensform und soziographischen Merkmalen dargestellt werden. Dabei geht es uns darum, die Kriterien der Sampleauswahl genauer zu diskutieren und diese auf die Fragestellung unserer Untersuchung zu beziehen. Zuerst werden Alter, Geschlecht und Familienstand analysiert und dann die Anzahl und das Alter der Kinder beschrieben. Danach folgen Daten über Bildungsabschluß, Erwerbstätigkeit, sowie Nettoeinkommen. Angaben über die Bestandsdauer der jeweiligen Lebensform bilden den Abschluß der Populationsbeschreibung.

Alter

Tabelle 1: Befragte nach Lebensform und Alter

	Paare ohne Trauschein	Singles	Allein-erziehende
bis 25 Jahre	3	–	–
26 bis 35 Jahre	16	7	6
36 bis 45 Jahre	14	8	8
über 46 Jahre	7	–	1
Insgesamt	40	15	15

Die von uns befragten *Paare ohne Trauschein* sind überwiegend 26 bis 35 Jahre alt, gefolgt von der Gruppe der 36- bis 45-jährigen. Zusammen betrachtet befinden sich drei Viertel der Nichtehelichen Lebensgemeinschaften in diesen beiden Altersgruppen. In der Gruppe der über 46-jährigen befinden sich sieben und in der jüngsten Gruppe drei weitere Befragte.

Diese Altersverteilung entspricht zwar nicht den repräsentativen Daten über die Altersverteilung von Nichtehelichen Lebensgemeinschaften, denn sowohl die Emnid-Studie als auch die Mikrozensusdaten (Bundesrepublik Deutschland) zeigen, daß Nichteheliche Lebensgemeinschaften vorwiegend bei Jüngeren zu finden sind und lediglich 28 Prozent der Befragten 26 bis 35 Jahre und 15 Prozent über 36 Jahre alt sind (Nichteheliche Lebensge-meinschaften 1985, S. 26). Jedoch konnten wir anhand der von uns durchgeführten Sekundäranalyse der Emnid-Daten herausfinden, daß die Nichtehelichen Lebensgemeinschaften in Großstädten, wie z.B. Berlin, älter sind. Immerhin befinden sich dort 39 Prozent der Befragten in der Gruppe der 26- bis 35-jährigen und 27 Prozent in der Gruppe der über 36-jährigen. Auf Grundlage dieser repräsentativen Ergebnisse entschieden wir uns, für unsere Befragung entsprechend ältere Personen aufzunehmen.

Die von uns befragten *Singles* verteilen sich auf die beiden mittleren Altersgruppen der 26- bis 35- und 36- bis 45-jährigen. Da das Statistische Bundesamt eine überproportionale Zunahme von Einpersonenhaushalten in der Altersgruppe der 25- bis 45-jährigen von 11,9 Prozent im Jahre 1969 auf 24,4 Prozent im Jahre 1985 konstatierte, schien es uns für unsere Untersuchung notwendig, entsprechende Altersgruppen auszusuchen. Die Altergruppe der 26- bis 45-jährigen ist auch deshalb besonders relevant, da Personen diesen Alters normalerweise verheiratet sind, und wir davon ausgehen, daß es gerade die zunehmende Ablehnung der Heirat ist, der den „Single-Typ“ prägt.

Bei den *Alleinerziehenden* verteilt sich die Zahl der Befragten ebenfalls auf die beiden mittleren Altersgruppen, was den Erkenntnissen der amtlichen Statistik weitgehend entspricht. Die neueste Repräsentativuntersuchung über Alleinerziehende, die vom Bundesministerium für Jugend, Familie, Frauen und Gesundheit in Auftrag gegeben wurde, bestätigt ebenfalls diese Altersverteilung. Differenzierungen nach dem Familienstand ergeben, daß in der Gruppe der 20- bis 40-jährigen über 40 Prozent getrennt leben oder geschieden sind (42 Prozent Getrenntlebende und 45 Prozent Geschiedene) (Neubauer 1988, S. 30). Die Altersverteilung unserer Befragten ist zwar in Tabelle 2 nicht nach Familienstand differenziert, entspricht aber in etwa diesen Ergebnissen (vgl. Kurzbiographien im Anhang).

Tabelle 2: Befragte nach Lebensform und Geschlecht

	Paare ohne Trauschein	Singles	Alleinerziehende
Frauen	20	8	11
Männer	20	7	4
Insgesamt	40	15	15

Bei den *Paaren ohne Trauschein* ist die Ausgewogenheit von Männern und Frauen zwingend, da wir jeweils beide Partner eines Paares interviewt haben.

Auch bei den Singles in unserer Gruppe ist das Verhältnis der von uns befragten Männer (sieben) und Frauen (acht) ausgewogen. Dieses Zahlenverhältnis entspricht, bezogen auf die entsprechenden Altersgruppen der 27- bis 45-jährigen, in etwa dem statistischen Durchschnitt. Die Statistiken zeigen zwar eine Überrepräsentation von Frauen in der Gesamtgruppe der Einpersonenhaushalte; diese entsteht jedoch vorwiegend durch das unausgewogene Zahlenverhältnis in den älteren Gruppen (mehr Witwen infolge des Zweiten Weltkrieges, höhere Lebenserwartung von Frauen). In der für uns interessanten Altersgruppe von Singles ist dies nicht relevant.

Bei den *Alleinerziehenden* haben wir elf Frauen und vier Männer ausgewählt. Die neueste vorliegende Repräsentativuntersuchung zeigt, daß 85 Prozent der Alleinerziehenden Frauen und nur 15 Prozent Männer sind (Neubauer 1988, S. 8). Eine Untersuchung über Alleinerziehende in Schleswig-Holstein kommt sogar auf 95 Prozent Frauen gegenüber nur fünf Prozent Männern (Dieckmann et.al. 1986, S. 20). Trotz dieser geringen Anzahl schien uns wichtig, in unsere Untersuchung einige Väter zu befragen, weil uns die spezifischen Veränderungen hin zur sogenannten „neuen Väterlichkeit“ besonders interessierten.

Das demographische Merkmal Familienstand ist in den drei verschiedenen Lebensformen jeweils von unterschiedlichem Interesse gewesen.

Tabelle 3: Befragte nach Lebensform und Familienstand

	Paare ohne Trauschein	Singles	Allein-erziehende
ledig	24	10	9
verheiratet	–	–	–
verheiratet getrennt lebend	3	–	1
geschieden	11	5	5
verwitwet	2	–	–
insgesamt	40	15	15

Bei den *Paaren ohne Trauschein* unserer Population sind über die Hälfte der Partner ledig. Ein Drittel rekrutiert sich aus Geschiedenen, das restliche Drittel verteilt sich auf Verheiratete, Getrenntlebende und Verwitwete. Diese Verteilung entspricht der Mikrozensus-Analyse (Bundesrepublik Deutschland) von Clausen (1985, S. 151), die den Anteil der Ledigen in

Nichtehelichen Lebensgemeinschaften (ohne Kinder) mit 71 Prozent angibt.

Bei den *Singles* sind zwei Drittel der von uns Befragten ledig und ein Drittel geschieden. Die Gruppe der verwitweten Singles schien uns für unsere Forschungsinteressen weniger relevant, da sie, wie schon gesagt, eher älter als die vorrangig interessierende Altersgruppe sind.

Bei den *Alleinerziehenden* sind über die Hälfte der Befragten in unserer Population ledig, ca. ein Drittel geschieden und eine Person verheiratet getrennt lebend. Der überproportionale Anteil der Ledigen in unserer Population erklärt sich aus unserem Forschungsinteresse, das Spezifische neuer Lebensformen zu untersuchen. Die Gruppe der ledigen Mütter, die sich vor oder während der Schwangerschaft entschieden, ihr Kind ohne Vater großzuziehen - sich also bewußt zum Alleinerziehen entschlossen – verkörpert sozusagen am radikalsten die Lebensform der Alleinerziehenden.

Kinder

Die Anzahl der Kinder, die sich in der jeweiligen Lebensform finden, ist in der Tabelle 4 nicht danach differenziert, ob das Kind, z. B. in einer Nichtehelichen Lebensgemeinschaft, ein gemeinsames Kind ist oder aus einer vorhergehenden Beziehung stammt.

Für *Paare ohne Trauschein* gehen Repräsentativuntersuchungen davon aus, daß diese Paare überwiegend kinderlos sind. Nur vier Prozent der Befragten der Emnid-Studie haben ein gemeinsames Kind. Die Mikrozensusdaten (Bundesrepublik Deutschland) zeigen, daß 14 Prozent der Paare ohne Trauschein Kinder haben (Clausen 1985, S. 147). Die Repräsentativerhebung von Emnid ergibt demgegenüber, daß 25 Prozent der Paare ohne Trauschein mit Kindern zusammenleben (Nichteheliche Lebensgemeinschaften 1985, S. 16 und S. 29).

Für unsere Analyse erschien es uns relevant, einen höheren Anteil von Nichtehelichen Lebensgemeinschaften mit Kindern in unser Sample aufzunehmen, da wir in dieser Gruppe verstärkt die Tendenz „neuer" Entwicklungen erwarten. Wir nahmen deshalb zehn Paare, bei denen insgesamt 16 Kinder leben, in das Sample auf. Neun der Kinder sind gemeinsame Kinder und sieben stammen aus einer früheren Beziehung. Davon sind sechs Kinder unter sechs Jahre alt, zehn Kinder älter.

Bei den von uns befragten *Singles* hat niemand ein Kind. Dies wurde durch unsere Definition des Haushaltstyps ausgeschlossen. Personen mit Kindern finden sich in der Lebensform Alleinerziehende oder Paare ohne Trauschein.

Bei den *Alleinerziehenden* leben insgesamt 17 Kinder, wobei 13 Befragte ein Kind und zwei Alleinerziehende zwei Kinder haben. Dies entspricht weitgehend den bisherigen Ergebnissen aus anderen Untersuchungen. In der Studie von Dieckmann et al. (1986, S. 21) hat mehr als die Hälfte der

Tabelle 4: Anzahl und Alter der Kinder nach Lebensform

	Paare ohne Trauschein	Singles	Allein-erziehende
Zahl der Kinder unter 3 Jahre	3	–	3
Zahl der Kinder von 3 Jahre bis unter 6 Jahre	3	–	6
Zahl der Kinder von 6 Jahre bis unter 10 Jahre	4	–	5
Zahl der Kinder von 10 Jahre bis 18 Jahre	6	–	3
Anzahl insgesamt	16	–	17

Befragten nur ein Kind, annähernd ein Drittel der Alleinerziehenden hat zwei Kinder und nur jede zehnte Ein-Eltern-Familie hat drei Kinder.

Der Blick auf die Altersverteilung zeigt, daß die von uns befragten Alleinerziehenden neun Kinder unter sechs Jahren und acht Kinder über sechs Jahren betreuen. Auch hier entspricht die Zusammensetzung unseres Samples den statistischen Kenntnissen. Neubauer kommt zu dem Ergebnis, daß die Mehrheit der Kinder lediger Mütter unter sechs Jahre alt sei, das Durchschnittsalter der Kinder getrennt lebender, geschiedener oder verwitweter Alleinerziehender jedoch höher liegt. Bei den getrennt lebenden Müttern leben ungefähr genauso viele Kinder unter zehn Jahren wie über zehn Jahren. Bei geschiedenen Müttern überwiegen Kinder über zehn Jahre, was noch deutlicher für Kinder verwitweter Mütter zutrifft. Auch die alleinerziehenden Väter betreuen eher Kinder von über zehn Jahren (Neubauer 1988, S. 30).

Bildungsabschluß

Das Bildungsniveau der Interviewten stellt ein weiteres wichtiges soziographisches Merkmal dar. Auch hier orientierten wir uns bei der Zusammenstellung des Samples weitgehend an den bisherigen Ergebnissen statistischer Analysen oder empirischer Untersuchungen. Die Tabelle 5 gruppiert die Befragten nach Lebensform und Bildungsabschluß.

Tabelle 5: Befragte nach Lebensform und Bildungsabschluß

	Paare ohne Trauschein	Singles	Alleinerziehende
kein Hauptschulabschluß	–	–	1
Hauptschule	11	4	2
Mittlere Reife	8	3	4
Abitur	4	2	2
Fachhochschule Hochschulabschluß	17	6	6
Insgesamt	40	15	15

Das Bildungsniveau von *Paaren ohne Trauschein* liegt über dem Bevölkerungsdurchschnitt. Nach der Mikrozensusanalyse von 1985 (Bundesrepublik Deutschland) haben 23 Prozent der Frauen und 27 Prozent der Männer in den Altersgruppen der 18- bis 35-jährigen Abitur oder Fachabitur. In der Studie vom Bundesinstitut für Bevölkerungsforschung sind es 37 Prozent Abiturientinnen in der Gruppe der 18- bis 28-jährigen Frauen, die unverheiratet mit einem Partner zusammenleben. In der Emnid-Studie wurden 31 Prozent der Nichtehelichen Lebensgemeinschaften (33,3 Prozent Männer und 29,2 Prozent Frauen) mit Abitur und 12 Prozent mit Hochschulabschluß (14,4 Prozent der Männer und 9,4 Prozent der Frauen) erfaßt.

In Annäherung an diese Ergebnisse über den Bildungsstand von Nichtehelichen Lebensgemeinschaften wählten wir bei unserer Samplezusammensetzung 21 Befragte (vier mit Abitur und 17 mit Fachhochschul- oder Hochschulabschluß) mit höherem Bildungsabschluß. Elf der Befragten haben einen Hauptschulabschluß und vier Mittlere Reife.

Seit 1988 liegen die Ergebnisse der neuesten Repräsentativbefragung vor, die zeigen, daß mittlerweile zunehmend mehr Paare ohne Trauschein auch in unteren Bildungsschichten zu finden sind. Nahezu die Hälfte dieser Befragten hatten „nur" eine Berufsausbildung mit einer Lehre abgeschlossen (Stich 1988, S. 158). Diese Erkenntnisse neuerer Entwicklungen konnten wir in unserer Erhebung nicht einführen, da wir die Interviews schon 1987/88 durchgeführt haben.

Singles haben im bundesrepublikanischen Durchschnitt (in den uns interessierenden Altersgruppen) einen deutlich höheren Bildungsstand als Verheiratete. In unserem Sample haben sechs Befragte einen Fachhochschul- oder Hochschulabschluß, zwei Abitur und sieben niedrigere Bildungsabschlüsse (drei Mittlere Reife, vier Hauptschule). Damit liegt der Bildungsstand unserer Befragten im Trend der allgemeinen Ergebnisse und ist ebenfalls vergleichbar mit der Zusammensetzung der Untersuchung von Spiegel. Dort haben die Hälfte der Befragten Mittlere Reife und die andere Hälfte Abitur, Fachhochschul- oder Hochschulabschluß (Spiegel 1986, S. 175).

Die statistischen Daten, die Neubauer (1988) für Alleinerziehende zum Bildungsabschluß referiert, zeigen, daß keine Hinweise auf eine schichtspezifische Selektion von Alleinerziehenden vorliegen. Der Bildungsstand verheirateter und alleinstehender Mütter und Väter entsprechen sich weitgehend. Tendenzielle Unterschiede zeichnen sich jedoch bei den einzelnen Familientypen ab: Alleinerziehende der älteren Jahrgänge haben eher niedrige Bildungsabschlüsse. Jüngere Alleinerziehende, sowie ledige, getrenntlebende und geschiedene Mütter absolvierten häufig (ca. 23 Prozent) eine Realschule o.ä.; Getrenntlebende sowie ledige Mütter haben ebenfalls etwas häufiger die allgemeine oder fachgebundene Hochschulreife (Neubauer 1988, S. 31 und 32).

In unserer Samplezusammensetzung haben knapp über die Hälfte der

Alleinerziehenden Abitur oder einen Hochschulabschluß. Fünf haben Mittlere Reife, zwei Hauptschulabschluß und nur eine Befragte keinen Schulabschluß.

Erwerbstätigkeit

Ein weiteres untersuchungsrelevantes Merkmal ist die Erwerbstätigkeit. Wir haben deshalb die Befragten unterschieden nach Lebensform und Erwerbstätigkeit, vollzeit-, teilzeit- oder nicht erwerbstätig und in Ausbildung oder Studium befindlich.

Tabelle 6: Befragte nach Lebensform und Erwerbstätigkeit

	Paare ohne Trauschein	Singles	Allein-erziehende
vollzeit erwerbstätig	25	14	10
teilzeit erwerbstätig	7	–	2
nicht erwerbstätig	5	–	3
in Ausbildung oder Studium	3	1	–
insgesamt	40	15	15

Für *Paare ohne Trauschein* ergeben die Repräsentativdaten einen hohen Anteil von Erwerbstätigen, vor allem einen überproportional hohen Anteil berufstätiger Frauen. In der Emnid-Studie sind 51,4 Prozent der Männer und 40,8 Prozent der Frauen voll berufstätig. Desweiteren sind 4,7 Prozent der Männer und 9,0 Prozent der Frauen teilzeiterwerbstätig. Nicht berufstätig sind 3,4 Prozent der Männer und 12,1 Prozent der Frauen. In der Ausbildung befinden sich 35,4 Prozent der Männer und 32,0 Prozent der Frauen, als nicht erwerbstätig werden 5,1 Prozent der Männer und 6 Prozent der Frauen referiert (Meyer und Schulze 1988, S. 340).

In Anlehnung an diese Repräsentativdaten wählten wir für unsere Analyse der Nichtehelichen Lebensgemeinschaften möglichst erwerbstätige Personen aus. Dementsprechend sind vier Fünftel der Befragten erwerbstätig (25 vollzeit- und sieben teilzeiterwerbstätig). Nur fünf Befragte sind nicht erwerbstätig und drei in der Ausbildung, d.h. in diesen Gruppen weicht unser Sample von den Repräsentativdaten etwas ab.

Die von uns befragten *Singles* sind fast alle vollzeit erwerbstätig. Nur einer der Befragten befindet sich in Ausbildung. Dieses Ergebnis enspricht in etwa der Zusammensetzung der Untersuchungspopulation von Spiegel, bei der 17 der Singles vollerwerbstätig sind und drei sich in der Ausbildung befinden (Spiegel 1986, S. 82 und 174).

Bei den *Alleinerziehenden* ist die Frage nach der Erwerbstätigkeit von besonderem Interesse, da für sie die Vereinbarkeit von Beruf und Kindern ein zentrales Problem darstellt. In unserem Sample sind sechs der alleinerziehenden Mütter und vier Väter vollzeiterwerbstätig. Zwei Mütter gehen einer Teilzeitarbeit nach. Drei der befragten Frauen sind nicht erwerbstätig.

Die Mikrozensusanalyse von 1985 (Bundesrepublik Deutschland) zeigt, daß 57,1 Prozent der alleinerziehenden Mütter und 79,1 Prozent der alleinerziehenden Väter erwerbstätig sind. Bei den Erwerbstätigen liegt die Quote der Vollzeittätigkeit bei 66,7 Prozent der weiblichen und 94,5 Prozent der männlichen Elternteile. 33,3 Prozent Mütter, aber nur 5,5 Prozent der Väter sind teilzeitbeschäftigt. 42,7 Prozent der alleinerziehenden Mütter und 20,2 Prozent der Väter sind nicht erwerbstätig (Neubauer 1988, S. 137).

Einkommen

Ein weiteres wichtiges soziales Merkmal ist das Einkommen der Befragten. Darüber soll Tabelle 7 Auskunft geben, die die Befragten nach Lebensform und Nettoeinkommen gruppiert. Das Nettoeinkommen setzt sich teilweise aus verschiedenen Einkommensquellen zusammen, was in den Kurzbiographien vermerkt wurde.

Die finanzielle Situation der von uns ausgewählten Paare ohne Trauschein stellt sich folgendermaßen dar: 16 der Befragten steht ein Nettoeinkommen bis 2000,– DM, 13 der Befragten über 3000,– DM und elf der Befragten ein Einkommen zwischen 2000,– DM und 3000,– DM zur Verfügung.

Nach der Analyse von Emnid ist die Einkommensstruktur der Nichtehelichen Lebensgemeinschaften entsprechend ihrer Alterszusammensetzung

Tabelle 7: Befragte nach Lebensform und Nettoeinkommen

	Paare ohne Trauschein	Singles	Allein-erziehende
bis unter 1000,– DM	7	–	–
1000,– DM bis unter 1500,– DM	4	–	2
1500,– DM bis unter 2000,– DM	5	2	4
2000,– DM bis unter 3000,– DM	11	5	7
3000,– DM bis unter 4000,– DM	7	7	1
4000,– DM und darüber	6	1	1
insgesamt	40	15	15

* Einkommen der Einzelnen
** Einschließlich der Unterhaltszahlungen für die Kinder

und dem hohen Anteil von Personen in der Ausbildung relativ niedrig. Sieben Prozent haben kein eigenes Einkommen, ein Drittel verdient zwischen 1000,– DM und 2000,– DM (Nichteheliche Lebensgemeinschaften 1985, S. 27).

Fast die Hälfte der befragten *Singles* (sieben) verfügt über ein Einkommen, das in der oberen Gruppe von 3000,– DM bis unter 4000,– DM liegt. Ein Befragter verfügt sogar über 4000,– DM und mehr. Im Vergleich zu der finanziellen Situation der Singles aus der Hamburger Untersuchung liegen die Einkommen unserer Befragten wesentlich höher. Zehn der Hamburger Befragten verdienen nur bis unter 2000,– DM, sieben liegen in der Gruppe des Verdienstes von 2000,– DM bis 3000,– DM, und nur zwei weitere Singles verdienen darüber (Spiegel 1986, S. 112).

Bei den *Alleinerziehenden* steht sechs Befragten lediglich ein Einkommen von unter 2000,– DM zur Verfügung. Bei sieben Befragten ist die ökonomische Situation besser, ihr Einkommen beträgt zwischen 2000,– DM bis unter 3000,– DM. Nur zwei Befragte haben mehr als 3000,– DM zur Verfügung.

Das Nettoeinkommen setzt sich aus verschiedenen Einkommensquellen zusammen; jedoch ist, wie schon aus Tabelle 6 hervorging, die Erwerbstätigkeit die überwiegende Einkommensart. Unterhaltsleistungen für die Kinder, in wenigen Fällen auch für die geschiedenen Frauen, stellen eine weitere Einkommensquelle dar. Von Arbeitslosengeld, Arbeitslosenhilfe und Sozialhilfe leben drei der Befragten. Wohngeld als Bedarfszuschuß erhalten ebenfalls drei. Regelmäßige private Unterstützung aus der Verwandtschaft etc. erhält keiner der Befragten. Auch Einkünfte aus eigenem Vermögen, Vermietung oder Verzinsung beziehen die Befragten nicht.

Die oben beschriebene wirtschaftliche Situation der Ein-Elternteil-Familien entspricht dem Durchschnitt. Nach Angaben von Neubauer leben 11,5 Prozent alleinerziehender Mütter mit minderjährigen Kindern von der Sozialhilfe. Mit höherem Alter der Kinder verringert sich der Anteil der Mütter, die Sozialhilfe empfangen. Desweiteren erhalten 11,3 Prozent Wohngeld als Bedarfszuschuß. Mit Arbeitslosengeld oder -hilfe bestreiten 7,9 Prozent der Väter und 5,8 Prozent der Mütter ihren Lebensunterhalt. Besonders ledige Mütter (12,1 Prozent) müssen hauptsächlich mit Leistungen aus der Arbeitslosenversicherung auskommen. Bei den alleinerziehenden Vätern gilt dies in erster Linie für Geschiedene mit minderjährigen Kindern (8,6 Prozent).

Über geleistete Unterhaltszahlungen für Kinder in Ein-Elternteil-Familien liegt keine exakte Datenbasis vor. Neubauer schreibt, daß nicht sorgeberechtigte Elternteile ihren Zahlungsverpflichtungen teilweise nicht nachkommen. 31 Prozent der ledigen Mütter gaben an, unregelmäßig oder überhaupt keine Zahlungen erhalten zu haben (Neubauer 1988, S. 40 und 41).

Die folgende Tabelle 8 geht über die üblichen soziographischen Merkmalsbeschreibungen hinaus. Die Befragten werden nach Lebensform und deren Bestandsdauer gruppiert. Diese Angabe bezieht sich auf die Dauer des Haushalts in der zum Zeitpunkt der Befragung vorgefundenen Zusammensetzung und sagt nichts über die Dauer der individuellen Erfahrungen der Beteiligten mit der jeweiligen Lebensform insgesamt aus.

Tabelle 8: Befragte nach Lebensform und deren Dauer

	Paare ohne Trauschein	Singles	Alleinerziehende
unter 1 Jahr	–	–	–
1 Jahr bis unter 5 Jahre	7	10	10
5 Jahre bis unter 10 Jahre	9	3	4
10 Jahre und mehr	4	2	1
insgesamt	20	15	15

Bei den *Paaren ohne Trauschein* sind sieben der Paare ein bis fünf Jahre zusammen. Der überwiegende Teil der Befragten lebt jedoch schon länger in dieser Beziehungsform. Neun Paare sind seit fünf bis zehn Jahren zusammen und vier Paare sogar mehr als zehn Jahre. Vergleichsdaten könne leider nicht herangezogen werden, da die bisherigen Untersuchungen e versäumt haben, die Dauer der bestehenden Nichtehelichen Lebensgemeinschaften zu erfassen.

Die von uns befragten *Singles* leben überwiegend (zehn der Befragten) ein bis fünf Jahre allein. Drei bevorzugen seit fünf bis zehn Jahren und zwei seit mehr als zehn Jahren diese Lebensform. Die Dauer des Alleinlebens ist bei den von uns Befragten nicht unbedingt identisch mit dem Nichtvorhandensein eines Partners. Jedoch ist für die angegebene Zeitspanne davon auszugehen, daß die Befragten keine „festen" Partner haben.

Bei den *Alleinerziehenden* hängt die Dauer der Lebensform meist mit der Geburt des Kindes, einer Trennung oder Scheidung zusammen. Zehn der Alleinerziehenden leben seit über einem bis fünf Jahren allein mit dem Kind und fünf länger als fünf Jahre. Auch hier gibt es keine Vergleichsmöglichkeiten mit anderen Studien, da diese keine Angaben zur Dauer des Alleinerziehens machen.

Kurzbeschreibung der Befragten

Interview Nr. 1

Haushaltszusammensetzung und soziodemographische Daten: Frau N., Jg. 1950, geschieden, Sekretärin, wohnt seit der Trennung von ihrem Mann 1978 alleine. Ihre letzte Beziehung endete 1982. Seither hat Frau N. keinen Partner und wohnt allein.

Ökonomische Situation: Frau N. verfügt über ein monatliches Nettoeinkommen von 3400,– DM. Davon bezahlt sie für ihre Eigentumswohnung jeden Monat 400,– DM Wohngeld, und zur Tilgung des Kredits für die Wohnung gehen weitere 600,– DM monatlich ab. Vom Rest ihres Einkommens gibt sie am meisten für Kleidung, Körperpflegemittel und Schuhe aus.

Wohnverhältnisse: Frau N. hat sich die Wohnung 1986 gekauft und wohnt seitdem dort. Die 80 qm große Wohnung liegt in einer damals gerade fertiggestellten Wohnanlage, hat zwei Zimmer, Küche, Bad und Balkon und wird zentral beheizt. Wegen des praktischen Wohnungsgrundrisses und der ruhigen Lage fühlt sich Frau N. in ihrer Eigentumswohnung sehr wohl.

Ausbildungs- und Berufsweg: Nach der Grundschule begann Frau N. mit 15 Jahren eine Lehre als Friseurin. Mit 18 Jahren schloß sie die Ausbildung ab und arbeitete drei Jahre im erlernten Beruf. Mit 21 Jahren sattelte sie um und begann als Phonotypistin in der Firma zu arbeiten, in der sie auch heute noch tätig ist. Ab 1975 holte sie über den Zweiten Bildungsweg die Mittlere Reife nach, anschließend machte sie die Sekretärinnenprüfung und belegte einen Fernlehrgang zur Direktionsassistentin. Seit drei Jahren ist sie Sekretärin in der Direktion ihrer Firma.

Frühere Beziehungen: Frau N. lernte ihren Ehemann 1967 kennen. Damals wohnte sie noch bei ihren Eltern. 1969 heirateten sie und wohnten dann zusammen. Zwischenzeitlich waren sie dreimal umgezogen. Nach zwei Jahren Trennung wurde die Ehe 1980 geschieden. In dieser Zeit wohnte Frau N. alleine. Nach ihrer Ehe hatte Frau N. zwei Beziehungen, wovon eine drei Jahre und eine weitere, die mehr ein Wochenendverhältnis war, ein Jahr dauerte. In beiden Fällen hat sie die Beziehung beendet. Insgesamt wohnt Frau N. nun zehn Jahre alleine, und während der letzten sechs Jahre hatte sie keinen festen Partner.

Gründe für die heutige Lebensform: An ihrer jetzigen Lebenssituation schätzt sie besonders die Freiheit, all das tun und lassen zu können, was sie möchte. Sie meint, durch das Alleinleben sei sie selbstsicherer und kontaktfreudiger geworden, so daß es ihr heute keine Schwierigkeiten mehr macht, etwas alleine zu unternehmen. Heiraten möchte Frau N. auf keinen Fall nochmal. Auch Kinder möchte sie nicht. Im Moment vermißt sie keinen Partner, und auch für die Zukunft plant sie keine neue Partnerschaft. Sie hat oft die Erfahrung gemacht, daß Männer, die sie kennenlernte, nur eine HausFrau suchten. Diese Rolle lehnt Frau N. strikt ab.

Interview Nr. 2

Haushaltszusammensetzung und soziodemographische Daten: Herr D., Jg. 1954, ledig, Diplom-Soziologe und Installateur, wohnt, seit er 1973 aus dem Elternhaus ausgezogen ist, mit Unterbrechungen insgesamt sechs Jahre alleine. Seine letzte feste Beziehung endete vor vier Jahren. Seither wohnt und lebt er ununterbrochen alleine.

Ökonomische Situation: Herr D. hat ein monatliches Nettoeinkommen von 2000,– DM. An Warmmiete muß er jeden Monat 470,– DM aufbringen. Am meisten gibt er für Essen, Auto und Reisen aus, für Kleidung weniger.

Wohnverhältnisse: Seit 1984 wohnt Herr D. in einer Altbauwohnung. Die 62 qm große Wohnung hat zwei Zimmer und eine Küche und Ofenheizung. Zum Zeitpunkt des Interviews wollte Herr D. umziehen.

Ausbildungs- und Berufsweg: Herr D. hat 1973 das Abitur gemacht. Danach begann er in einer westdeutschen Stadt Jura und später Soziologie zu studieren. Im Jahre 1975 wechselte er zum Studium nach Berlin, um dort 1981 den Abschluß als Diplom-Soziologe zu machen. In Berlin hat er während und nach dem Studium seine pädagogischen Interessen vertieft und auch in diesem Bereich gearbeitet. In einigen pädagogisch konzipierten Projekten mit Jugendlichen kam er mit handwerklichen Arbeiten in Berührung und ließ sich nach dem Examen zum Installateur umschulen. Nach dem Abschluß 1984 arbeitete er ein Jahr lang als Installateur in Selbsthilfeprojekten. Seit 1985 ist er in einem Ausbildungsprojekt mit Jugendlichen tätig. Pädagogische Kenntnisse mit handwerklichen Fähigkeiten kombinieren zu können, stellt für ihn ein besonders sinnvolles Arbeitskonzept dar.

Frühere Beziehungen: Herr D. hatte bisher fünf „feste" Beziehungen. Seine letzte Beziehung endete 1985, nachdem die Partnerschaft vier Jahre bestanden hatte. Das Paar hat drei Jahre gemeinsam in einer Wohngemeinschaft gelebt, das letzte Jahr getrennt voneinander. Herr D. wohnt seit 1984 allein in seiner Wohnung. Insgesamt wohnt er bislang sechs Jahre alleine und hatte neun Jahre (mit Unterbrechungen) keine feste Partnerin.

Gründe für die heutige Lebensform: Er betrachtet das Alleinleben als eine bewußt gewählte Lebensphase, in der er seine Tendenz, sich von einem Partner abhängig zu machen, verändern will. Diese Phase soll seine persönliche Unabhängigkeit und Selbständigkeit fördern. Wenn dies erreicht ist, kann er sich auch durchaus wieder vorstellen, mit einer Partnerin zusammenzuleben. Auch irgendwann Kinder zu haben, kann er sich mittlerweile vorstellen. Der Institution Ehe steht er leidenschaftslos gegenüber. Die ideale Wohnform wäre für ihn eine Hausgemeinschaft mit mehreren Familien.

Interview Nr. 3

Haushaltszusammensetzung und soziodemographische Daten: Frau H., Jg. 1953, ledig, Fachärztin, wohnt seit 1972 alleine. Ihre letzte Beziehung liegt sechs Jahre zurück.

Ökonomische Situation: Frau H. verdient monatlich 3000,– DM netto. Die Warmmiete für ihre Wohnung beträgt 680,– DM. Der größte Ausgabenposten in ihrem Haushaltsbudget sind häufige Auslandsreisen.

Wohnverhältnisse: Seit 1986 wohnt Frau H. in einer Altbauwohnung. Die 96 qm große Wohnung hat dreieinhalb Zimmer, Küche und Bad mit Fernheizung. Als einzigen Nachteil der Wohnung empfindet Frau H. das Fehlen eines Gartens im Sommer. Dieser Nachteil wird jedoch durch die zentrale Wohnlage mehr als ausgeglichen.

Ausbildungs- und Berufsweg: Nach dem Abitur studierte Frau H. zunächst in Berlin und ab 1972 in der Schweiz. Sie verbrachte dreizehn Jahre in der Schweiz, machte dort ihr Staatsexamen, promovierte und arbeitete als Praxisvertretung, bevor sie als Assistentin in einer Forschungsstelle tätig wurde. Danach absolvierte sie eine zweijährige Facharztausbildung und arbeitete für sechs Monate in einem Krankenhaus in Afrika. 1982 kehrte sie in die Schweiz, 1983 nach Berlin zurück. Abgesehen von kurzen Unterbrechungen, in denen sie ihre Facharztausbildung in der Schweiz beendete und dort eine Spezialausbildung absolvierte, arbeitet sie seitdem in einer Klinik. Heute ist sie dort Stationsärztin. Trotz der langen Arbeitszeiten und immensen physischen und psychischen Belastungen macht ihr die Arbeit Spaß.

Frühere Beziehungen: Frau H. hatte bisher zwei „feste" Partner, mit denen sie jedoch nicht zusammenwohnte. Ihre wichtigste und längste Beziehung (15 Jahre) führte sie mit einem Schweizer Kollegen. Nachdem er sich von ihr getrennt hatte, blieb Frau H. mehrere Jahre allein. Die darauffolgende Partnerschaft scheiterte an ihren beruflichen Aktivitäten, die mit häufigen Wohnortwechseln verbunden waren. Insgesamt wohnt Frau H. 17 Jahre alleine und hatte insgesamt sieben Jahre keinen festen Partner. Sie hat jedoch einen Freund, den sie zwei- bis dreimal in der Woche trifft.

Gründe für die heutige Lebensform: Frau H. lebt unfreiwillig alleine, da sich wegen ihres beruflichen Engagements und der häufigen Stellenwechsel kaum Möglichkeiten zur Intensivierung von Kontakten ergaben. Obwohl sie im Moment zwar die Ungebundenheit und Flexibilität ihrer Lebensform genießt, würde sie gerne heiraten und Kinder haben und dann auch ihr berufliches Engagement einschränken.

Interview Nr. 4

Haushaltszusammensetzung und soziodemographische Daten: Herr F., Jg. 1947, geschieden, Beton- und Stahlbetonbaumeister, wohnt, seit er sich 1987 von seiner Freundin trennte, alleine.

Ökonomische Situation: Herr F. verdient monatlich ca. 6500,– DM netto. Davon gehen jeden Monat 600,– DM an Warmmiete ab. Er besitzt zwei Eigentumswohnungen. Vom verfügbaren Einkommen braucht er ca. 30 Prozent als monatliches Haushaltsgeld. Seine Kleidung kauft er ausschließlich in Boutiquen und achtet dabei auf bestimmte Marken. Hinzu kommen regelmäßige Ausgaben für seine teuren Hobbies. Außerdem läßt er seiner Verwandtschaft jeden Monat eine finanzielle Unterstützung zukommen.

Wohnverhältnisse: In der jetzigen Wohnung lebt Herr F. seit 1982. Die 120 qm große Wohnung verfügt über vier Zimmer, Küche, Bad und einen Balkon. Trotzdem könnte Herr F. noch zwei Zimmer mehr gebrauchen. Die Wohnung liegt in einem Altbau und wird elektrisch beheizt. Herr F. wohnt zur Miete.

Ausbildungs- und Berufsweg: Herr F. ging 1965 ohne Abschluß von der Oberschule ab und absolvierte eine dreijährige Lehre als Beton- und Stahlbetonbauer. Anschließend holte er zunächst die Fachschulreife und dann das Abitur nach. 1971 begann er das Studium der Mathematik und Astrophysik, ohne seine Tätigkeit auf dem Bau ganz aufzugeben. Das Mathematikstudium brach er 1975, das Studium der Astrophysik 1976 ab. Seit 1975 arbeitet er wieder voll in seinem erlernten Bauberuf und versuchte, sich selbständig zu machen. Als dies nicht klappte, ging er wieder zu der Firma zurück, bei der er während des Studiums gearbeitet hatte. 1979 wechselte er zu einer anderen Firma und besuchte abends die Meisterschule. Seit 1984 ist er als Meister in seiner jetzigen Firma tätig.

Frühere Beziehungen: Herr F. hatte bisher fünf wichtige Beziehungen in seinem Leben. 1966 lernte er seine spätere Frau kennen, zog mit ihr zusammen und heiratete sie 1972. 1976 wurde die Ehe in beiderseitigem Einvernehmen geschieden. Danach lebte er drei Jahre bis 1981 mit einer Frau und deren zwei Kindern zusammen. Im gleichen Jahr lernte er eine Frau mit Sohn kennen, mit der er sechs Jahre lang eine Beziehung hatte. Seine nächste Partnerschaft dauerte eineinhalb Jahre. Seine letzte feste Beziehung dauerte vier Jahre, wobei er mit seiner Freundin drei Jahre in seiner heutigen Wohnung zusammenwohnte. Seitdem wohnt und lebt er alleine. Herr F. wohnte seit seinem Auszug aus dem Elternhaus 1968 insgesamt zehn Jahre alleine. Insgesamt etwa fünf Jahre hatte er keine feste Partnerin.

Gründe für die heutige Lebensform: Herr F. empfindet es inzwischen als äußerst angenehm, sich niemandem unterordnen und keine Kompromisse mehr eingehen zu müssen. Zudem hat er viele Hobbies, die ihm momentan wichtiger sind als eine Beziehung. Prinzipiell hat er nichts gegen eine feste Beziehung einzuwenden, sucht jedoch im Moment nicht danach. Eine nochmalige Heirat lehnt er ab.

Interview Nr. 5

Haushaltszusammensetzung und soziodemographische Daten: Frau J., Jg. 1956, ledig, Lehrerin, wohnt seit ihrem Auszug aus dem Elternhaus 1973 alleine. Ihre letzte Beziehung endete Anfang 1987. Seither hatte sie keine feste Partnerschaft.

Ökonomische Situation: Frau J. bezieht ein monatliches Nettoeinkommen von 1800,– DM. Davon gehen jeden Monat 420,– DM für die Warmmiete ab. An Haushaltsgeld benötigt sie etwa 600,– DM im Monat. Für Reisen erübrigt sie die höchsten Ausgaben. Weil sie gerne Gesellschaft hat, gibt sie ebenfalls verhältnismäßig viel Geld für Essenseinladungen aus. Frau J. besitzt kein Auto.

Wohnverhältnisse: Frau J. bewohnt seit 1985 eine Wohnung in einem modernisierten Altbau. Die 64 qm große Wohnung hat zwei Zimmer und Küche mit Balkon und Ofenheizung. Bei ihrem Einzug befand sich die Wohnung in einem heruntergekommenen Zustand und mußte von Frau J. hergerichtet werden. Frau J. vermißt ein weiteres Zimmer und eine Zentralheizung, hält jedoch die Lage der Wohnung für ideal.

Ausbildungs- und Berufsweg: Frau J. hat 1974 Abitur auf der Abendschule gemacht. Zwischen 1974 und 1978 studierte sie in Westdeutschland Theologie. Daneben absolvierte sie eine Ausbildung als Buchhändlerin, womit sie ihr Studium finanzierte. Von 1978 bis 1981 arbeitete sie als Religionslehrerin, dann übernahm sie für drei Jahre einen Buchladen in einer anderen Stadt. Von 1983 bis 1985 arbeitete sie als Buchhändlerin im Ausland. Anschließend kam sie nach Berlin, um für ein Jahr in einer Computerfirma ein Archiv aufzubauen. Seit 1986 hat sie eine Stelle als Religionslehrerin an einem Gymnasium. Dort fühlt sie sich jedoch nicht besonders wohl.

Frühere Beziehungen: Frau J. hatte bisher zwei wichtige Beziehungen von jeweils zweijähriger Dauer. In beiden Beziehungen wohnte der jeweilige Partner weit weg. Ihre erste Partnerschaft hatte sie von 1978 bis 1981, wobei man sich immer nur am Wochenende treffen konnte. Als der Mann anfing, Heirat und Familie zu planen, brach sie die Beziehung ab. Ihre zweite Beziehung beendete ebenfalls sie, weil ihr Freund seine Beziehungen zu anderen Frauen nicht aufgeben wollte. Seit einem halben Jahr trifft sie sich alle 14 Tage mit einem Freund. Seit dem Auszug aus dem Elternhaus 1973 wohnt Frau J. allein und hatte insgesamt elf Jahre keinen Partner.

Gründe für die heutige Lebensform: Frau J. sieht den größten Vorteil ihrer jetzigen Lebensweise in ihrer totalen Unabhängigkeit und Freiheit. Besonders schätzt sie die Möglichkeit, über ihre Zeit frei verfügen zu können. Sie bezeichnet sich als Einzelgängerin. Heiraten und Kinder kommen für sie nicht in Frage. Eine Wohnung mit jemanden zu teilen, könnte sie sich zwar vorstellen, jedoch erscheint ihr das schwierig, weil sie in manchen Verhaltensweisen schon sehr eingefahren sei.

Interview Nr. 6

Haushaltszusammensetzung und soziodemographische Daten: Herr E., Jg. 1954, geschieden, Malermeister, wohnt seit drei Jahren alleine. Seine letzte Beziehung liegt zwei Jahre zurück.

Ökonomische Situation: Herr E. bezieht ein monatliches Nettoeinkommen von 3000,– DM. Davon bezahlt er eine monatliche Warmmiete von 470,– DM. Den Rest seines verfügbaren Einkommens gibt er für seine kostspieligen Hobbies und fürs Essen aus. Für Kleidung verbraucht er dagegen verhältnismäßig wenig.

Wohnverhältnisse: In der Wohnung lebt Herr E. seit 1986. Die 70 qm große Wohnung hat zwei Zimmer, Küche, Bad und Balkon. Sie wird zentral beheizt. Herr E. wohnt in einem Neubau, was ihm nicht besonders gefällt. Die Wohnung ist ihm zu niedrig und zu einengend. Er möchte deshalb dort auch nicht für immer wohnen bleiben.

Ausbildungs- und Berufsweg: Herr E. absolvierte 1967 in Westdeutschland die neunte Klasse der Volksschule. Danach jobbte er für ca. ein Jahr, bis er 1968 eine Lehre als Maler und Lackierer begann, die er 1971 mit der Gesellenprüfung abschloß. Zwischen 1972 und 1975 arbeitete er bei einer anderen Firma, kehrte aber dann wieder zu seiner alten zurück, in der er auch heute noch arbeitet. Ab 1984 besuchte er für dreieinhalb Jahre die Abendschule, um 1986 die Meisterprüfung zu machen. Mittlerweile hat er es bis zum Stellvertreter seines Chefs gebracht. Sein Beruf macht ihm Spaß, nicht zuletzt wegen der positiven Beziehungen zu seinen Mitarbeitern und Kollegen.

Frühere Beziehungen: Von 1975 bis 1981 war Herr E. verheiratet und wohnte mit seiner Ehefrau in einer gemeinsamen Wohnung. Etwa ein Jahr nach der Scheidung zog eine Frau mit drei Kindern zu ihm in die Wohnung. 1986 trennte sich das Paar in beiderseitigem Einvernehmen. Danach zog er in die jetzige Wohnung und wohnt und lebt dort allein. Seit Anfang 1988 hat er eine „rein sexuelle" Beziehung zu einer Frau, mit der er sich unregelmäßig trifft. Für ihn ist es keine „feste Beziehung, weil beide nicht in einander verliebt" seien. Insgesamt wohnt Herr E. etwa vier Jahre alleine. Die Zeiten, in denen er keine feste Partnerin hatte, summieren sich auf insgesamt drei Jahre.

Gründe für die heutige Lebensform: Herr E. empfindet seine Lebensform als angenehm, da er tun und lassen kann, was er möchte, ohne jemandem Rechenschaft darüber ablegen zu müssen. Herr E. möchte nicht ewig Single bleiben, ist sich jedoch im Moment unschlüssig, ob er eine neue Partnerin suchen soll. Einer weiteren Ehe steht er skeptisch gegenüber, Kinder würde er jedoch gerne einmal haben.

Interview Nr. 7

Haushaltszusammensetzung und soziodemographische Daten: Frau K., Jg. 1952, ledig, Angestellte im technischen Verwaltungsdienst, wohnt, seit sie 1975 aus dem Elternhaus ausgezogen ist, alleine. Ihre letzte Beziehung endete 1987. Seither wohnt und lebt sie alleine.

Ökonomische Situation: Frau K. bezieht ein monatliches Nettoeinkommen von 3000,– DM. Davon muß sie jeden Monat 655,– DM Warmmiete bezahlen. Etwa 1200,– DM benötigt sie als Haushaltsgeld. Die größten Ausgabenposten liegen bei den Kosten für Kosmetik, Essen, Bücher und Tanzen. Den Großteil ihrer Kleidung kauft sie über einen Versand oder im Kaufhaus.

Wohnverhältnisse: Frau K. wohnt seit 13 Jahren in einem modernisierten Altbau. Diese Wohnung hat sie sich ganz gezielt ausgesucht, weil sie eine große Wohnung wollte. Mit 60 qm, zwei Zimmern, Küche, Bad, Balkon und Zentralheizung entspricht die Wohnung fast genau ihren Wünschen. Sie hätte jedoch gerne noch einen Raum mehr.

Ausbildungs- und Berufsweg: Nach dem Abitur 1972 begann Frau K. eine dreijährige Verwaltungslehre bei einer Behörde, die sie 1976 abschloß. Danach war sie bei derselben Behörde zweieinhalb Jahre in der Personalstelle tätig. 1977 wurde sie zur Pressestelle versetzt. Ein Jahr später wechselte sie in die Grundstücksverwaltung dieser Behörde, wo sie bis 1984 arbeitete. Danach wechselte sie in die Grundstücksverwaltung einer anderen Behörde, wo sie seitdem als Gruppenleiterin tätig ist. Ihr Beruf macht ihr sehr viel Spaß. Sie sagt von sich, daß sie sich durch ihre Arbeit auch persönlich weiterentwickeln konnte.

Frühere Beziehungen: Frau K. hatte bisher drei „feste" Beziehungen, wovon die längste von 1977 bis 1983 dauerte. Obwohl Frau K. damals eine eigene Wohnung hatte, hielt sie sich damals überwiegend in der Wohnung ihres Freundes auf. Die Beziehung wurde von ihrem Freund beendet. Danach hatte sie eine Beziehung zu einem verheirateten Mann, die sie beendete, weil er kaum noch Zeit für sie hatte. Insgesamt wohnt Frau K. seit 1975 allein und hatte insgesamt vier Jahre keinen Partner.

Gründe für die heutige Lebensform: An ihrer Lebenssituation findet Frau K. die „totale Entscheidungsfreiheit" am positivsten. Außerdem, meint sie, habe sie sich auch persönlich in einer Form weiterentwickelt, die mit einem Partner nicht möglich gewesen wäre. Sie strebt daher auch keine Beziehung mehr an. Sie ist mit ihrem momentanen Lebensstil zufrieden, lediglich einige berufliche Veränderungen fände sie wünschenswert.

Interview Nr. 8

Haushaltszusammensetzung und soziodemographische Daten: Herr B., Jg. 1956, ledig, Polizeibeamter, wohnt, seit er 1980 aus dem Elternhaus ausgezogen ist, ununterbrochen alleine in der jetzigen Wohnung. Von seiner letzten festen Freundin hat er sich 1984 getrennt. Seitdem hat er keine Partnerin.

Ökonomische Situation: Herr B. verdient monatlich 2200,– DM netto. Davon gehen regelmäßig 410,– DM an Warmmiete und 300,– DM Ratenzahlung für ein Auto ab. Er gibt viel Geld für Essen aus, weil er keine Preise vergleicht und „nicht so auf den Pfennig achtet". Kleidung kauft er ein bis zweimal im Jahr, vorwiegend im Kaufhaus. Er hat hohe Ausgaben für persönliche Versicherungen.

Wohnverhältnisse: Herr B. wohnt seit 1980 in einem niedergeschossigen Neubau einer ruhigen Wohnsiedlung. Seine 70 qm große Eineinhalbzimmerwohnung wird zentral beheizt. Die Wohnung ist in ein großes Wohn- und Arbeitszimmer, ein kleines Schlafzimmer, Küche, Bad und Balkon aufgeteilt. Herr B. ist mit seiner Wohnsituation sehr zufrieden.

Ausbildungs- und Berufsweg: Herr B. hat ein Jahr vor dem Abitur die Schule verlassen und trat mit 19 Jahren in den Polizeidienst ein. Seit 1985 ist er vom Dienst freigestellt und besuchte erst die Abendschule, um das Abitur nachzuholen, und anschließend die Fachhochschule der Polizei. Seit 1988 hat er sein Vordiplom und wird voraussichtlich 1989 den Diplom-Abschluß machen. Danach wird er wieder im höheren Dienst bei der Polizei weiterarbeiten.

Frühere Beziehungen: Herr B. hatte bisher drei wichtige Beziehungen. Er wohnte mit keiner seiner Partnerinnen zusammen, sondern die Beziehungen konzentrierten sich im wesentlichen nur auf die Wochenenden. Die letzte Beziehung liegt vier Jahre zurück. Insgesamt hat Herr B. seit seinem Auszug aus dem Elternhaus 1980 mit Unterbrechungen fünf Jahre ohne feste Partnerin gelebt, also immer alleine gewohnt.

Gründe für die heutige Lebensform: Herr B. ist kein überzeugter Single. Lieber hätte er eine Partnerin. Er kann sich auch vorstellen, zu heiraten und Kinder zu haben. Bestärkt wird sein Wunsch dadurch, daß er glückliche Ehen kennt. Doch wegen seines fehlenden Unternehmungsgeistes – er bezeichnet sich als phlegmatisch und verschlossen – hat er kaum Gelegenheit, jemanden kennenzulernen.

Interview Nr. 9

Haushaltszusammensetzung und soziodemographische Daten: Frau I., Jg. 1947, ledig, Industriekauffrau, lebt seit sechs Jahren allein. Ihre letzte feste Beziehung endete ebenfalls vor sechs Jahren.

Ökonomische Situation: Frau I. verdient monatlich 2600,– DM netto. An Warmmiete bezahlt sie jeden Monat 650,– DM. Für ihren Lebensunterhalt gibt sie etwa 1300,– DM im Monat aus. Das Restgeld legt sie zurück, um damit dreimal im Jahr in Urlaub fahren zu können.

Wohnverhältnisse: Frau I. wohnt bereits seit 1972 in ihrer Wohnung. Die 64 qm große Wohnung besteht aus zwei Zimmern, Küche und Bad. Frau I. wohnt in einem großen Mietshaus in einer Hochhaussiedlung und fühlte sich von Anfang an wohl in ihrer Wohnung.

Ausbildungs- und Berufsweg: Nach der Volksschule absolvierte Frau I. eine Lehre als Industriekauffrau in einem westdeutschen pharmazeutischen Betrieb, die sie mit 17 Jahren abschloß. Danach arbeitete sie ca. fünf Jahre als Amtsarzthelferin. Nach ihrem Umzug arbeitete sie als Sekretärin, Assistentin und Einkäuferin, bis sie vor fünfzehn Jahren als Personalsachbearbeiterin in die Firma eintrat, in der sie noch heute arbeitet. Nach vier Jahren wurde sie zur Außendienstassistentin befördert. Diese Stelle, die sie auch heute noch hat, macht ihr Spaß, weil sie viel mit Menschen zu tun hat.

Frühere Beziehungen: In ihrem Leben gab es bislang zwei wichtige Beziehungen. Drei Jahre lang lebte sie mit einem Mann zusammen in ihrer Wohnung. Mit diesem Mann war sie fünf Jahre eng befreundet. Er kam bei einem Unfall ums Leben. Frau I. hat Jahre gebraucht, um über diesen Verlust hinwegzukommen. Zwischen 1980 bis 1982 hatte sie ihre letzte wichtige Partnerschaft. Allerdings wohnte der Mann in Westdeutschland, was wegen der großen Entfernung wieder zur Trennung führte. Seither wohnt und lebt sie allein. Insgesamt hat Frau I. mit kurzen Unterbrechungen 15 Jahre alleine gewohnt und während eines Zeitraums von elf Jahren auch keinen „festen“ Partner gehabt.

Gründe für die heutige Lebensform: Frau I. bewertet ihre heutige Lebenssituation als positiv, da sie keine Kompromisse eingehen muß und nur für sich allein verantwortlich ist. Sie genießt die Freiheit, ohne vorher jemand fragen zu müssen, das zu tun, wozu sie gerade Lust hat. Auch auf ihre finanzielle Unabhängigkeit und den größeren Spielraum möchte sie auf keinen Fall mehr verzichten. Zwar fühlt sie sich stets für eine neue Partnerschaft offen, würde aber deshalb ihren heutigen Lebensstil nur ungern verändern.

Interview Nr. 10

Haushaltszusammensetzung und soziodemographische Daten: Herr C., Jg. 1956, ledig, Kunsthistoriker und Pressereferent, wohnt insgesamt 10 Jahre allein. Herr C. hatte noch nie in seinem Leben eine feste Beziehung.

Ökonomische Situation: Herrn C. steht ein monatliches Nettoeinkommen von 2300,– DM zur Verfügung. Davon gehen regelmäßig 300,– DM für Kaltmiete ab. Sein weiteres Geld gibt er für Essen, Bücher und Bilder aus, so daß am Monatsende kaum noch etwas übrigbleibt.

Wohnverhältnisse: In der Wohnung lebt Herr C. seit 1986. Die 65 qm große Wohnung hat zwei Zimmer, eine große Küche, Dusche und Ofenheizung. Sie liegt im Seitenflügel eines modernisierten Altbaus. Alle Wohnungen in diesem Gebäude sind Eigentumswohnungen. Herr C. wohnt in einer vermieteten Eigentumswohnung.

Ausbildungs- und Berufsweg: Nach dem Abitur in einer westdeutschen Kleinstadt begann Herr C. 1977 ein Kunstgeschichtsstudium. 1984 beendete er das Studium mit der Magisterprüfung. 1984/85 war er journalistisch tätig und hat eine kleine Zeitschrift mitherausgegeben, die jedoch wegen finanzieller Schwierigkeiten eingestellt werden mußte. 1986 war er für ein Jahr arbeitslos. Seit 1987 hat er eine ABM-Stelle als Pressereferent. Da er nicht vorhat, als Kunsthistoriker zu arbeiten, sieht er eine berufliche Perspektive im journalistischen Bereich.

Frühere Beziehungen: Herr C. hatte noch nie eine „feste" Beziehung. Mit einer einjährigen Ausnahme, in der er mit Freunden in einer Wohngemeinschaft lebte, wohnte Herr C. immer alleine. Seit seinem Auszug aus dem Elternhaus ist er bislang viermal umgezogen.

Gründe für die heutige Lebensform: Herr C. bezeichnet sich als einen sehr sachlichen Menschen. Das Bedürfnis nach Nähe, Wärme und Zärtlichkeit ist ihm fremd. Er will und kann sich einem anderen Menschen gegenüber gefühlsmäßig nicht öffnen. Deshalb besteht für ihn auch gar nicht das Bedürfnis nach einer Partnerschaft. Außerdem lehnt er es ab, Kompromisse einzugehen oder sich dem Willen eines Partners zu beugen. Die Institution der Ehe lehnt er wegen ihres Zwangscharakters ab. In eine Wohngemeinschaft würde er sofort und gerne ziehen, weil er eigentlich kein total festgelegter ‚Einzelwohner' sei. Eine Partnerschaft ist für ihn allenfalls im hohen Alter als reine Zweckgemeinschaft vorstellbar.

Interview Nr. 11

Haushaltszusammensetzung und soziodemographische Daten: Frau O., Jg. 1952, ledig, Altenpflegerin, wohnt seit 1980, als sie aus ihrer damaligen Wohngemeinschaft ausgezogen ist, allein. Seit dem Tod ihres damaligen Freundes hatte Frau O. keine weitere Beziehung mehr. Seit 1985 wohnt und lebt sie alleine.

Ökonomische Situation: Frau O. bezieht ein monatliches Nettoeinkommen in Höhe von 3000,– DM. Für die Kaltmiete gehen davon monatlich 400,– DM ab. Für Auto und Telefon gibt sie das meiste Geld aus. Für Essen und Kleidung hingegen verbraucht sie wenig.

Wohnverhältnisse: In der jetzigen Wohnung wohnt Frau O. seit 1986. Die 109 qm große Wohnung hat drei Zimmer, Küche und Bad. Als einzigen Nachteil empfindet sie die Ofenheizung. Im übrigen bietet die Altbauwohnung überwiegend nur Vorteile. Frau O. fühlt sich darin sehr wohl.

Ausbildungs- und Berufsweg: Nach der Volksschule begann Frau O. eine Lehre als Industriekauffrau, die sie nach sechs Monaten wieder abbrach. In den folgenden vier Jahren war sie in einem Datenerfassungsbüro als Typistin tätig. Danach arbeitete sie bis zu ihrem 20. Lebensjahr bei der Bundesbahn und dann für ein Jahr bei einem Zirkus als Kassiererin und Buchhalterin. Nach einem Jahr Zirkusarbeit begann sie als Altenpflegerin. Daneben jobbte sie in verschiedenen Bereichen. Seit ihrem 17. Lebensjahr belegt sie als Gasthörerin an verschiedenen Universitäten vorwiegend sozialwissenschaftliche Fächer. 1978 kam sie nach Berlin, um hier zunächst an einer Frauenzeitschrift mitzuarbeiten. Ab 1980 arbeitete sie für dreieinhalb Jahre als Dauernachtwache in Altersheimen. Tagsüber jobbte sie zusätzlich und absolvierte eine Heilpraktiker-Ausbildung. 1982 (nach bestandener Prüfung) machte sie sich als Fußpflegerin selbständig und leitete bis 1985 ein eigenes Geschäft mit zwei Angestellten. Wegen finanzieller Schwierigkeiten gab sie 1985 das Geschäft auf und arbeitete wieder als Nachtwache. Tagsüber jobbt sie in verschiedenen Bereichen. Daneben bereitet sie sich auf die Heimleiterausbildung vor, um in nächster Zeit ein eigenes Altenpflegeheim eröffnen zu können.

Frühere Beziehungen: Mit 21 Jahren wohnte sie für ein Jahr in einer Wohngemeinschaft und von 1978 bis Mitte 1979 nochmals. Sie hatte bisher in ihrem Leben vier wichtige Beziehungen, jedoch nie mit einem Partner zusammengewohnt. Die letzte und wichtigste war zwischen 1982 und 1985, bis ihr damaliger Freund verstarb. Danach hatte Frau O. keine Beziehungen mehr. Insgesamt wohnt Frau O. nun 17 Jahre allein, und während sechs Jahren hatte sie keinen festen Partner.

Gründe für die heutige Lebensform: Frau O. ist der Meinung, ihre Autonomieansprüche und ihre Kreativität nur ohne einen festen Partner ausleben zu können. Außerdem will sie sich nicht gegenüber anderen rechtfertigen müssen und sich jederzeit zurückziehen können. Heiraten will sie auf keinen Fall. Eine zukünftige Partnerschaft will sie nicht ausschließen, aber sie meint, daß ihre Ansprüche an einen Partner mit der Zeit steigen würden.

Interview Nr. 12

Haushaltszusammensetzung und soziodemographische Daten: Frau M., Jg. 1944, ledig, Physikalisch-Technische Assistentin, wohnt seit der Trennung von ihrem Freund 1986 allein. Seither hatte sie keine andere Beziehung.

Ökonomische Situation: Frau M. bezieht ein monatliches Nettoeinkommen von 3500,– DM. Davon bezahlt sie für ihre Eigentumswohnung jeden Monat 400,– DM Wohngeld. Für ihr Auto und Kosmetik gibt sie sehr viel Geld aus, weniger für Essen und Kleidung.

Wohnverhältnisse: Frau M. wohnt seit 1980 in einem modernisierten und in Eigentumswohnungen umgewandelten Altbau. Ihre 88 qm große Eigentumswohnung hat drei Zimmer, wovon sie ein Zimmer als Büro nutzt, Küche, Bad und Balkon. Die Wohnung besitzt Zentralheizung.

Ausbildungs- und Berufsweg: Nach der Mittleren Reife besuchte Frau M. zwischen 1960 und 1963 eine Fachschule in Westdeutschland. Dort machte sie auch das Staatsexamen als Physikalisch-Technische Assistentin. Von 1963 bis 1968 arbeitete sie in einem Forschungsinstitut. Danach ging sie für eineinhalb Jahre mit ihrem damaligen Freund ins Ausland und jobbte in verschiedenen Bereichen. Ab 1969 arbeitete sie vier Jahre als Kellnerin. Dazwischen hatte sie einen Kosmetiksalon eröffnet, den sie allerdings wegen finanzieller Schwierigkeiten wieder schließen mußte. Zwischen 1973 und 1984 arbeitete sie bei drei verschiedenen Agenturen in der Versicherungsbranche, bis sie dann 1984 bei der Versicherung anfing, bei der sie auch heute noch tätig ist. Sie arbeitet im Außendienst und hat ein eigenes Büro zu Hause.

Frühere Beziehungen: Frau M. hatte bisher fünf „feste“ Beziehungen. Davon wohnte sie allerdings nur ein Vierteljahr mit einem Mann zusammen in ihrer Wohnung. In den eineinhalb Jahren Auslandsaufenthalt wohnte sie mit ihrem damaligen Freund in Hotels. Ansonsten wohnt Frau M. insgesamt 26 Jahre alleine, davon 24 Jahre ohne feste Partnerschaft.

Gründe für die heutige Lebensform: An ihrer Lebensform schätzt Frau M. vor allem die Ruhe und Ungestörtheit. Sie kann so ausgiebig schlafen, wie sie will und muß auf niemandes Interessen Rücksicht nehmen. Heiraten möchte Frau M. nicht. Eine Partnerschaft fände sie zwar wichtig, jedoch sucht sie nicht aktiv nach einem Partner.

Interview Nr. 13

Haushaltszusammensetzung und soziodemographische Daten: Herr A., Jg. 1955, ledig, kaufmännischer Angestellter, wohnt 1980 ununterbrochen allein. Seit vier Jahren kennt er eine verheiratete Frau, die er einmal in der Woche trifft. Eine festere Beziehung mit ihr möchte er nicht eingehen.

Ökonomische Situation: Herr A. bezieht ein monatliches Nettoeinkommen von ca. 3000,– DM. Davon bezahlt er jeden Monat 550,– DM Warmmiete, ein Betrag, der ihm durchaus akzeptabel erscheint. Neben gelegentlichen, einmaligen Ausgaben für Einrichtungsgegenstände hat er kaum Ausgaben. Er bezeichnet sich als nicht konsumorientiert. Für seinen Lebensunterhalt gibt er kaum Geld aus.

Wohnverhältnisse: Seit 1980 bewohnt Herr A. eine 50 qm große Einzimmerwohnung. Zu dem geräumigen Zimmer von ca. 28 qm gehört eine Kochnische, dazu kommen ein großes Bad und ein Balkon. Die Wohnung, ausgestattet mit Zentralheizung, liegt im zweiten Stock eines im Sozialen Wohnungsbaus errichteten Neubaus. Die Wohnung entspricht überwiegend seinen Vorstellungen, aber sie könnte noch ein Zimmer mehr haben.

Ausbildungs- und Berufsweg: Mit 19 Jahren ging Herr A. ohne Abitur vom Gymnasium ab. 1974 jobbte er für ein Jahr als Lagerarbeiter in einer großen Chemiefirma. Danach wurde ihm in dieser Firma ein Angestelltenposten angeboten. In der Zwischenzeit ist es ihm ohne spezielle Lehre oder Ausbildung gelungen, Leiter einer Abteilung mit 22 Mitarbeitern zu werden.

Frühere Beziehungen: Herr A. hatte bisher vier bis fünf intensivere Beziehungen, in denen er allerdings nie mit der Partnerin zusammenwohnte. Die letzte „feste“ Beziehung liegt vier Jahre zurück. Seitdem kennt er eine verheiratete Frau, mit der er sich regelmäßig einmal die Woche trifft. Er empfindet dies aber nicht als Beziehung, weil sie „gerne und glücklich“ verheiratet ist und er die Beziehung nicht ausdehnen möchte. Insgesamt wohnt er seit 1980 allein und hat sieben Jahre keine Partnerin.

Gründe für die heutige Lebensform: Herr A. meint, schon von jeher ein

Einzelgänger gewesen zu sein. Er schildert sich als überzeugten Single, der seine Freizeit- und Sportaktivitäten jeder Partnerschaft vorzieht. Herr A. will auf gar keinen Fall heiraten, hätte allerdings gerne Kinder. Er hat auch in absehbarer Zeit nicht vor, mit jemandem zusammenzuwohnen. Mit einer festen Beziehung verbindet er die Vorstellung, sich in einem „Würgegriff" zu befinden. Außerdem wirkt seine Schwester als abschreckendes Beispiel: Sie lebt bereits in zweiter Scheidung.

Interview Nr. 14

Haushaltszusammensetzung und soziodemographische Daten: Frau L., Jg. 1952, geschieden, Serviererin, wohnt seit 1981, dem Jahr ihrer Trennung, ununterbrochen alleine. Seit ungefähr 1985 hatte sie keine feste Beziehung mehr.

Ökonomische Situation: Frau L. verfügt über ein monatliches Nettoeinkommen von 1700,– DM. Davon gehen regelmäßig 580,– DM für die Warmmiete ab. Für ihre Katze und ihre Ernährung sowie Kosmetik gibt sie das meiste Geld aus. Für Kleidung braucht sie wenig, sie schildert sich als nicht so modebewußt.

Wohnverhältnisse: Frau L. wohnt seit 1984 in einer 70 qm großen Wohnung, die in einem mehrgeschossigen Neubau liegt. Die Wohnung besteht aus zwei Zimmern, Küche, Bad und Balkon. Die Wohnung wird zentral beheizt. Frau L. hat gezielt nach einer Zweizimmerwohnung gesucht und diese sehr sorgfältig eingerichtet.

Ausbildungs- und Berufsweg: Frau L. hat 1968 in der DDR eine Lehre als Gastronomin begonnen. Anschließend arbeitete sie als Kellnerin. 1981 siedelte sie über und begann als Kellnerin in einem Hotel. Nebenbei belegte sie Kurse in Englisch und Französisch. Sie arbeitet viel und hart, das Betriebsklima gefällt ihr sehr gut.

Frühere Beziehungen: Frau L. heiratete 1976 mit 24 Jahren ihren Freund, den sie damals vier Jahre kannte. Nach fünf Jahren trennte sich das Ehepaar, nach zehn Jahren ließ sie sich scheiden. Zwischen 1982 und 1983 hatte sie eine kurze Beziehung zu einem Partner, der jedoch auswanderte. Auch die nächste Beziehung scheiterte an der räumlichen Entfernung. Nach der Trennung von ihrem Ehemann 1981 hat Frau L. mit niemandem mehr zusammengewohnt. Insgesamt wohnt sie, mit Unterbrechungen, zwölf Jahre allein. Ohne festen Partner hat sie insgesamt zehn Jahre gelebt.

Gründe für die heutige Lebensform: Frau L. schätzt ihre finanzielle Unabhängigkeit und ihren Freiraum. Sie ist mit dem Leben, das sie jetzt führt, zufrieden. Im Moment kann sie sich nicht vorstellen, mit jemandem zusammenzuziehen, es sei denn, es würde sich finanziell lohnen. Heiraten möchte Frau L. nie mehr. Sie ist davon überzeugt, daß „die Ehe die Liebe tötet".

Interview Nr. 15

Haushaltszusammensetzung und soziodemographische Daten: Herr G., Jg. 1943, geschieden, Hotelkaufmann, wohnt seit seiner Scheidung 1968 zwanzig Jahre ununterbrochen alleine. Seit elf Jahren hat er eine Freundin. Diese Beziehung ist für ihn jedoch keine feste Partnerschaft.

Ökonomische Situation: Herr G. bezieht ein monatliches Nettoeinkommen von ca. 2300,– DM. Davon bezahlt er eine monatliche Warmmiete in Höhe von ca. 900,– DM. Für Körperpflege und Kleidung gibt er ebenfalls einen recht hohen Betrag aus. Er kauft vornehmlich in Boutiquen mit Markenartikeln ein. Für den Urlaub braucht er dagegen wenig Geld. Herr G. besitzt kein Auto.

Wohnverhältnisse: In der Wohnung lebt Herr G. seit 1986. Die 65 qm große Wohnung gehört zu einem niedergeschossigen Neubau in einer ruhigen, parkähnlichen Wohnanlage. Sie hat zwei Zimmer, Küche, Bad und Balkon und wird zentral beheizt. Diese Wohnung hat sich Herr G. gezielt gesucht, obwohl die Miete ca. 35 Prozent seines Einkommens ausmacht.

Ausbildungs- und Berufsweg: Herr G. ist seit 25 Jahren berufstätig. 1960 absolvierte er in einer westdeutschen Großstadt eine Lehre als Hotelkaufmann. Danach arbeitete er in verschiedenen Städten in Westdeutschland. Außerdem hat er in seinem Beruf dreieinhalb Jahre Auslandserfahrung gesammelt. In Berlin arbeitet er seit 1975. Zu seinen Aufgaben gehört mittlerweile auch die Betreuung und Ausbildung ihm unterstellter Mitarbeiter.

Frühere Beziehungen: Mit 22 Jahren heiratete Herr G. seine damals 19 Jahre alte Freundin. Vor der Ehe wohnte er in einem kleinen möblierten Zimmer. Nach der Hochzeit zog er mit seiner Frau zusammen. Die Ehe wurde nach drei Jahren wieder geschieden. Seit nunmehr zwanzig Jahren wohnt er allein. Seit seiner Scheidung 1968 hatte Herr G. keine feste Beziehung mehr. Seit 1977 kennt er eine verheiratete Frau, mit der er sich einmal in der Woche trifft. Er sieht dieses Verhältnis nicht als Beziehung an und ist auch stets bemüht eine gewisse Distanz zu behalten. Zuviel Nähe lehnt er ab. Die sexuelle Beziehung interessiert ihn wenig, für ihn steht der intellektuelle Austausch im Vordergrund. Er wohnt seit seiner Scheidung allein und hat insgesamt 20 Jahre keine Partnerin.

Gründe für die heutige Lebensform: Herr G. lebt allein, weil er nicht ständig auf jemanden Rücksicht nehmen möchte. Er meint, das enge Aufeinandersitzen in einer Partnerschaft würde ihm den Atem nehmen. Er braucht seine Freiheit und Unabhängigkeit. Er kann sich nicht vorstellen, wieder mit jemandem fest befreundet zu sein oder gar mit ihm zusammenzuwohnen. Die Institution Ehe empfindet er als eine einzige Lüge. Seiner Ansicht nach sollte man den Trauschein insgesamt abschaffen.

Interview Nr. 16

Haushaltszusammensetzung und soziodemographische Daten: Frau B., Jg. 1955, ledig, Heilpädagogin, lebt allein mit ihrer Tochter, Jg. 1985.

Ökonomische Situation: Frau B. verdient 2280,– DM. Für ihre Tochter bekommt sie 251,– DM Unterhalt und 150,– DM Kindergeld. Die Miete für die Wohnung beträgt 520,– DM (warm). Hinzu kommen die Strompauschale (80,– DM im Monat) und die Kosten für Telefon, Rundfunkgebühren, Versicherungen etc. Frau B. hat ein Auto, da sie sonst Berufstätigkeit und Kinderbetreuung nicht vereinbaren könnte.

Rechtliche Vereinbarungen: Frau B. hat ein Testament notariell hinterlegt, in dem der Verbleib der Tochter in ihrem Todesfall geregelt wird (Freunde mit zwei Kindern in Westdeutschland). Des weiteren hat sie eine Lebensversicherung zugunsten ihrer Tochter abgeschlossen.

Kinder: Frau B. bekam ihre Tochter 1985. Die noch kurze Beziehung zum Vater ihres Kindes löste sich abrupt, als er erfuhr, daß sie schwanger war. Er riet zur Abtreibung, meinte jedoch, wenn sie das Kind haben wolle, würde er zwar die Vaterschaft anerkennen, aber keine sozialen Verpflichtungen ihr oder dem Kind gegenüber übernehmen.

Zum damaligen Zeitpunkt arbeitete Frau B. bereits an ihrer heutigen Arbeitsstelle. Nach dem Mutterschutz nahm sie noch ein halbes Jahr Babyurlaub. Nach vier Monaten bekam sie eine Tagesmutter zugewiesen (nach viel Druck gegenüber dem Bezirksamt) und konnte die Tochter langsam an die neue Situation gewöhnen. Als die Tochter zweieinhalb Jahre alt war, bekam sie einen Platz in einer von fünf angeschriebenen KiTa's, die sie, obwohl noch sehr klein, aufnehmen mußte, weil die Tagesmutter vom Bezirksamt gekündigt wurde. Die Tochter geht jetzt seit einem halben Jahr in die KiTa.

Wohnverhältnisse: Frau B. wohnt in einer Zwei-Zimmer-Altbauwohnung (50 qm) mit Küche und winzigem Bad. Die Wohnung verfügt über eine Gasetagenheizung. Der kleinere Raum nach hinten dient als Kinderzimmer, in dem jedoch auch das Bett der Mutter steht und so auch als gemeinsames Schlafzimmer genutzt wird. Das größere Zimmer dient als Wohnraum, in dem auch das Kind noch eine Spielecke hat. Die Küche ist klein, aber ausreichend für einen Eßplatz für die beiden.

Ausbildung und Berufsweg: Frau B. hat nach dem Hauptschulabschluß eine Handelsschule absolviert und danach eine Erzieherinnenausbildung abgeschlossen. Nach achtjähriger Berufspraxis in verschiedenen sozialen Bereichen absolvierte sie eine zweijährige (Vollzeit-) Weiterbildung zur Heilpädagogin. In diesem Beruf arbeitet sie seit Abschluß der Ausbildung 1984.

Frühere Beziehungen: Frau B. hatte zwei länger dauernde nichteheliche Beziehungen, dazwischen immer wieder lockere Beziehungen.

Gründe für heutige Lebensform: Frau B. hatte sich die Entscheidung, das Kind ohne Vater zu bekommen und aufzuziehen, nicht leicht gemacht.

Durch unglücklich verlaufene frühere Beziehungen hatte sie schon zweimal abtreiben müssen. Als sie diesmal wieder schwanger war, wollte sie trotz der schwierigen Situation nicht nochmal abtreiben. Frau B. möchte gern eine längerfristige Beziehung – auch wegen der Tochter –, kann sich jedoch nicht vorstellen, mit einem Mann zusammenzuwohnen.

Interview Nr. 17

Haushaltszusammensetzung und soziodemographische Daten: Frau J., Jg. 1950, ledig, Sekretärin, lebt allein mit ihrem Sohn, Jg. 1982.

Ökonomische Situation: Frau J. verdient in ihrer Halbtagsstelle 1345,– DM (netto). Für ihren Sohn bekommt sie 250,– DM Unterhalt. Die Miete für ihre Wohnung beträgt 457,– DM (warm).

Rechtliche Vereinbarungen: keine

Kinder: Frau J. bekam ihren Sohn 1982. Es war von Anfang an klar, daß der Vater nichts mit dem Kind zu tun haben würde. Frau J. bezog drei Jahre lang Sozialhilfe, um sich ganz dem Kind widmen zu können. Nach drei Jahren kam der Sohn in eine KiTa, als Frau J. wieder halbtags erwerbstätig wurde. Mittlerweile geht das Kind vormittags in eine Vorschule und nachmittags in einen Schülerladen.

Wohnverhältnisse: Frau J. wohnt in einer 2-Zimmer-Altbauwohnung (70 qm), Hinterhaus. Die Wohnung ist ungünstig geschnitten, da man nur durch ein Durchgangszimmer in den hinten gelegenen Raum kommen kann. Das hintere Zimmer wird als Kinderzimmer genutzt. Das vordere benutzt Frau J. als Schlaf-, Wohn-, Arbeits- und Eßzimmer. Die Küche ist zu klein für einen Eßplatz.

Ausbildung und Berufsweg: Frau J. hat Mittlere Reife und eine Ausbildung als Rechtsanwaltsgehilfin. Zur Zeit arbeitet sie als Sekretärin mit einer halben Stelle. Abschließend absolvierte sie eine Sekretärinnenausbildung und arbeitet in mehreren Firmen als Sekretärin. Nach einigen Jahren Berufstätigkeit machte sie eine Umschulung als Erzieherin. Da sie keine Stelle für das Anerkennungsjahr bekam, ging sie in ihren alten Beruf zurück. Nach der Geburt des Kindes hörte sie auf zu arbeiten und bezog, wegen des Kindes, drei Jahre lang Sozialhilfe. Als das Kind einen Kindergartenplatz hatte, wurde sie wieder halbtags erwerbstätig als Sekretärin.

Frühere Beziehungen: Keine Angaben

Gründe für heutige Lebensform: Frau J. bemerkte erst Anfang des vierten Monats, daß sie schwanger war. Der Vater des Kindes riet ihr dringed zu einer Abtreibung, da er mit dem Kind nichts zu tun haben wollte. Nach reiflicher Überlegung und vielen Schuldgefühlen ihrem Freund gegenüber entschloß sie sich, das Kind zu bekommen. Seitdem hat sie keinen Kontakt mehr zum Vater ihres Kindes.

Interview Nr. 18

Haushaltszusammensetzung und soziodemographische Daten: Frau P., Jg. 1953, ledig, arbeitslos, lebt allein mit ihrem Sohn, Jg. 1985.

Ökonomische Situation: Frau P. lebt seit der Geburt ihres Sohnes von 803,– DM Sozialhilfe. Für ihren Sohn bezieht sie 203,– DM Unterhalt von der Unterhaltsvorschußkasse. Die Miete für die Wohnung beträgt 350,– DM (kalt), sie wird nicht vom Sozialamt übernommen. Die zur Heizung notwendigen Kohlen bezieht sie jedoch vom Sozialamt (monatlich ca. 70,– DM), ebenso ca. 600,– DM Kleidergeld im Jahr. Die KiTa-Kosten ihres Sohnes (65,– DM) muß sie ebenfalls selbst bezahlen. Auch sie werden nicht vom Sozialamt übernommen.

Rechtliche Vereinbarungen: Bislang bestehen keine rechtlichen Vereinbarungen. Allerdings möchte Frau P. demnächst testamentarisch festlegen, daß ihr Sohn, falls sie stirbt, zu einer Freundin kommt.

Kinder: Frau P. bekam ihren Sohn 1985 in einer Nichtehelichen Lebensgemeinschaft. Zum Zeitpunkt der Schwangerschaft war die Beziehung bereits in einer Krise. Frau P. war sich bewußt, daß es dazu kommen könnte, daß sie das Kind allein erzieht. Die Entfremdung zwischen den Partnern steigerte sich während der Schwangerschaft. Kurz nach der Geburt kam es zum Bruch. Frau P. versorgt ihren Sohn seit der Geburt mehr oder weniger allein. Sie hat deshalb aufgehört, erwerbstätig zu sein.

Wohnverhältnisse: Frau P. lebt in einer 2-Zimmer-Altbauwohnung (60 qm). Die Wohnung hat Ofenheizung und Dusche. Ein Zimmer wird als Kinderzimmer genutzt, das andere Zimmer als Wohnzimmer. Frau P. schläft in der Küche. Die Einrichtung der Wohnung ist sehr bescheiden.

Ausbildung und Berufsweg: Frau P. hat nach der Mittleren Reife keine weitere Ausbildung gemacht, sondern arbeitete bei der Post als angelernte Angestellte. Anschließend besuchte sie die Schule für Erwachsenenbildung und machte Abitur. Zu dieser Zeit kündigte sie ihre Stelle bei der Post und begann, in verschiedenen Kneipen zu arbeiten. Ihr Studium der Germanistik und Publizistik brach sie nach dem ersten Semester ab, arbeitete weiter in Kneipen und gleichzeitig in der Altenpflege. Seit der Geburt ihres Kindes lebt sie von Sozialhilfe.

Frühere Beziehungen: Die Beziehung zum Vater ihres Kindes war bislang die wichtigste für Frau P. Wegen seiner Probleme mit Alkohol und zunehmender Gewalttätigkeiten gegen sie trennte sie sich vor einem Jahr (1987) von ihm.

Gründe für heutige Lebensform: Frau P. hatte einen starken Kinderwunsch, Herr X., ihr damaliger Partner, war sich unsicher. Als Frau P. schwanger war, wurde die Beziehung zu Herrn X. immer schwieriger. Kurz nach der Geburt kam es zum Bruch. Frau P. hatte nach der Trennung große Schuldgefühle gegenüber Herrn X. Nach der komplizierten Trennung hat Frau P. momentan kein Interesse an einer festen Partnerschaft. Zwar hätte sie gerne einen Freund, würde mit ihm jedoch nicht zusammen wohnen wollen.

Interview Nr. 19

Haushaltszusammensetzung und soziodemographische Daten: Frau C., Jg. 1949, geschieden, Sekretärin, lebt zusammen mit ihrer Tochter, Jg. 1973.

Ökonomische Situation: Frau C. verdient 3000,– DM (brutto) und bekommt 600,– DM Unterhalt für ihre Tochter. Die Miete für die Wohnung beträgt 650,– DM (warm), hinzu kommen Bewag und Telefon. Frau C. hat kein Auto.

Rechtliche Vereinbarungen: keine

Kinder: Frau C. bekam ihre Tochter in erster Ehe 1973. Zwei Jahre nach Geburt des Kindes wurde die Ehe geschieden. Frau C. war von diesem Zeitpunkt an allein für ihre Tochter verantwortlich. Der Vater hatte keinen Kontakt mehr zu seiner Tochter. Da Frau C. immer erwerbstätig war, kam das Kind zuerst in eine Krippe, dann in die KiTa und als Schulkind in den Hort.

Wohnverhältnisse: Frau C. wohnt in einer 90 qm großen Neubauwohnung. Die Wohnung umfaßt drei Zimmer. Mutter und Tochter haben je ein Zimmer, das Wohnzimmer wird gemeinsam genutzt. Der Eßplatz liegt in der Diele gegenüber der Küche.

Ausbildung und Berufsweg: Frau C. hat die Mittlere Reife und eine Ausbildung als Sekretärin gemacht. Frau C. war in verschiedenen Firmen tätig. Heute arbeitet sie als Verwaltungsangestellte in einer Behörde.

Frühere Beziehungen: Frau C. lernte ihren ersten Mann mit 18 Jahren kennen. Mit 21 Jahren heiratete sie, und fünf Jahre später ließ sie sich wieder scheiden. Das Sorgerecht für ihre Tochter bekam sie allein zugesprochen. Danach lebte sie weitere fünf Jahre mit einem Partner in einer Nichtehelichen Lebensgemeinschaft. Nach der Trennung aus dieser Beziehung lernte sie ihren zweiten Ehemann kennen und heiratete ihn ein halbes Jahr später. Ein Jahr darauf ließ sie sich wegen seiner Alkoholprobleme wieder scheiden.

Gründe für heutige Lebensform: Nach drei gescheiterten Beziehungen will Frau C. vorerst keine neue engere Partnerschaft eingehen.

Interview Nr. 20

Haushaltszusammensetzung und soziodemographische Daten: Frau L., Jg. 1946, geschieden, Sachbearbeiterin in einer Behörde, lebt zusammen mit ihren beiden Töchtern, Jg. 1976 und Jg. 1979.

Ökonomische Situation: Frau L. verdient ca. 3000,– DM (netto). Für die beiden Kinder bekommt sie keinen Unterhalt, da der Vater seit der Scheidung verschwunden ist. Da die Töchter älter als sechs Jahre sind, bekommt sie auch kein Geld von der Unterhaltsvorschußkasse. Die Wohnung kostet 930,– DM warm. Hinzu kommen Kosten für Warmwasser (102,– DM), Strom, Telefon und die Kosten für einen Kleinwagen.

Rechtliche Vereinbarungen: Frau L. hat eine Lebensversicherung zugunsten der Kinder und eine Krankenzusatzversicherung abgeschlossen.

Kinder: Die Kinder sind 1976 und 1979 geboren. Frau L. war nach der Geburt der Kinder jeweils wieder voll erwerbstätig, da die Kinder von der Schwiegermutter betreut werden konten. Der Vater kümmerte sich kaum um die Versorgung der Kinder. Nach der Scheidung veränderte sich von daher für Frau L. nur wenig, da sie die Töchter bislang fast allein großgezogen hatte. Mittlerweile gehen beide Kinder zur Schule. Die Ältere ist nach der Schule allein zu Hause, die Jüngere geht in den Hort.

Wohnverhältnisse: Frau L. wohnt in einer 90 qm großen Neubauwohnung. Die Wohnung umfaßt 3½ Zimmer. Die Töchter bewohnen gemeinsam ein großes Kinderzimmer. Frau L. hat ein kleines Schlafzimmer. Wohnzimmer und kleines Eßzimmer werden gemeinsam genutzt.

Frühere Beziehungen: Frau L. lernte ihren Mann mit 18 Jahren kennen. Er war ihre erste Beziehung. 1968 heirateten sie. Nach ungefähr fünf Ehejahren, nach der Geburt der zweiten Tochter, begann es in der Ehe zu kriseln. Frau L. war durch die Arbeit in Beruf und mit den Kindern zunehmend überfordert. Herr L. beteiligte sich weder an der Hausarbeit noch an der Kinderbetreuung. Die Beziehungskrise spitzte sich zu; Herr L. begann exzessiv zu trinken und hatte eine Freundin. Trotzdem versuchte Frau L. noch jahrelang, „den Kindern den Vater zu erhalten". Das Paar trennte sich 1984 und wurde 1986 geschieden. Neue Freundschaften und Liebschaften hielten jeweils nicht besonders lange, da bislang keiner der Partner ihren Vorstellungen entsprach.

Gründe für heutige Lebensform: Die Scheidung bedeutete für Frau L. regelrecht eine Befreiung aus dem „Joch der Ehe". Ihre Selbständigkeit und Freiheit will sie sich nicht wieder einschränken lassen. Trotzdem kann sie sich vorstellen, nochmals zu heiraten und noch ein Kind zu bekommen, wenn „es der Richtige wäre". Jedoch wolle sie sich in einer neuen Partnerschaft keine Vorschriften mehr machen lassen.

Ausbildung und Berufsweg: Frau L. hat Mittlere Reife und eine Ausbildung in der Verwaltung. Sie war vorwiegend in der Verwaltung erwerbstätig. Nur für kurze Zeit war sie in einer Buchhandlung tätig, weil sie durch den Arbeitsplatzwechsel ihres Mannes nach Westdeutschland nicht sofort eine Stelle in ihrem Beruf fand. Nach Berlin zurückgekehrt, konnte wieder sie in ihrer alten Behörde anfangen.

Interview Nr. 21

Haushaltszusammensetzung und soziodemographische Daten: Frau H., Jg. 1954, ledig, Lehrerin (Referendariat), lebt mit ihrem Sohn, Jg. 1984, allein.

Ökonomische Situation: Frau H. verdient 1800,– DM netto. Für ihren Sohn bekommt sie 270,– DM Unterhalt. Die Wohnung kostet 560,– DM warm. Dazu kommen Telefon, Gasag und Bewag und die Kosten für ein Auto. Sie hat ausgerechnet, daß sie für das Kind ca. 900,– DM monatlich ausgeben muß.

Rechtliche Vereinbarungen: keine

Kinder: Frau H. bekam ihren Sohn 1983 in einer Nichtehelichen Lebensgemeinschaft. Neun Monate nach der Geburt des Kindes zog der Vater in eine andere Wohnung und löste die Beziehung auf. Der Vater kümmerte sich nur sporadisch um das Kind. Er wollte zwar einmal wöchentlich die Sorge für das Kind übernehmen, eine Kontinuität war jedoch nie herstellbar. Mal lief die Kindesbetreuung ein paar Wochen reibungslos, mal erfand er Ausreden, um sich nicht um das Kind kümmern zu müssen. Das Kind kam, als es zwei Monate alt war, ganztägig zur Tagesmutter und später in eine Krippe. Heute geht der Sohn in eine KiTa und ab August 1988 in eine Vorschule, anschließend in den Kinderhort. Frau H. ist darauf angewiesen, daß ihr Sohn ganztägig versorgt wird.

Wohnverhältnisse: Frau H. hat eine 2-Zimmer-Altbauwohnung. Die Wohnung ist 60 qm groß, hat Zentralheizung, Küche und Bad. Ein Zimmer wird als Kinderzimmer genutzt. Das andere Zimmer ist Frau H.s Arbeits- und Schlafzimmer.

Ausbildung und Berufsweg: Frau H. hat Abitur und studierte Pädagogik. Nach dem ersten Staatsexamen arbeitete sie fünf Jahre als wissenschaftliche Mitarbeiterin in einem Forschungsprojekt. Zur Zeit absolviert sie ihre Referendariatszeit und bereitet sich auf das zweite Staatsexamen vor.

Frühere Beziehungen: Als Frau H. den Vater ihres Kindes kennenlernte, hatte sie zwei nichteheliche Beziehungen hinter sich. Mit einem dieser Männer hatte sie zusammen in einer Wohngemeinschaft gelebt, mit dem anderen lebte sie zu zweit allein. Die Beziehung zum Vater ihres Kindes bestand ca. zwei Jahre, als ihr Sohn geboren wurde. Neun Monate nach der Geburt des Kindes ging die Beziehung in die Brüche. Herr G. hatte eine Freundin, und Frau H. lehnte es ab, in einer Dreiecksbeziehung zu leben.

Gründe für heutige Lebensform: Die Trennung verlief für Frau H. sehr schmerzlich, und sie brauchte sehr lange, um mit ihrer neuen Situation zurechtzukommen. Sie wäre gerne mit ihrem ehemaligen Partner zusammengeblieben und hätte auch gern ein zweites Kind mit ihm gehabt. Inzwischen hat sie sich jedoch mit der veränderten Situation arrangiert und ist auch ganz zufrieden. Sie ist ganztags erwerbstätig und widmet ihre ganze freie Zeit dem Kind. Für eine neue Partnerschaft fehlt ihr bislang der passende Partner.

Interview Nr. 22

Haushaltszusammensetzung und soziodemographische Daten: Frau M., Jg. 1953, ledig, Kinderkrankenschwester (Stationsschwester), lebt allein mit ihrem Sohn, Jg. 1979.

Ökonomische Situation: Frau M. verdient 2400,– DM (netto). Die Wohnung kostet 740,– DM warm. Dazu kommen Bewag, Gasag und Telefon. Der Vater des Kindes zahlt 500,– DM im Monat Unterhalt für das Kind und unterstützt auch Frau M., wenn sie das für erforderlich hält.

Rechtliche Vereinbarungen: Frau M. hat eine Lebensversicherung zugunsten ihres Sohnes abgeschlossen. Der Vater des Kindes hat den unehelichen Sohn in sein Testament mit aufgenommen.

Kinder: Frau M.s Sohn wurde 1979 in einer nichtehelichen Beziehung geboren. Der Vater ihres Kindes ist verheiratet. Als der Sohn drei Jahre alt war, zog Frau M. in seine Nähe. Sie wollte nicht länger allein für das Kind zuständig sein. Jedoch blieb die Unterstützung des Vaters bei der Erziehung gering. Heute geht das Kind in die Schule und anschließend in den Hort, von dem es um 17.00 Uhr abgeholt wird.

Wohnverhältnisse: Frau M. wohnt in einer Altbauwohnung. Die Wohnung ist 80 qm groß, besteht aus drei Zimmern, Küche und Bad, mit Zentralheizung. Die Zimmer sind in Wohn-, Schlaf- und Kinderzimmer aufgeteilt. Die Einrichtung ist durchschnittlich, jedoch mit einigen wertvollen Stücken (Biedermeier) verschönert.

Ausbildung und Berufsweg: Frau M. hat nach der Volksschule eine Ausbildung als Krankenschwester gemacht. Später hat sie über den Zweiten Bildungsweg das Abitur nachgeholt, um Medizin zu studieren. Den Plan gab sie aber nach dem Abitur wieder auf (zu alt, zu langes Studium, schlechte Berufsaussichten). Sie machte statt dessen eine Zusatzausbildung als Kinderkrankenschwester und arbeitet heute als Stationsschwester.

Frühere Beziehungen: Für Frau M. war die Beziehung zu dem Vater ihres Kindes die erste wichtige Beziehung. Herr K. ist jedoch verheiratet, hat zwei eheliche Söhne und konnte sich nicht zu einer Scheidung durchringen. Die Beziehung dauerte über zehn Jahre – teilweise haben sie auch zusammen gelebt – und ist seit zwei Jahren beendet, weil Frau M. das ewige „Hin und Her" wegen der Scheidung nicht mehr ertragen konnte.

Gründe für heutige Lebensform: Frau M. will nach der gescheiterten Beziehung keine intensive Beziehung mehr zu einem Mann aufbauen. Sie ist froh, ihren Sohn alleine zu haben, bedauert aber, daß ausschließlich sie die Verantwortung für ihn trägt. Eine Entlastung durch den Vater des Kindes wäre ihr lieb.

Interview Nr. 23

Haushaltszusammensetzung und soziodemographische Daten: Frau V., Jg. 1952, geschieden, Buchhalterin, lebt allein mit ihrem Sohn, Jg. 1984.

Ökonomische Situation: Frau V. arbeitet als Buchhalterin bei einer Transportgesellschaft und verdient 2300,– DM netto. Von der Unterhaltskasse bezieht sie 203,– DM für ihren Sohn. Sie ist von ihrem Mann geschieden, bekommt von ihm aber selbst keinen Unterhalt. Die Wohnung kostet 480,– DM warm. Hinzu kommen Bewag und Telefon und die Kosten für ihr Auto.

Rechtliche Vereinbarungen: Frau V. hat eine Lebensversicherung zugunsten ihres Sohnes abgeschlossen.

Kinder: Frau V.s Sohn wurde 1984 in den USA geboren. Die ersten beiden Jahre versorgte sie das Kind alleine, da sie in den USA keine Arbeit finden konnte. Nach ihrer Rückkehr 1986 bekam sie für den Sohn einen Platz in einem städtischen Kindergarten, so daß sie wieder erwerbstätig sein konnte. Sie widmet ihre ganze freie Zeit dem Kind.

Wohnverhältnisse: Die 50 qm große Neubauwohnung (Sozialer Wohnungsbau) liegt in einem Hochhaus und besteht aus zwei Zimmern, Küche und Bad. Ein Zimmer nutzt Frau V. als Wohn- und Schlafzimmer, das andere als Kinderzimmer. Die Einrichtung der Zimmer wirkt sehr bescheiden. Da Frau V. nach der Scheidung mit nur zwei Koffern aus den USA zurückkehrte, mußte sie die gesamte Wohnungseinrichtung und den Hausrat neu anschaffen. Die Einrichtung des Wohnzimmers besteht weitgehend aus geschenkten und zusammengesuchten Möbelstücken. Nur die Einrichtung im Kinderzimmer ist neu.

Ausbildung und Berufsweg: Frau V. hat Realschulabschluß und eine dreijährige Lehre als Industriekauffrau absolviert. Danach war sie als Buchhalterin tätig. Ein Jahr nach der Heirat zog sie mit ihrem Mann, einem amerikanischen Soldaten, der in die USA zurückversetzt wurde, nach Washington. Dort fand sie keine Arbeit und war deshalb insgesamt drei Jahre erwerbslos. Nach ihrer Rückkehr wurde sie sofort wieder als Buchhalterin bei einer Transportgesellschaft erwerbstätig.

Frühere Beziehungen: Frau V. war vier Jahre verheiratet und lebte ab 1983 mit ihrem Mann in den USA. Seit 1986 ist sie nach amerikanischem Recht geschieden. Die Ehe ging auseinander, weil der Mann drogenabhängig war. Vor der Ehe hatte sie keine ernsthafte Liebesbeziehung.

Gründe für heutige Lebensform: Wegen der schlechten Erfahrungen, die Frau V. in ihrer Ehe gemacht hat, möchte sie so schnell keinen neuen Partner mehr. Sie möchte die Erziehung ihres Sohnes nach ihren Vorstellungen gestalten und sich nicht, wie dies in ihrer Ehe der Fall war, „ständig reinreden lassen". Ein zukünftiger Partner sollte sich, anders als ihr Mann, gleichberechtigt am Haushalt und an der Kinderbetreuung beteiligen und ihrem Sohn als Vorbild dienen.

Interview Nr. 24

Haushaltszusammensetzung und soziodemographische Daten: Frau S., Jg. 1948, ledig, arbeitslose Sekretärin, lebt allein mit ihrem Sohn, Jg. 1983.

Ökonomische Situation: Frau S. ist z.Zt. arbeitslos und bekommt 1100,– DM Arbeitslosengeld. Vom Vater des Kindes bekommt sie 300,– DM Unterhalt für das Kind. Die Wohnung kostet 460,– (warm), dazu kommen Bewag, Gasag und Telefon. Frau S. hat kein Auto.

Rechtliche Vereinbarungen: keine

Kinder: Frau S. bekam ihren Sohn 1983 und mußte durch eine Vaterschaftsklage den Vater feststellen lassen. Nach Feststellung seiner Vaterschaft kümmerte er sich jedoch um seinen Sohn. Er wird regelmäßig dreimal in der Woche von ihm betreut, d.h. dreimal in der Woche verbringt das

Kind nach der KiTa die Zeit in der Wohnung des Vaters. Die vier anderen Tage der Woche wird das Kind von Frau S. versorgt. Das Kind geht montags bis freitags von 9.00 bis 14.00 Uhr in die KiTa. Der Vater kümmert sich ebenfalls um die Organisation der Eltern-KiTa. Er übernimmt regelmäßig den Putzdienst und nimmt auch an den KiTa-Besprechungen teil. Einmal im Jahr fährt er mit dem Kind in den Urlaub.

Wohnverhältnisse: Frau S. wohnt in einer 70 qm großen 3-Zimmer-Altbauwohnung. Die Wohnung hat Küche, Bad und Zentralheizung. Sie ist in Kinder-, Wohn- und Schlafzimmer aufgeteilt. Die Küche hat einen Eßplatz.

Ausbildung und Berufsweg: Frau S. hat mit 13 Jahren die Hauptschule verlassen, um in der mütterlichen Gastwirtschaft als Küchenhilfe und Bedienung mitzuarbeiten. Nach einem Jahr begann sie eine Lehre als Bürogehilfin, die sie nach zwei Jahren wieder abbrach. Es folgte ein Jahr Aufenthalt in Schweden als Au-pair-Mädchen, ein Jahr in Großbritannien und zwei Jahre Aufenthalt in Frankreich, wo sie mit einem Freund lebte, der auch für ihren Unterhalt aufkam. Nach ihrer Übersiedlung begann sie, als Hilfskraft in einem Büro zu arbeiten. Seit dieser Zeit war Frau S. als Sekretärin in verschiedenen Firmen tätig. Ihr wurde vor drei Monaten aus Rationalisierungsgründen gekündigt. Zur Zeit bezieht Frau S. Arbeitslosengeld und will sich um eine EDV-Ausbildung bemühen.

Frühere Beziehungen: Frau S.' wichtigste war die neunjährige Beziehung zu dem Vater ihres Kindes. Sie ging jedoch noch vor der Zeugung des Kindes auseinander. Trotzdem besteht heute eine gute Verbindung zwischen den beiden. Herr G. kümmert sich sehr regelmäßig um seinen Sohn. Frau S. hatte seit der Geburt des Kindes keine feste Partnerschaft.

Gründe für heutige Lebensform: Frau S. wollte das Kind haben, obwohl die langjährige Beziehung zu seinem Vater beendet war und dieser die Vaterschaft nicht anerkennen wollte. Zum damaligen Zeitpunkt war sie 35 Jahre alt und hatte seit längerem einen intensiven Kinderwunsch. Ihren Sohn allein zu erziehen, fällt ihr, unter den momentanen Betreuungsregelungen mit dem Vater des Kindes, nicht schwer. Sie kann sich keine erneute enge Partnerschaft vorstellen und möchte vor allem nicht wieder mit einem Mann zusammenwohnen.

Interview Nr. 25

Haushaltszusammensetzung und soziodemographische Daten: Frau K., Jg. 1947, ledig, Sozialpädagogin, arbeitslos, lebt mit zwei Kindern, Jg. 1983 und Jg. 1986, allein.

Ökonomische Situation: Frau K. bekommt Arbeitslosenhilfe 1000,– DM und ca. 400,– DM Unterhalt für die Kinder. Die Wohnung kostet 720,– DM warm (sie bekommt dafür Wohngeld in Höhe von 150,– DM). Die Kosten für den Kinderladen betragen 200,– DM. Frau K.s Budget ist äußerst knapp, irgendwelche größeren Anschaffungen oder Urlaub kann sie sich nicht leisten.

Rechtliche Vereinbarungen: Frau K. hat bislang keinerlei rechtliche Absicherungen für die Kinder getroffen.

Kinder: Frau K. hat die beiden Kinder (ein Sohn, fünf Jahre, und eine Tochter, zwei Jahre) in einer Nichtehelichen Lebensgemeinschaft bekommen. Die Beziehung zu dem Vater der Kinder ist jedoch seit eineinhalb Jahren beendet. Sie hat das alleinige Sorgerecht für die Kinder. Der Vater hat die Kinder 14-tägig an den Wochenenden und fährt mit ihnen einmal im Jahr in den Urlaub. Frau K. bringt die Kinder montags bis freitags gegen 9.00 Uhr in den Kinderladen und holt sie um 14.00 Uhr wieder ab.

Wohnverhältnisse: Frau K. wohnt in einer 80 qm großen 2½-Zimmer-Altbauwohnung. Die Wohnung ist modernisiert (Zentralheizung, Bad und neue Fenster). Das größte Zimmer wird als Kinderzimmer benutzt. Das halbe Zimmer ist das Schlafzimmer von Frau K., und ein Zimmer dient als gemeinsames Wohnzimmer. Die Küche ist groß genug für einen Eßplatz. Die Einrichtung wirkt eher bescheiden. Das Kinderzimmer ist aufwendig mit einem Hochbett mit Rutsche und Klettergerüst ausgestattet.

Ausbildung und Berufsweg: Frau K. hat Mittlere Reife und eine Ausbildung als Sekretärin. Sie machte das Abitur über den Zweiten Bildungsweg und studierte Sozialpädagogik. Nach zweijähriger Erwerbstätigkeit als Sozialarbeiterin bekam sie ihr erstes Kind und gab die Stelle auf. Seitdem ist sie arbeitslos.

Frühere Beziehungen: Frau K. hatte vor der letzten Nichtehelichen Lebensgemeinschaft, die drei Jahre bestand und aus der die beiden Kinder hervorgingen, eine zehnjährige nichteheliche Beziehung. Die Beziehung zu dem Vater ihrer Kinder wurde auf ihre Initiative hin beendet. Sie wollte und konnte nicht akzeptieren, daß er eine Freundin hatte.

Gründe für heutige Lebensform: Frau K. ist durch das Verhalten ihres ehemaligen Partners noch immer tief verletzt. Sie findet es zwar sehr schwer, allein für die Kinder zuständig zu sein und für sie sorgen zu müssen, wollte sich aber auf keinen Fall mit Kompromissen oder einer Dreiecksbeziehung arrangieren. Wegen dieser negativen Erfahrungen möchte Frau K. in nächster Zeit keinen neuen Partner mehr.

Interview Nr. 26

Haushaltszusammensetzung und soziodemographische Daten: Frau W., Jg. 1939, getrennt lebend, Sachbearbeiterin, lebt allein mit ihrem jüngsten Sohn, Jg. 1972.

Ökonomische Situation: Frau W. verdient in ihrer Halbtagsstelle als Sachbearbeiterin ca. 2500,– DM (netto). Für ihren Sohn bekommt sie 300,– DM Unterhalt vom Mann, der sich auch mit der Hälfte der Mietkosten an ihrem Lebensunterhalt beteiligt. Die Miete beträgt 980,– DM (warm). Hinzu kommen Heizkosten, Strom, Telefon und die Kosten für ein Auto.

Rechtliche Vereinbarungen: keine

Kinder: Frau W. ist Mutter von drei Kindern (erster Sohn Jg. 1963, zweiter Sohn Jg. 1966, dritter Sohn Jg. 1972), die alle in erster Ehe geboren wurden. Frau L. lebt seit zehn Jahren von ihrem Ehemann getrennt und hat die Kinder seitdem allein großgezogen. Die Arbeitsteilung verlief in der Ehe sehr traditionell: Frau W. war ausschließlich Hausfrau und Mutter, Herr W. war der Ernährer der Familie und kümmerte sich kaum um interne Familienangelegenheiten und nahm sich nur wenig Zeit für die Kinder. Mittlerweile sind die beiden älteren Söhne ausgezogen, und Frau W. lebt nur noch mit dem jüngsten Sohn zusammen, der auf die Oberschule geht.

Wohnverhältnisse: Frau W. hat ein kleines Einfamilienhaus gemietet. Das Haus ca. 120 qm große hat vier Zimmer und einen großen Garten. Sie bewohnte das Haus früher zusammen mit ihrem Mann und den Kindern, seit der Scheidung allein mit ihren Söhnen. Nach Auszug der älteren Söhne hat der jüngste Sohn sein eigenes Zimmer, Frau W. ein Schlaf- und ein Arbeitszimmer. Im Erdgeschoß liegen das Wohnzimmer und die Küche.

Ausbildung und Berufsweg: Frau W. hat Abitur und zwei Semester Germanistik studiert. Nach der Geburt des ersten Kindes brach sie ihr Studium ab. 1969 arbeitete sie als Sekretärin in einer Redaktion. 1974 nahm sie ihr Studium (Deutsch und Sozialkunde) wieder auf und machte 1980 ihr Examen als Lehrerin. Ab 1980 war sie arbeitslos und auf Gelegenheitsjobs angewiesen. Von 1982 bis 1983 hatte sie einen Zeitvertrag im Bereich Öffentlichkeitsarbeit, und 1983 begann sie ihr zweijähriges Referendariat. Danach arbeitete sie aushilfsweise als Sekretärin. 1986 bekam sie eine halbe ABM-Stelle für zwei Jahre, wieder im Bereich Öffentlichkeitsarbeit.

Frühere Beziehungen: Frau W. hat ihren Mann mit 20 Jahren kennengelernt und zwei Jahre später (1961)geheiratet. Nach 17 Jahren Ehe hat sich das Paar getrennt, weil Herr W. eine feste Freundin hatte. Seit 1977 leben sie nicht mehr zusammen. Bislang haben sie sich aber noch nicht scheiden lassen. Frau W. hatte in den zehn Jahren seit der Trennung von ihrem Ehemann zwei kurze Beziehungen.

Gründe für heutige Lebensform: Frau W. kann sich keine Annäherung oder gar Versöhnung mit ihrem Mann vorstellen. Sie will sich aber nicht scheiden lassen, weil sie sonst zu niedrige Rentenansprüche hat. Die Möglichkeit, wieder mit einem Mann unter einem Dach zu leben, findet sie nicht mehr attraktiv. Sie kann sich eine Partnerschaft nur noch in getrennten Wohnungen vorstellen.

Interview Nr. 27

Haushaltszusammensetzung und soziodemographische Daten: Herr E., Jg. 1950, Schreiner, wohnt allein. Die Hälfte der Woche wohnt seine Tochter (J., fünf Jahre) bei ihm.

Ökonomische Situation: Herr E. arbeitet als Schreiner in einem Ausbildungsprojekt für Jugendliche. Er arbeitet vier Tage in der Woche und verdient dabei 1570,– DM (netto) monatlich. Zusätzlich bekommt er 300,– DM von seinem Arbeitgeber für sein Kind. Er zahlt keinen Unterhalt für das Kind, da er es die Hälfte der Zeit betreut. Für seine 3½-Zimmer-Wohnung zahlt er 510,– DM (warm).

Rechtliche Vereinbarungen: Derzeit bestehen keine Vereinbarungen. Die Mutter hat das alleinige Sorgerecht für das Kind.

Kinder: Herr E. versorgt seit der Trennung von seiner Freundin, 1984, die gemeinsame Tochter zur Hälfte. Das Kind ist vier Tage bei der Mutter und drei Tage beim Vater, manchmal auch umgekehrt, abhängig von der Arbeitszeit der Eltern.

Wohnverhältnisse: Die 100 qm große Wohnung liegt in einem Altbau und hat Ofenheizung. Die Wohnung hat 3½ Zimmer, eines wird als Kinderzimmer, eines als Zimmer von Herrn E. und eines als Schlaf- und Gästezimmer genutzt. Das halbe Zimmer ist Rumpelkammer. Die Küche ist so groß, daß es darin einen kleinen Eßplatz gibt.

Ausbildung und Berufsweg: Nach dem Abitur hat Herr E. Germanistik und Geschichte für das höhere Lehramt studiert. Nach Abschluß des ersten Staatsexamens arbeitete er aus politischen Gründen drei Jahre in einer großen Fabrik. Danach machte er eine Umschulung zum Schreiner und arbeitete einige Jahre in diesem Beruf. Heute arbeitet er als Ausbilder in einem Ausbildungsprojekt für junge Schreiner.

Frühere Beziehungen: Keine Angaben

Gründe für heutige Lebensform: Herr E. hatte zur Mutter seiner Tochter eine sechsjährige nichteheliche Beziehung. Als das Kind ein Jahr alt war, ging die Beziehung auseinander. Seitdem teilt er sich mit seiner Ex-Freundin die Betreuung des Kindes zu gleichen Teilen. In diesen vier Jahren hatte er auch nur sporadische Beziehungen zu anderen Frauen, da er Komplikationen mit seiner Tochter fürchtet.

Interview Nr. 29

Haushaltszusammensetzung und soziodemographische Daten: Herr T., Jg. 1953, ledig, Jurist (im Referendariat), wohnt allein. Sein Sohn, Jg. 1983, lebt die Hälfte der Woche (drei Tage) bei ihm, die andere Hälfte bei seiner Mutter.

Ökonomische Situation: Herr T. absolviert derzeit sein Referendariat als Jurist und verdient 1700,– DM netto. Hinzu kommen monatlich zwischen 200,– und 300,– DM aus einer universitären Nebenbeschäftigung. Herr T. zahlt 300,– bis 400,– DM Unterhalt monatlich für seinen Sohn. Die Mietbelastung beträgt 300,– DM (warm).

Rechtliche Vereinbarungen: Das Sorgerecht liegt allein bei der Mutter des Kindes.

Kinder: Der Sohn von Herrn T. wurde 1983 geboren, als die Beziehung zu seiner damaligen Freundin schon beendet war. Herr T. kümmerte sich trotzdem von Anfang an um sein Kind. Im ersten Lebensjahr weniger, sind es in den folgenden Jahren bis zu vier Tagen in der Woche, an denen der Sohn bei ihm ist.

Wohnverhältnisse: Herr T. hat eine 2-Zimmer-Wohnung. Die Wohnung hat Ofenheizung und kein Bad. Ein Zimmer wird als Kinderzimmer genutzt. Das zweite Zimmer ist gleichzeitig Arbeits-, Wohn- und Schlafzimmer von Herrn T.

Ausbildungs- und Berufsweg: Herr T. hat nach der Mittleren Reife eine Lehre als Industriekaufmann absolviert. Anschließend machte er Abitur auf dem Zweiten Bildungsweg und studierte anschließend Jura. Demnächst macht er sein zweites Staatsexamen.

Frühere Beziehungen: Die Beziehung zur Mutter seines Sohnes dauerte von 1973 bis 1983. Nach der Trennung wurde das Kind geboren.

Gründe für die heutige Lebensform: Für Herrn T. ist es selbstverständlich, sich möglichst viel um seinen Sohn zu kümmern, auch wenn er mit der Mutter des Kindes nicht mehr in einer Partnerschaft lebt.

Interview Nr. 30

Haushaltszusammensetzung und soziodemographische Daten: Herr H., Jg. 1953, geschieden, Bildungsökonom, lebt allein mit seinem Sohn, Jg. 1982.

Ökonomische Situation: Herr H. verdient 4200,– DM netto und erhält 203,– DM Unterhalt von der Mutter des Sohnes. Die Miete für die Wohnung beträgt 800,– DM (warm). Herr H. fährt kein Auto. Einmal in der Woche kommt für vier Stunden eine Putzhilfe.

Rechtliche Vereinbarungen: Herr H. hat das Sorgerecht für seinen Sohn.

Kinder: Der Sohn von Herrn H. wurde 1982 geboren. Die Betreuung des Kindes wurde von Anfang an gleichberechtigt von Mutter und Vater übernommen. Seit der Trennung des Paares betreut der Vater das Kind ausschließlich allein.

Wohnverhältnisse: Herr H. wohnt in einer 100 qm großen 3-Zimmer-Altbauwohnung. Die Wohnung ist in Kinderzimmer, Arbeits- und Wohnzimmer und Schlafzimmer aufgeteilt.

Ausbildungs- und Berufsweg: Herr H. hat nach der Volksschule eine Lehre als Elektroinstallateur absolviert. Anschließend holte er auf dem Zweiten Bildungsweg die Mittlere Reife und das Abitur nach, um an der Fachhochschule für Sozialarbeit zu studieren. Nach der Zwischenprüfung wechselte er sein Studienfach, um weiter Bildungsökonomie zu studieren. Nach dem Studienabschluß arbeitete er in verschiedenen Projekten. Seit zwei Jahren ist er wissenschaftlicher Angestellter an einem Forschungsinstitut.

Frühere Beziehungen: 1980 heiratete Herr H. seine damalige Freundin. Nach zwei Jahren wurde der Sohn geboren. Zweieinhalb Jahre später ging die Beziehung auseinander. Frau H. wollte erstmal in getrennten Wohnungen leben. Nach einiger Zeit entschied sie sich zu einer neuen Partnerschaft. Seitdem kümmert sie sich sehr wenig um den Sohn. Er kam anfangs 14-tägig einen Tag zu ihr. Mittlerweile mag er aber kaum noch zu ihr gehen.

Gründe für die heutige Lebensform: Da Herr H. immer Kinder haben wollte, bestand er bei der Trennung darauf, daß das Kind überwiegend bei ihm bleiben sollte und nach der Scheidung bekam er das Sorgerecht. Herr H. lebt seit der Trennung von seiner Frau allein mit seinem Sohn. Beziehungen zu Frauen scheiterten bislang an seinen Ansprüchen, die er in Bezug auf das Verhalten der Frauen zu seinem Kind hat. Er kann sich vorstellen, bis auf weiteres allein mit seinem Sohn zu bleiben.

Interview Nr. 31 und 32

Haushaltszusammensetzung und soziodemographische Daten: Frau B., Jg. 1955, ledig, Sekretärin, und Herr H., Jg. 1949, geschieden, Ingenieur, Abteilungsleiter in einer Baufirma, kennen sich seit zehn Jahren und leben seit neuneinhalb Jahren zusammen in einem Haushalt.

Ökonomische Situation: Frau B. verdient als Sekretärin (2600,– DM netto) erheblich weniger als Herr H. (5700,– DM). Ihre Konten führen sie getrennt. Herr H. übernimmt die Miete von 840,– DM warm, Nebenkosten und Telefon, Frau B. das Haushaltsgeld in Höhe von ca. 600,– DM. Bei Reisen übernimmt Herr H. die Fahrt- und Unterkunftskosten, Frau B. alle weiteren Ausgaben. Bei Anschaffungen bleiben die Besitzverhältnisse getrennt. So gehört z.B. der Kühlschrank ihr, die Kühltruhe ihm. Große Anschaffungen, wie z.B. ein Auto oder ein Segelboot, hat Herr H. bezahlt.

Rechtliche Vereinbarungen: Beide haben Lebensversicherungen abgeschlossen und für den Todesfall den Partner eingesetzt. Weitere rechtliche Vereinbarungen bestehen nicht. Beide haben den Mietvertrag ihrer Wohnung unterzeichnet.

Kinder: Seit drei bis vier Jahren wünscht sich Frau B. ein Kind. Sie will deshalb eine Kinderwunschberatung aufsuchen.

Wohnverhältnisse: Die 110 qm große Altbau-Wohnung besteht aus drei Zimmern, Küche und Bad. Die Zimmer werden als Schlaf-, Wohn- und Arbeitszimmer geteilt.

Ausbildung und Berufsweg: Frau B. hat nach der Mittleren Reife eine Lehre als Buchhalterin abgeschlossen. Sie ist seit ihrem 18. Lebensjahr ohne Unterbrechung erwerbstätig. Derzeit arbeitet sie als Sekretärin in einem Forschungsinstitut. Herr H. hatte sich zehn Jahre zur Bundeswehr verpflichtet und studierte dort Bauingenieurwesen. Seit sechs Jahren arbeitet er als Abteilungsleiter einer Baufirma.

Frühere Beziehungen: Bevor Frau B. Herrn H. kennenlernte, hatte sie einen Freund, mit dem sie nicht zusammenwohnte. Herr H. war verheiratet und ist seit elf Jahren geschieden. Die Ehe war kinderlos.

Entwicklung der heutigen Beziehung: Das Paar lernte sich 1978 im Urlaub kennen. Zu diesem Zeitpunkt wohnten die beiden in unterschiedlichen Städten. 1979 zog Frau B. in die Stadt, wo er zu diesem Zeitpunkt studierte. Nach Abschluß seines Studiums zog das Paar gemeinsam in eine andere Großstadt. Vor vier Jahren wollte Frau B. unbedingt heiraten (im Bekann-

nd Freundeskreis grassierte das Heiratsfieber). Die Zustimmung zu Heirat reichte ihr als Bestätigung aus, so daß sie auf die Realisierung teten. Das Paar kann sich vorstellen, auch weiterhin unverheiratet zusammenzuleben.

Gründe für die heutige Lebensform: Herr H. möchte aufgrund seiner negativen Erfahrungen in der Ehe nicht mehr heiraten. Nur wenn Frau B. darauf bestünde, würde er einer Heirat zustimmen. Frau B. sieht derzeit keinen Grund zu heiraten. Da sie sich seiner Zuneigung sicher ist, kann sie auf „den Schein" verzichten. Nur ein Kind, das sich Frau B. sehr wünscht, wäre für sie erneut ein Anlaß, über eine Heirat nachzudenken.

Interview 33 und 34

Haushaltszusammensetzung und soziodemographische Daten: Frau O., Jg. 1955, getrennt lebend, Heilpädagogin, und Herr A., Jg. 1956, ledig, Lagerist bei einer großen Kfz-Firma, haben seit fünf Jahren eine nichteheliche Beziehung miteinander. Seit eineinhalb Jahren wohnen sie zusammen.

Ökonomische Situation: Frau O. verdient monatlich ca. 1900,– DM (netto), Herr A. ca. 2000,– DM (netto). Die Miete (980,– DM warm) zahlt das Paar gemeinsam, die laufenden Kosten (Bewag, Telefon) ebenfalls. Die Kosten für Frau O.s Katzen (fünf Edelkater) trägt Frau O. alleine. Die Haushaltskosten werden von beiden ebenfalls zu gleichen Teilen übernommen. Beide fahren je ein Auto, jeder besitzt außerdem noch ein Motorrad.

Rechtliche Vereinbarungen: Frau O. ist noch verheiratet mit Herrn O. in Westdeutschland. Mit ihm hat sie verschiedene rechtliche Vereinbarungen, die vor allem die Steuern betreffen. Sie hat sich aus steuerlichen Gründen nicht von Herrn O. scheiden lassen, der inzwischen auch mit einer neuen Partnerin zusammenlebt. Zwischen Herrn A. und Frau O. besteht ein gemeinsamer Kaufvertrag eines Grundstücks in Westdeutschland. Der Mietvertrag ihrer derzeitigen Wohnung läuft auf beide Namen.

Wohnverhältnisse: Die Wohnung ist eine 160 qm große Altbauwohnung, bestehend aus fünf Zimmern, Küche und Bad. Jeder der beiden hat ein eigenes Zimmer, weiterhin gibt es ein gemeinsames Schlafzimmer, Wohn- und Gästezimmer. Die Wohnung wurde von den beiden in katastrophalem Zustand übernommen und mit sehr viel Eigenleistung renoviert. Das Paar plant, längerfristig in der Wohnung zu bleiben.

Ausbildung und Berufsweg: Herr A. arbeitete nach dem Hauptschulabschluß als Maschineneinrichter in einer Textilfirma. Später arbeitete er in verschiedenen Autobedarfshandlungen. Danach begann er als Lagerist in einer Autofirma und leitet heute das Ersatzteillager. Frau O. absolvierte nach der Mittleren Reife eine Ausbildung als Erzieherin und arbeitete einige Jahre in diesem Beruf. Nach der Heirat gab sie zunächst ihren Beruf auf, um in dem Geschäft ihres Mannes, einem Photoatelier und -laden, mitzuarbeiten. Nach drei Jahren entschloß sie sich zu einer zweijährigen Weiterbildung als Heilpädagogin. Seit ca. fünf Jahren arbeitet sie in diesem Beruf.

Frühere Beziehungen: Für Herrn A. ist dies seine erste längerfristige Beziehung zu einer Frau. Frau O. lebte fünf Jahre mit ihrem Ehemann zusammen. Seit 1983 sind sie getrennt. Bevor sie ihren Ehemann kennenlernte, hatte sie eine mehrjährige Nichteheliche Lebensgemeinsschaft. Die heutige Beziehung von Frau O. zu ihrem Ehemann ist freundschaftlich, auch zwischen Herrn A., Herrn O. und dessen neuer Partnerin bestehen freundschaftliche Kontakte.

Entwicklung der heutigen Beziehung: Das Paar lernte sich 1983 kennen. Frau O. hatte sich von ihrem Mann getrennt und war gerade umgezogen. Zunächst wohnte das Paar getrennt, in eigenen Wohnungen in weit voneinander entfernten Bezirken. Nach einem Jahr bekam Frau O. eine (3-Zimmer-)Wohnung im selben Mietshaus wie Herr A.. Vor eineinhalb Jahren ist das Paar in seine jetzige Wohnung gezogen. Beide wünschen sich gemeinsame Kinder, können sich jedoch vorstellen, auch dann weiterhin unverheiratet zusammenzuleben. Allerdings ist der Familienname des geplanten Kindes bislang ungeklärt.

Gründe für die heutige Lebensform: Frau O. hat eine gescheiterte Ehe hinter sich und kann sich nicht vorstellen, noch einmal den Schritt in eine Ehe zu tun. Aus ihrer Ehe hatten sich für sie zuviele finanzielle und emotionale Abhängigkeiten entwickelt, denen sie sich nicht nochmal aussetzen will. Diese Einstellung hindert sie jedoch nicht, ihre Ehe formal aufrechtzuhalten; da sich für sie daraus attraktive finanzielle Vorteile ergeben. Herr A. ist mit der derzeitigen Form ihrer Beziehung zufrieden, er kann sich auch langfristig vorstellen, unverheiratet mit Frau O. zusammenzuleben. Die noch bestehende Ehe stört ihn nicht, er akzeptiert die dadurch entstehenden finanziellen Vorteile und partizipiert daran.

Interview Nr. 35 und 36

Haushaltszusammensetzung und soziodemographische Daten: Frau E., Jg. 1948, ledig, Psychologin, und Herr Ö., Jg. 1943, ledig, Lehrer, sind eine Nichteheliche Lebensgemeinschaft ohne Kinder. Sie wohnen zusammen in einer großen Altbauwohnung, in der noch ein weiterer Mitbewohner lebt. Sie wohnen seit 14 Jahren zusammen und seit drei Jahren zu dritt.

Ökonomische Situation: Das Einkommen von Frau E. beträgt ca. 1400,– DM, da sie nur eine halbe Stelle hat. Herr Ö. verdient als Lehrer 3950,– DM (netto). Die Miete (1600,– DM warm) und die Nebenkosten werden anteilig von allen drei Bewohnern bezahlt. Die Haushaltsführungskosten teilen sich Frau E. und Herr Ö. Das dritte Wohngemeinschaftsmitglied ist nur sechs Monate im Jahr anwesend und wirtschaftet dann für sich allein.

Rechtliche Vereinbarungen: Zur Zeit gibt es keine rechtlichen Vereinbarungen.

Kinder: Beide würden gerne ein Kind haben, aber bislang klappte es nicht.

Wohnverhältnisse: Die Wohnung ist eine 270 qm große, 7-Zimmer-Altbauwohnung. Die Küche, Bad und Wc's werden gemeinsam benutzt. Herr Ö. und Frau E. haben je ein eigenes Arbeitszimmer und gemeinsam ein Wohn- und Musikzimmer und ein Schlafzimmer. Der Mitbewohner hat drei Zimmer (Arbeits-, Wohn- und Schlafzimmer). Früher lebten sie in dieser Wohnung mit einer sechs- bis siebenköpfigen Wohngemeinschaft.

Ausbildung und Berufsweg: Frau E. studierte Psychologie. Nach dem Studium arbeitete sie in verschiedenen Forschungsinstituten und hat sich vor zwei Jahren mit einer Beratungspraxis mit anderen Frauen selbständig gemacht. Herr Ö. studierte Germanistik und Physik für das Lehramt. Nach dem zweiten Staatsexamen war er einige Jahre arbeitslos und nutzte die Zeit zur Promotion. Seit zwölf Jahren hat er eine Stelle an einer Privatschule.

Frühere Beziehungen: Frau E. hatte zwei für sie wichtige nichteheliche Beziehungen, bevor sie Herrn Ö. kennenlernte. Für Herrn Ö. ist Frau E. ebenfalls seine dritte Nichteheliche Lebensgemeinschaft.

Entwicklung der heutigen Beziehung: Das Paar lernte sich vor 14 Jahren kennen. Damals lebte Frau E. noch in einer deutschen Großstadt, hatte jedoch bereits vor, wegen des Studiums in ihre jetzige Stadt zu wechseln. Da sie beide nicht in einer isolierten Zweierbeziehung leben wollten, gründeten sie eine Wohngemeinschaft mit zwei weiteren Paaren. Bis vor drei Jahren lebten sie mit mehreren Personen, teilweise auch mit Kindern, zusammen.

Gründe für die heutige Lebensform: Für beide bedeutet das unverheiratete Zusammensein die Abkehr von der „bürgerlichen Institution Ehe". Sie lehnen formale Konventionen und die Einmischung des Staates in ihre Beziehung ab. Auch die Geburt eines Kindes wäre für sie kein Grund zu heiraten. Viele Freunde, die früher auch in Nichtehelichen Lebensgemeinschaften gelebt haben, sind mittlerweile verheiratet, jedoch lebt der überwiegende Freundeskreis weiterhin in unverheirateten Beziehungen.

Interview Nr. 37 und 38

Haushaltszusammensetzung und soziodemographische Daten: Frau C., Jg. 1954, ledig, Krankenschwester, und Herr Ha., Jg. 1943, getrennt lebend, selbständiger Handwerker, haben eine nichteheliche Beziehung, wohnen jedoch nicht zusammen. Sie haben eine siebenjährige Tochter, die bei der Mutter wohnt. Die beiden kennen sich seit 1979.

Ökonomische Situation: Das Einkommen von Frau C. als Stationsschwester beträgt 1800,– DM netto monatlich. Herr Ha. hat im Monat ca. 5000,– DM zur Verfügung. Er unterstützt Frau C. finanziell (monatlich ca. 800,– DM) und zahlt auch für das gemeinsame Kind (300,– DM).

Rechtliche Vereinbarungen: Herr Ha. hat Frau C. und auch das Kind testamentarisch bedacht. Vereinbarungen über das Sorgerecht (in ihrem Todesfall) bestehen nicht.

Kinder: Die siebenjährige Tochter wohnt überwiegend bei ihrer Mutter, ist jedoch auch sehr häufig bei ihrem Vater und kann dort übernachten. Die ersten Lebensjahre hat das Kind mit seiner Mutter verbracht, der Vater war damals in einer anderen Stadt und kannte das Kind nur durch häufigere Besuche. Seit Frau C. in dieselbe Stadt gezogen ist, ist der Kontakt zwischen Vater und Tochter intensiver geworden. Der Vater kümmert sich sehr um das Kind.

Wohnverhältnisse: Frau C. wohnt in einer Neubauwohnung. Die Wohnung umfaßt zwei Zimmer, Küche und Bad. Der große Wohnraum wird von ihr auch als Schlafraum genutzt. Die Tochter hat ein eigenes Zimmer. Herr Ha. wohnt in einer Altbauwohnung. Er hat ebenfalls zwei Räume, Küche und Bad. Die Tochter hat dort kein eigenes Zimmer, aber Platz zum Spielen.

Ausbildung und Berufsweg: Herr Ha. ist gelernter Kfz-Mechanikermeister. Er betreibt eine Werkstatt und einen Autohandel. Frau C. wollte nach dem Abitur Medizin studieren, jedoch reichte der Notendurchschnitt nicht. Statt dessen machte sie eine Krankenschwesternausbildung und arbeitete mehrere Jahre in diesem Beruf. Finanziell unterstützt durch Herrn H., konnte sie sich eine Weiterbildung zur Kinderkrankenschwester leisten. Heute ist sie Stationsschwester auf der Kinderstation eines großen Krankenhauses.

Frühere Beziehungen: Frau C. hatte vorher kürzere, wenig verbindliche Beziehungen. Herr Ha. ist verheiratet, lebt getrennt von seiner Frau und hat in dieser Beziehung zwei Kinder.

Entwicklung der heutigen Beziehung: Das Paar lernte sich 1979 bei einem Segelurlaub kennen. Frau C. lebte damals in einer westdeutschen Stadt, Herr Ha. in einer anderen. Herr Ha. war zum damaligen Zeitpunkt verheiratet und hat zwei Kinder. Nach dem Urlaub besuchte Herr Ha. Frau C. öfter an deren Wohnort. Die Beziehung intensivierte sich. 1981 wurde die Tochter K. geboren. Frau C. wohnte in dieser Zeit mit ihrer Tochter in einer Wohngemeinschaft. Herr Ha. unterstützt Frau C. finanziell sehr stark, finanzierte ihre Ausbildung als Krankenschwester, blieb jedoch bei Frau und Kind. 1984 zieht Frau C. in dieselbe Stadt, Herr Ha. unterstützt diesen Entschluß und sucht für sie eine Wohnung. Zeitweise wohnte Herr-Ha. bei Frau C. und dem Kind, was aber zu ständigen Konflikten führte, und Herr Ha. zog wieder aus. Inzwischen lebt Herr Ha. von seiner Frau getrennt und hat eine eigene Wohnung. Besonders Frau C. ist es wichtig, auch weiterhin in getrennten Haushalten zu leben.

Gründe für die heutige Lebensform: Die meiste Zeit der Beziehung war Herr Ha. verheiratet und wollte sich nicht scheiden lassen. Seit kurzem lebt er von seiner Frau getrennt, die beiden haben ihre Beziehung beendet, planen jedoch auch heute noch keine Scheidung. Frau C. hatte nie vor zu heiraten. Daran hat sich für sie auch durch Herrn Ha.s Trennung von seiner Frau nichts geändert. Sie hält es für besser, die Beziehung unverheiratet weiterzuführen und auch nicht zusammenzuwohnen. Der Hauptgrund, warum sie auf getrennten Haushalten besteht, ist seine mangelnde Beteiligung an der Hausarbeit. Sie lehnt es aber ab, für „zwei Kinder" zu sorgen.

Auch bezogen auf die Kinderbetreuung, verspricht sie sich von einem gemeinsamen Haushalt keine Erleichterung.

Interview Nr. 39 und 40

Haushaltszusammensetzung und soziodemographische Daten: Frau K., Jg. 1936, geschieden, Sekrektärin an einer Universität, und Herr X., Jg. 1945, verwitwet, Computerfachmann, kennen sich seit vier Jahren. Sie wohnen nicht zusammen, treffen sich aber regelmäßig mehrmals in der Woche und verbringen gemeinsam ihren Urlaub. Frau K. wohnt mit ihrer jüngeren, inzwischen 18-jährigen Tochter zusammen, Herr X. mit seinem 20-jährigen Sohn.

Ökonomische Situation: Frau K. hat im Monat 3200,– DM netto zur Verfügung. Dieses Gehalt setzt sich aus ihrer Tätigkeit als Sekretärin und weiteren Schreibarbeiten zusammen. Ihre Tochter beteiligt sich an den Kosten der Haushaltsführung. Herr X. hat monatlich 4100,– DM netto zur Verfügung. Sein Sohn studiert und bekommt vom Vater 500,– DM monatlich. Der Vater trägt die Haushaltskosten für sich und seinen Sohn alleine.

Rechtliche Vereinbarungen: Derzeit bestehen zwischen Frau K. und Herrn X. keine Vereinbarungen.

Kinder: Frau K. hat zwei Töchter. L. stammt aus ihrer ersten Ehe. Sie ist heute 22 Jahre alt und wohnt nicht mehr bei ihrer Mutter. J., aus zweiter Ehe, ist 18 Jahre alt und wohnt noch zu Hause. Herr X. hat einen Sohn aus erster Ehe. Seine Frau ist verstorben.

Wohnverhältnisse: Frau K. wohnt in einer 2-Zimmer-Altbauwohnung mit Küche und Bad. Herr X. wohnt in einem Eigenheim. Am Wochenende hält sich Frau K. meist bei ihm auf.

Ausbildung und Berufsweg: Frau K. besuchte die Handelsschule und hat eine Ausbildung als Sekretärin. Nachdem ihre erste Tochter geboren war, hörte sie auf zu arbeiten, arbeitete dann im Geschäft ihres Mannes mit. Nach der Scheidung war sie wieder als Sekretärin tätig. Seitdem arbeitet sie kontinuierlich in diesem Beruf. Bei der Geburt ihrer zweiten Tochter nahm sie sich lediglich den gesetzlich garantierten Schwangerschaftsurlaub. Herr X. ist Computerfachmann und arbeitet als Ausbilder.

Frühere Beziehungen: Frau K. hatte zwei gescheiterte Ehen hinter sich, bevor sie Herrn X. kennenlernte. Aus ihrer zweiten Ehe hat sie, verschuldet durch ihren damaligen Mann, heute noch Schulden, die sie abbezahlen muß. Herrn X.s Ehefrau starb mit 42 Jahren plötzlich an einer schweren Krankheit. Für ihn war das ein großer Verlust, da die Beziehung 18 Jahre glücklich gewesen war. Er fühlte sich aus diesem Grund lange nicht in der Lage, eine neue Beziehung einzugehen.

Entwicklung der heutigen Beziehung: Das Paar lernte sich 1984 kennen. Es war Liebe auf den ersten Blick. Seither sehen sie sich mindestens einmal wöchentlich, und an den Wochenenden lebt Frau K. bei ihm. Frau K.

würde gerne mit ihm zusammenziehen. Herr X. ist eine feste Beziehung zu Frau K. wichtig, jedoch besteht er auf getrennten Haushalten.

Gründe für die heutige Lebensform: Für Herrn X. ist die Nichteheliche Lebensgemeinschafts-Beziehung Ausdruck dafür, daß er sich nach dem Verlust seiner Frau nicht so schnell wieder fest binden will. Trotzdem hat sich die Beziehung zu Frau K. kontinuierlich und recht intensiv entwickelt. Frau K. hat zwei sehr schlechte Ehen hinter sich und will aus diesem Grunde nicht mehr heiraten. In ihrer Freundesgruppe gibt es viele Paare, die unverheiratet zusammenleben oder auch, wie Frau K. und Herr X., nicht zusammen wohnen.

Interview Nr. 41 und 42

Haushaltszusammensetzung und soziodemographische Daten: Frau J., Jg. 1950, ledig, Krankengymnastin, und Herr U., Jg. 1953, ledig, Musiker und Musiklehrer, wohnen seit sechs Monaten zusammen. Sie haben keine Kinder.

Ökonomische Situation: Frau J. arbeitet 30 Stunden pro Woche als Atemtherapeutin und Krankengymnastin, teils angestellt, teils selbständig. Sie verdient ca. 1600,– DM netto im Monat. Herr U. arbeitet 20 Stunden pro Woche an der Musikschule. Er gibt überwiegend Gitarren-, aber auch Klavierunterricht. Er verdient ca. 2500,– DM netto im Monat. Die Wohnung, die die beiden bewohnen, ist eine Mietkaufwohnung (Neubau), für die Frau J. im Entstehungsprozeß des Hauses viel Eigenbeteiligung investiert hat. Herr U. ist erst nach Fertigstellung der Wohnung eingezogen. Die Lebenshaltungskosten werden von dem Paar anteilig bezahlt. Sie fahren zwei Autos.

Rechtliche Vereinbarungen: Derzeit bestehen keine schriftlichen Vereinbarungen. Der Mietvertrag läuft nur auf ihren Namen.

Kinder: Im Moment noch keine, aber sie wollen bald ein Kind haben.

Wohnverhältnisse: Die 3-Zimmer-Wohnung besteht aus einem großen Wohnraum mit zwei weiteren Zimmern, Kochnische und Bad. Der größte Raum ist gemeinsam genutzter Wohn-, Eß,– Musik- und Freizeitraum. Die beiden anderen kleineren Räume werden jeweils individuell genutzt. Beiden ist es sehr wichtig, ein eigenes Arbeits- und Schlafzimmer zu haben. Der Wohnungsgrundriß ist für ein Paar exzellent geschnitten, die beiden sind mit der Wohnsituation sehr zufrieden.

Ausbildung und Berufsweg: Frau J. stammt aus einer Bauernfamilie und sollte den Hof ihrer Eltern übernehmen. Nach der Schule verließ sie jedoch ihr Elternhaus, um eine weiterführende Ausbildung zu machen. Der erste Versuch, Begabtenabitur zu machen, scheiterte. Daraufhin begann sie eine Ausbildung als Erzieherin. Nach dieser Ausbildung arbeitete sie als Erzieherin und machte dann zum zweiten Mal, diesmal erfolgreich, die Abiturprüfung. Anschließend nahm sie an verschiedenen Kursen (Atemmassage, Atemtherapie) teil und entschied sich schließlich zu einer Weiterbildung als

Krankengymnastin. In diesem Beruf arbeitet sie inzwischen seit zweieinhalb Jahren. Herr U. studierte nach dem Abitur und absolviertem Zivildienst zunächst Architektur und später Sozialpädagogik. Danach arbeitete er einige Zeit im sozialpädagogischen Jugendbereich. Da dieser Arbeitsbereich ihm nach einiger Zeit nicht mehr behagte, professionalisierte er sein bisheriges Hobby, die Musik. Von Jugend an hat er Klavier und Gitarre gespielt. Heute arbeitet er als Musiklehrer, teilweise an der Musikschule, teilweise gibt er Privatstunden. Sein ganzes Engagement gehört jedoch dem Komponieren. Einige seiner Stücke wurden bereits aufgeführt.

Frühere Beziehungen: Frau J. hatte zwei langjährige wichtige nichteheliche Beziehungen, bevor sie Herrn U. kennenlernte. Herr U. hatte, bevor er Frau J. kennenlernte, eine langdauernde nichteheliche Beziehung. Nach Beendigung dieser Beziehung hatte er lange keinen Partner, lediglich kürzere Liebschaften.

Entwicklung der heutigen Beziehung: Das Paar lernte sich vor ca. eineinhalb Jahren kennen. Damals wohnte Frau J. bereits allein in der derzeitigen Wohnung, Herr U. lebte auch allein. Beiden war das Alleinwohnen sehr wichtig. Deshalb zögerten sie auch zusammenzuziehen. Vor einem halben Jahr gab Herr U. seine Wohnung dann doch auf und zog zu Frau J.

Gründe für die heutige Lebensform: Frau J. begreift ihre derzeitige Beziehung zu Herrn U. im Stadium der Festigung (erst wollten sie auf keinen Fall zusammenwohnen, jetzt leben sie nicht verheiratet zusammen), eine spätere Heirat wäre für sie nicht ausgeschlossen. Sie möchte gerne Kinder haben, und das wäre für sie ein wichtiger Anlaß zur Heirat - eigentlicher Heiratsgrund „ist natürlich die Liebe". Herr U. ist mit der derzeitigen Form der Beziehung zu Frau J. zufrieden. Unverheiratet mit einem Partner zusammenzuleben, ist für ihn die adäquate Lebensform. Nicht zu heiraten, heißt für ihn nicht, sich nicht binden zu wollen. Er fühlt sich genauso intensiv mit Frau J. verbunden, als ob er verheiratet wäre. Für ihn wäre auch die Geburt eines Kindes nicht unbedingt ein Heiratsgrund.

Interview Nr. 43 und 44

Haushaltszusammensetzung und soziodemographische Daten: Frau S., Jg. 1941, geschieden, Prokuristin, und Herr T., Jg. 1940, geschieden, Außenhandelsvertreter, sind seit 1984 ein nicht zusammenwohnendes Nichteheliches Lebensgemeinschafts-Paar. Herr T. lebt mit seiner 15-jährigen Tochter zusammen, Frau S. alleine.

Ökonomische Situation: Frau S. verdient als Prokuristin ca. 4200 DM netto, Herr T. ca. 5500,– DM netto. Herr T. zahlt an seine ehemalige Ehe-Frau und seine Tochter Unterhalt. Frau S. besitzt ein halbes Einfamilienhaus, Herr T. eine Eigentumswohnung. Die beiden Partner kommen unabhängig voneinander für ihre laufenden Kosten auf. Das heißt, jeder ist für die Kosten seiner Wohnung, Lebensunterhalt, Auto etc. verantwortlich. Es gibt keine finanziellen Verflechtungen. Auch die Kosten für gemeinsame

Freizeitaktivitäten, kulturelle Veranstaltungen werden individuell getragen. Die Kosten gemeinsamer Reisen und Urlaubsfahrten werden geteilt.

Rechtliche Vereinbarungen: Herr T. hat Frau S. als Erbin in sein Testament eingetragen. Darüber hinaus gibt es keine rechtlichen Vereinbarungen.

Kinder: Herr T. hat eine Tochter aus erster Ehe.

Wohnverhältnisse: Die Wohnung von Frau S. liegt in einem Zwei-Familienhaus. Die Wohnung hat 50 qm und umfaßt zwei Zimmer, Küche und Bad. Die beiden Räume werden als Wohn- und Schlafzimmer genutzt. Die Küche ist zwar klein, aber für einen kleinen Eßplatz ausreichend. Herr T. wohnt in einer 4-Zimmer-Wohnung. Eines der Zimmer bewohnt seine 15-jährige Tochter. Die anderen Zimmer werden als Wohn-, Eß- und Schlafzimmer genutzt.

Ausbildung und Berufsweg: Frau S. hat nach der Mittleren Reife eine Lehre als Verkäuferin in einer Bäckerei gemacht. Mit 19 Jahren wechselte sie zu einer Zigarettenfabrik, weil sie dort mehr verdiente. Nach ihrer Heirat hörte sie auf zu arbeiten. Als sie 1983 geschieden wurde, begann sie als Sekretärin in einer Immobilienfirma von Freunden und arbeitet dort heute als Prokuristin. Herr T. absolvierte eine Lehre als Bankkaufmann und arbeitete einige Jahre in diesem Beruf. Dann wechselte er zu einem Stahlkonzern und ist dort seit 25 Jahren tätig. Heute ist er Handelsvertreter dieses Konzerns.

Frühere Beziehungen: Frau S. war zwölf Jahre verheiratet und hat aus dieser Ehe drei Töchter. Nach der Scheidung hatte sie eine längere nichteheliche Beziehung, bevor sie Herrn T. kennenlernte. Herr T. war ebenfalls verheiratet. Die Beziehung zu seiner Ehefrau war seine einzige längere Beziehung, bevor er Frau S. kennenlernte.

Entwicklung der heutigen Beziehung: Das Paar lernte sich 1984 in einer Gruppe für „Singles“ kennen. Herr T. hatte sich gerade von seiner Frau getrennt, für Frau S. war eine Nichteheliche Lebensgemeinschaft gerade zu Ende gegangen. Die jeweilige Trennungserfahrung brachte die beiden zusammen.

Gründe für die heutige Lebensform: Beide haben mit der Ehe schlechte Erfahrungen gemacht, jedoch sind die Schlüsse, die sie daraus gezogen haben, unterschiedlich: Herr T. lehnt eine erneute Heirat dezidiert ab. Er fühlt sich von seiner Frau, an die er regelmäßig Unterhalt zahlt, „geprellt“. Er möchte nie mehr in die Situation kommen, für jemanden finanziell verantwortlich zu sein. Auch ist ihm die getrennte Wohnsituation sehr angenehm. Er meint, durch diesen größeren räumlichen Abstand sensibler für die positiven und negativen Entwicklungen der Beziehung zu sein. Durch ihre beiden gescheiterten Beziehungen ist Frau S. langfristigen formalen Bindungen gegenüber mißtrauisch geworden. Trotzdem würde sie sich über einen Heiratsantrag von Herrn T. freuen.

Interview Nr. 45 und 46

Haushaltszusammensetzung und soziodemographische Daten: Frau Su., Jg. 1940, verwitwet, Hausfrau, lebt zusammen mit Herrn D., Jg. 1936, ledig, Friseurmeister. Im Haushalt lebt ihr gemeinsames 13-jähriges Kind H. Frau Su. hat aus erster Ehe drei weitere Kinder, die nicht mehr im Haushalt leben. Frau Su. und Herr D. wohnen seit 15 Jahren zusammen.

Ökonomische Situation: Frau Su. bezieht eine Witwenrente (ca. 2000,– DM monatlich). Herr D. betreibt einen Friseursalon, von dessen Einnahmen er ca. 3000,– DM monatlich für seinen Lebensunterhalt verbraucht. Das Haus, in dem das Paar wohnt, gehört Frau Su. Das Paar zahlt also keine Miete, dafür aber alle laufenden Kosten, Reparaturen etc. Das Paar besitzt eine gemeinsame Ferienwohnung.

Rechtliche Vereinbarungen: Das Paar hat notariell vereinbart, daß das Sorgerecht im Todesfall von Frau Su auf Herrn D. übertragen wird. Außerdem haben beide Testamente formuliert und den jeweiligen Partner (mit)eingesetzt.

Kinder: Frau Su. hat drei Kinder aus erster Ehe. Die Kinder sind 1960, 1963 und 1965 geboren. 1968 starb ihr Mann, und Frau Su. mußte alleine für die Kinder sorgen. 1974 kam das vierte, mit Herrn D., gemeinsame, Kind zur Welt. Zu diesem Zeitpunkt wohnten noch alle Kinder zu Hause. Herr D. übernahm die Vaterrolle für alle vier.

Der Nachname des jüngsten Kindes ist gleichlautend mit dem des nichtverheirateten Vaters. Der Name wurde vor der Einschulung des Kindes geändert. Das Paar wollte nicht, daß das Kind weiterhin so hieß wie der verstorbene Ehemann von Frau Su. Sie hat nach dem Tod ihres Mannes dessen Namen behalten. Herr D. hat wenig Zeit, sich um die Kinder zu kümmern. Er ist täglich ca. zwölf Stunden außer Haus. Den Sonntag (Herr D. arbeitet auch samstags) verbringt die Familie zusammen.

Wohnverhältnisse: Das Paar wohnt in einem Ein-Familienhaus mit Garten. Die Aufteilung der Räume ist eher traditionell: Im Erdgeschoß befinden sich Küche mit Eßplatz in der Loggia, Wohn- und Eßzimmer, im ersten Stock gemeinsames Schlafzimmer des Paares, Kinderzimmer, Gästezimmer, Bad, WC.

Ausbildung und Berufsweg: Frau Su. hat erst in Ost-, dann in West-Berlin das Gymnasium besucht. Nach dem Abitur begann sie ein Medizinstudium. Bei ihrer Heirat bzw. kurz vor der Geburt ihres ersten Kindes brach sie das Studium ab (nach dem dritten Semester). Seitdem war sie „Nur-Hausfrau“. Herr D. hat nach der Hauptschule eine Lehre als Friseur gemacht. Seitdem arbeitet er in diesem Beruf. Nach Absolvierung der Meisterprüfung eröffnete er einen Friseursalon, den er heute noch betreibt.

Frühere Beziehungen: Frau Su. hat mit 22 Jahren geheiratet. Ihr Mann war Zahnarzt. 1968 starb ihr Mann. 1971 lernte sie ihren jetzigen Partner kennen. Herr D. war immer ledig. Bevor er Frau Su. kennenlernte, hatte er eine langjährige nichteheliche Lebensgemeinschafts-Beziehung.

Entwicklung der heutigen Beziehung: Frau Su. und Herr D. lernten sich 1971 kennen. Kurze Zeit später zog Herr D. zu Frau Su. In der ersten Zeit war die Beziehung der drei Kinder von Frau Su. zu Herrn D. das Hauptproblem für das Paar. 1974 wurde H. geboren. Herr D. machte sich vor ca. zehn Jahren selbständig. Frau Su. ist für den Haushalt und die Kinder allein zuständig.

Gründe für die heutige Lebensform: Frau Su. bezieht eine Witwenrente, die sie bei einer Heirat mit Herrn D. verlieren würde. Sie möchte die finanzielle Unabhängigkeit nicht aufgeben, die ihr die Rente ermöglicht. Die finanzielle Eigenständigkeit erscheint ihr eine wichtige Voraussetzung für eine gelungene Partnerschaft. Herr D. hätte Frau Su. gerne geheiratet, akzeptiert jedoch die Gründe, die für sie gegen eine Heirat sprechen, und ist inzwischen mit ihrer Beziehungsform auch zufrieden.

Interview Nr. 47 und 48

Haushaltszusammensetzung und soziodemographische Daten: Frau Ka., Jg. 1951, geschieden, selbständige Rechtsanwältin, und Herr Al., Jg. 1955, ledig, Fernmeldetechniker, macht eine Ausbildung als Graphiker, haben seit ca. fünf Jahren eine nichteheliche Beziehung. Das Paar hat keine Kinder. Sie wohnen zusammen mit Herrn C. und Frau B., ebenfalls ein Nichteheliches Lebensgemeinschafts-Paar, in einer Wohngemeinschaft.

Ökonomische Situation: Frau Ka. ist Sozia einer Rechtsanwaltskanzlei. Sie zahlt sich monatlich ca. 2100,– DM. Herr Al. arbeitet nicht mehr in seinem erlernten Beruf, sondern macht derzeit eine Ausbildung als Graphiker in einer Werbeagentur. Er erhält dafür 1000,– DM netto monatlich. Durch die gemeinsame Haushaltsführung sind die Kosten des Paares relativ gering. Sie zahlen einen qm-bezogenen Mietanteil von je ca. 300,– DM und 50,– DM wöchentlich in die gemeinsame Haushaltskasse.

Rechtliche Vereinbarungen: Das Paar hat bisher keine rechtlichen Vereinbarungen getroffen. Vor der Abfassung eines Testaments schrecken beide zurück. Derzeit überlegt das Paar, dem anderen Vollmacht zu erteilen, falls einer ins Krankenhaus müßte (Patientenvollmacht).

Kinder: Das Paar hat keine Kinder und möchte auch keine bekommen. Insbesondere Frau Ka. ist dezidiert gegen eigene Kinder eingestellt.

Wohnverhältnisse: Die 220 qm große Wohnung besteht aus fünf Zimmern. Zur Wohnung gehört ein großer Garten. Herr Al. und Frau Ka. bewohnen zwei zusammenhängende Zimmer (jeder hat ein eigenes Arbeits- und Schlafzimmer). Die große Wohnküche wird als Gemeinschaftsraum von beiden Paaren genutzt.

Ausbildung und Berufsweg: Frau Ka. studierte nach dem Abitur Jura. Nach dem Staatsexamen hat sie innerhalb eines Forschungsprojekts promoviert und dann mit Kollegen zusammen eine Rechtsanwaltskanzlei eröffnet. Nach Anfangsschwierigkeiten läuft die Kanzlei inzwischen ganz gut. Herr Al. absolvierte nach der Hauptschule eine Fernmeldelehre. Einige Jahre hat er in diesem Beruf, dann in verschiedenen Aushilfsjobs gearbeitet. Anschließend holte er die mittlere Reife an der Abendschule nach um dann eine Ausbildung als Erzieher anzuschließen. Einige Jahre hat er als Erzieher gearbeitet. Schließlich hat er auch diesen Beruf aufgegeben, um eine Kneipe aufzumachen. Heute macht er eine Ausbildung als Graphiker.

Frühere Beziehungen: Frau Ka. hat mit Anfang 20 geheiratet. Die Ehe bestand fünf Jahre. Danach hatte sie eine dreijährige nichteheliche Beziehung, wohnte jedoch mit diesem Partner nicht zusammen. 1982 lernte sie Herrn Al. kennen. Herr Al. lebte sieben Jahre in einer Nichtehelichen Lebensgemeinschaft und wohnte mit dieser Freundin zusammen. Danach hatte er einige kurzfristige Liebesbeziehungen.

Entwicklung der heutigen Beziehung: Frau Ka. kennt Herrn Al. seit ca. fünf Jahren. Anfangs wohnte das Paar getrennt (sie in Wohngemeinschaften, er allein). Vor ca. vier Jahren zog Herr Al. in Frau Ka.s Wohngemeinschaft. Frau Ka. war anfangs dagegen zusammenzuwohnen, eine Beziehung in getrennten Wohnungen wäre ihr lieber gewesen. Heute ist sie jedoch, genauso wie Herr Al., vom gemeinsamen Wohnen mit einem Partner überzeugt, erachtet jedoch das Wohnen mit anderen ebenfalls als notwendig. Sie wollen diese Lebensform (nicht unbedingt in derselben Wohnbesetzung, eventuell mit anderen) längerfristig beibehalten.

Gründe für die heutige Lebensform: Beide Paare lehnen die Institution Ehe ab. Die steuerlichen Vorteile, die Ehepaare gegenüber unverheirateten Paaren genießen, finden sie ungerechtfertigt. Aufgrund der Erfahrungen in ihrer gescheiterten Ehe lehnt Frau Ka. eine erneute institutionalisierte Beziehung ab. Allerdings wäre es ihr wichtig, die Verbindlichkeit ihrer Beziehung zu Herrn Al. in der Öffentlichkeit zu demonstrieren. Sie bedauert, daß es kein der Heirat vergleichbares Ritual für Nichtehelichen Lebensgemeinschaften gibt. Herr Al. hält es für eine ideale Lebensform, mit seiner Partnerin in einer Wohngemeinschaft zu wohnen. Ein isoliertes Wohnen als Paar erscheint ihm nicht erstrebenswert, da sich sonst zu leicht eheähnliche Verhaltensweisen entwickeln könnten.

Interview Nr. 49 und 50

Haushaltszusammensetzung und soziodemographische Daten: Frau St., Jg. 1959, geschieden, Hausfrau, und Herr P., Jg. 1968, ledig, Hilfsarbeiter, haben ein gemeinsames Kind von eineinhalb Jahren. Frau St. hat drei weitere Kinder aus anderen Beziehungen, die ebenfalls im Haushalt leben. Das Paar wohnt seit zwei Jahren zusammen.

Ökonomische Situation: Herr P. verdient monatlich 1500,– DM. Er bezahlt seinen Mietanteil, Telefon und die Nebenkosten der Wohnung. Darüber hinaus steuert er 300,– bis 400,– DM monatlich zum Haushaltsgeld bei. Frau St. bekommt selbst keine Sozialhilfe, weil Herr P. nach Ansicht des Sozialamtes für ihren Unterhalt aufkommen muß. Allerdings bekommt sie 500,– DM monatlich Mehrbedarfsausgleich vom Amt. Für das älteste

Kind (aus ihrer ersten Ehe) bekommt sie 300,– DM Unterhalt vom Vater, für die beiden jüngeren nichtehelichen Kinder je 203,– DM von der Unterhaltsvorschußkasse. Die Miete der 2½-Zimmer-Wohnung beträgt 320,– DM.

Rechtliche Vereinbarungen: Herr P. hat Frau St. in seine Lebensversicherung eingesetzt. Des weiteren hat er für sie eine Lebensversicherung abgeschlossen, die an ihre Kinder ausgezahlt wird. Die Versicherungen (Haftpflicht, Rechtsschutz) von Herrn P. sind teilweise auch für sie abgeschlossen.

Kinder: Herr P., leiblicher Vater des jüngsten Kindes, ist „de facto" Vater für alle vier Kinder. Die Kinder kommen gut mit ihm aus. Das älteste Kind (sieben Jahre) geht zur Schule, die beiden mittleren (vier und fünf Jahre) in den Kindergarten. Das jüngste Kind (eineinhalb Jahre) ist zu Hause und wird von Frau St. betreut. Herr P. ist ganztägig erwerbstätig und kann sich nur abends und am Wochenende um die Kinder kümmern.

Wohnverhältnisse: Die Wohnung ist zweistöckig aufgeteilt. Im unteren Bereich befinden sich das Wohnzimmer, Küche und Bad. Im oberen Stockwerk - verbunden durch eine Treppe im Wohnzimmer - liegen ein Schlafzimmer und zwei kleine Kinderzimmer.

Ausbildung und Berufsweg: Frau St. machte nach der Hauptschule eine Lehre als Einzelhandelskauffrau. Sie arbeitete in diesem Beruf bis zu ihrer Heirat. Während der gesamten Ehe arbeitete sie in Heimarbeit für diese Firma (Elektrobranche) weiter. Nach Scheidung und Umzug übernahm sie Gelegenheitsjobs (Kneipe etc.). Heute ist Frau St. „Nur-Hausfrau". Sie versorgt die vier Kinder, kümmert sich um die Wohnung und übernimmt den Hauptteil der Hausarbeit. Nach der Hauptschule hat Herr P. eine Lehre im Elektrobereich begonnen, sie jedoch nach zwei Jahren abgebrochen. Danach arbeitete er in häufig wechselnden Arbeitsstellen als Hilfsarbeiter. An seiner jetzigen Stelle ist er seit zwei Jahren und ist dabei, sich durch innerbetriebliche Fortbildung weiterzubilden.

Frühere Beziehungen: Frau St. hat mit 13 Jahren ihren Mann kennengelernt und mit 17 Jahren geheiratet. Die Ehe bestand 7 Jahre. Da ihr damaliger Mann sie verprügelte und massiv unterdrückte, ließ sie sich scheiden. Aus dieser Ehe hat sie zwei Kinder. Nach der Scheidung hatte sie eine kürzere nichteheliche Beziehung, aus der das dritte Kind stammt. Herr P. hatte, bevor er Frau St. kennenlernte, nur flüchtige Liebesbeziehungen und keine längerfristigen Partnerschaften.

Entwicklung der heutigen Beziehung: Das Paar lernte sich 1984 kennen. Frau St. hatte sich gerade von ihrem damaligen Freund getrennt und versuchte, mit den drei kleinen Kindern alleine fertigzuwerden. Sie hatte damals große materielle und emotionale Probleme und auch Erziehungsschwierigkeiten. Herr P. hat sie und ihre Kinder unterstützt. Nach kurzer Zeit zog Herr P. bei Frau St. ein. Seitdem wohnt das Paar zusammen. Nach einem halben Jahr wurde das jüngste Kind geboren.

Gründe für die heutige Lebensform: Frau St. hat sehr schlechte Erfahrungen in ihrer Ehe gemacht. Ihr Mann hat sie geschlagen und gedemütigt. Bei einer dieser tätlichen Auseinandersetzungen kam es zu einer Fehlgeburt. Ihr Mann wollte mit allen Mitteln die Scheidung verhindern. Frau St. möchte sich nicht mehr in solche Abhängigkeitsverhältnisse begeben. Unabhängig zu sein und ihre Beziehung jederzeit auflösen zu können, ist ihr wichtig. Sie meint, eine gleichberechtigte Ausgangsbasis der Partner ohne institutionelle Bindung sei eine wichtige Voraussetzung zum Gelingen der Partnerschaft. Für Herrn S. ist das unverheiratete Zusammenleben auch die richtige Lebensform. Er meint, er brauche keinen „staatlichen Schein", um den vier Kindern ein Vater zu sein.

Interview Nr. 51 und 52

Haushaltszusammensetzung und soziodemographische Daten: Frau G., Jg. 1954, ledig, Werkzeugmacherin, und Herr F., Jg. 1954, ledig, Werkzeugmachermeister, haben zwei gemeinsame Kinder, die drei und ein halbes Jahr alt sind. Das Paar wohnt seit vier Jahren zusammen.

Ökonomische Situation: Herr F. ist Werkzeugmachermeister. Er arbeitet selbständig und zahlt sich ca. 3000,– DM monatlich. Er verdient zwar mehr, steckt aber einen Teil der Einkünfte regelmäßig in den Aufbau des Betriebes. Frau G. arbeitet als Werkzeugmacherin in einem anderen Betrieb. Zum Zeitpunkt des Interviews bekommt sie 600,– DM Erziehungsgeld. Vorher verdiente sie ca. 1000,– DM im Monat (20-Stunden-Stelle). Für die Wohnung zahlen sie ca. 950,– DM monatlich Warmmiete. Die Familie verbraucht ca. 3000,– DM im Monat und hat wenig Rücklagen, da in den letzten Jahren alle Haushaltsgegenstände (Waschmaschine, Kühlschrank etc.) Möbel und Auto angeschafft wurden.

Rechtliche Vereinbarungen: Herr F. hat Frau G. in seiner Lebensversicherung eingesetzt. Beide haben den Mietvertrag für ihre Wohnung unterzeichnet. Das Paar will demnächst eine notarielle Regelung treffen, so daß Herr F. das Sorgerecht für die Kinder bekommt, falls Frau G. etwas zustößt. Das Paar ist gemeinsam haftpflicht- und rechtschutzversichert. Über die gemeinsam angeschafften Gegenstände, Möbel und Haushaltsgeräte, gibt es keine Unterlagen. Die Dinge gehören beiden.

Kinder: Die Kinder sind drei Jahre und ein halbes Jahr alt. Das ältere Kind wurde ab dem ersten Jahr in einer selbstorganisierten Babygruppe betreut, die heute noch als Kindergruppe existiert. Herr F. und Frau S. haben daraus mit anderen Eltern einen Kinderladen gegründet. Das kleinere Kind soll später ebenfalls in diesen Kinderladen gehen. Die Eltern versuchen, eine neue Babygruppe zu gründen. Die Betreuung der Kinder in einem Kinderladen ist für die Eltern (beide wollen weiterhin berufstätig bleiben) nur möglich, weil sie extrem flexible Arbeitszeiten haben. Dadurch können sie sich für die Restzeit in der Betreuung abwechseln. Herr F. engagiert sich sehr bei der Betreuung der Kinder. Das Paar hat zur individuellen Regelung der Sorgerechtsfrage die Kinder nach dem Vater benannt: Die

Kinder führen den Familiennamen des Vaters, die Mutter hat aber das Sorgerecht.

Wohnverhältnisse: Das Paar wohnt in einer Altbauwohnung. Das Haus ist in einem relativ schlechten Zustand. Die Wohnung besteht aus fünf Zimmern, Küche und Bad. Sie mußte bei Einzug vollständig renoviert werden. Jeder Partner hat ein eigenes Zimmer, ein Zimmer ist gemeinsam genutztes Musik- und Wohnzimmer. Der größte Raum ist Kinderzimmer. Das fünfte Zimmer nutzt das Paar als gemeinsames Schlafzimmer, in dem zur Zeit auch die Kinder mit schlafen.

Ausbildung und Berufsweg: Frau G. hat nach dem Abitur ein Pädagogikstudium abgeschlossen. Danach machte sie eine Lehre als Werkzeugmacherin. Seitdem arbeitet sie in diesem Beruf. Vor kurzem hat sie den ersten theoretischen Teil der Meisterprüfung abgelegt. Den praktischen Teil möchte sie im nächsten Jahr durchführen. Frau G. ist sehr stark berufsorientiert: Ihr Beruf ist ihr mindestens ebenso wichtig wie die Familie. Von daher könnte sie sich nicht vorstellen, wegen der Kinder auf ihren Beruf zu verzichten. Herr F. begann nach dem Abitur und nach Ableistung des Zivildienstes ein Germanistikstudium. Nach drei Semestern wechselte er das Studienfach: Stadt- und Regionalplanung. Nach der Zwischenprüfung in diesem Fach verließ er die Universität und machte eine Werkzeugmacherlehre. Inzwischen ist er Werkzeugmachermeister und hat einen eigenen Betrieb.

Frühere Beziehungen: Frau G. hatte drei für sie wichtige nichteheliche Beziehungen, bevor sie Herrn F. kennenlernte. Für Herrn F. ist die Beziehung zu Frau G. die zweite wichtige Beziehung. Seine erste nichteheliche Beziehung liegt sehr weit zurück. Bevor er Frau G. kennenlernte, hatte er lange Zeit keine Beziehungen mit Frauen.

Entwicklung der heutigen Beziehung: Das Paar lernte sich 1983 am damals gemeinsamen Arbeitsplatz kennen. Herr F. war für Frau G. „Liebe auf den ersten Blick". Zunächst wohnte das Paar getrennt. Aber als Frau G. schwanger wurde, zogen sie zusammenin die jetzige Wohnung. Die erste Zeit mit dem Kind erlebte das Paar sehr intensiv, Herr F. kümmerte sich sehr um das Kind. Da beide Partner erwerbstätig bleiben wollen, ist die Zeit seit Geburt des ersten Kindes und noch verstärkt seit Geburt des zweiten Kindes arbeitsmäßig für beide sehr ausgefüllt. Da beide ihre Arbeitszeit individuell regeln können, arbeitet er ca. 30 bis 40 Stunden wöchentlich (oft nachts), sie ca. zehn Stunden wöchentlich. Sie will auch wieder mehr arbeiten, wenn der Babyurlaub vorbei ist. Sie machen beide einen sehr belasteten Eindruck.

Gründe für die heutige Lebensform: Für beide kommt eine Heirat nicht in Frage. Auch die Geburt der beiden Kinder hat sie nie ernsthaft über eine Ehe nachdenken lassen. Sie sehen zwar die Sorgerechtsprobleme, die Herr F. durch den Status als unverheirateter Vater hat, jedoch konnte ihre individuelle Lösung des Problems (Kinder heißen wie der Vater) sie bislang vor konkreten Problemen mit Behörden bewahren. In einer Nichtehelichen

Lebensgemeinschaft zu leben und unverheiratet Kinder zu haben, bedeutet für beide den Bruch mit den Konventionen, mit den Eltern und mit der Umwelt. Es geht ihnen darum, alternative Beziehungsmuster zu entwickeln. Nicht verheiratet zu sein, ist für sie auch Ausdruck einer politischen Grundeinstellung: Sie lehnen es ab, sich vorgegebenen Institutionen anzupassen, wenn diese ihrem Lebensstil nicht entsprechen.

Interview Nr. 53 und 54

Haushaltszusammensetzung und soziodemographische Daten: Frau M., Jg. 1971, ledig, Bäckerlehrling, und Herr Mi., Jg. 1963, ledig, Betonbauer, leben seit über einem Jahr zusammen. Das Paar hat keine Kinder. Ab und zu wohnt ein Bruder von Herrn Mi. mit in der Wohnung.

Ökonomische Situation: Frau M. ist im ersten Lehrjahr und verdient 430,– DM netto. Von ihren Eltern bekommt sie Miete, Strom und Telefon bezahlt. (Auch die Renovierungskosten für die Wohnung haben die Eltern übernommen.) Herr Mi. arbeitet in einer Fabrik für Verpackungsherstellung und verdient durch den Schichtdienst rund um die Uhr ca. 2500,– DM. Die Lebenshaltungskosten der beiden sind niedrig. Sie werden von beiden gemeinsam bezahlt.

Rechtliche Vereinbarungen: Es gibt keine rechtlichen Vereinbarungen zwischen den beiden.

Kinder: Kinder sind geplant, aber Frau M. will erst ihre Lehre beenden.

Wohnverhältnisse: Die Wohnung liegt im Seitenflügel eines Mietshauses und besteht aus zwei Zimmern, Küche. Die Toilette ist auf dem Treppenabsatz. Geheizt wird mit einem Kachelofen. Die Zimmer werden als Wohn- und Schlafzimmer gemeinsam genutzt.

Ausbildung und Berufsweg: Frau M. hat die Oberschule verlassen und macht eine Bäckerlehre (erstes Lehrjahr). Herr Mi. hat eine Lehre als Betonbauer abgeschlossen, aber selten in seinem Beruf arbeiten können. Nach verschiedenen Gelegenheitsjobs fand er vor einem Jahr Arbeit als Maschineneinrichter in einer Fabrik (Verpackungsherstellung). Mittlerweile ist er als Einrichter für mehrere Maschinen verantwortlich.

Frühere Beziehungen: Für Frau M. ist es die erste Partnerschaft. Herr-Mi. hatte vorher einige lockere Affären.

Entwicklung der heutigen Beziehung: Die beiden lernten sich 1986 beim Rollschuhlaufen kennen. Trotz starker Verbote durch die Eltern von Frau M. wurde die Beziehung immer intensiver. Seit einem Jahr wohnt das Paar zusammen. Die Eltern tun so, als ob sie nicht wüßten, daß Herr Mi. mit in der Wohnung lebt.

Gründe für die heutige Lebensform: Beide lehnen eine Heirat ab. Auch eventuelle Kinder würden für sie kein Heiratsgrund bedeuten. Für beide Partner ist der entscheidende Faktor für die Qualität der Beziehung nicht die formale Bindung, sondern die Intensität und das Verständnis. Beides würde durch eine Heirat nicht gefördert. Erfahrungen mit der Ehe der

Eltern und Ehen von Arbeitskollegen wirken auf beide zusätzlich abschrekkend.

Interview Nr. 55 und 56

Haushaltszusammensetzung und soziodemographische Daten: Frau Fe., Jg. 1954, ledig, selbständige Architektin, und Herr Q., Jg. 1956, ledig, Biologe, haben zwei Kinder, Jg. 1982 und 1987. Sie leben zusammen mit zwei weiteren Erwachsenen, Frau E. und Herrn A., in einer Wohngemeinschaft. Das Paar wohnt seit sechs Jahren zusammen.

Ökonomische Situation: Das Einkommen von Frau Fe. beträgt ca. 3000,– DM netto monatlich. Herr Q.s zweijähriges Doktorandenstipendium ist Ende 1987 abgelaufen. Das heißt, er ist im Moment auf die finanzielle Unterstützung von Frau Fe. angewiesen. Er bezieht lediglich minimale Einnahmen aus einem Lehrauftrag an der Universität. Die Miete wird von den vier erwachsenen Wohngemeinschaftsmitgliedern anteilig bezahlt. Da die Wohnung recht klein ist (für eine Wohngemeinschaft zu klein), haben sie den Vorteil einer geringen Miete (560,– DM). Durch das Leben in der Wohngemeinschaft, das heißt, gemeinsame Haushaltsführung, sind die Ausgaben für die Lebenshaltung des einzelnen ebenfalls relativ gering.

Rechtliche Vereinbarungen: Derzeit bestehen keine schriftlichen Vereinbarungen. Eine notarielle Vereinbarung, die das Sorgerecht für die Kinder auf Herrn Q. überträgt, falls Frau Fe. stirbt, ist geplant.

Kinder: Die beiden Söhne sind ein und sechs Jahre alt. Der ältere geht in die Schule und nachmittags in den Schülerladen. Der jüngere wird vormittags von Herrn Q. und nachmittags von Frau Fe. betreut. Ab und zu versorgen die beiden anderen Wohngemeinschaftsmitglieder die Kinder. Es gibt aber keine festen Absprachen.

Wohnverhältnisse: Die Wohnung ist eine zweistöckige Neubauwohnung. Die Wohnung umfaßt vier kleine Zimmer, eine Wohndiele, Küche und Bad. Die Diele wird als Gemeinschaftsraum und als Spielzimmer für die Knder genutzt. Außerdem befindet sich hier Frau Fe.s Arbeitsplatz. Herr Q. und Frau Fe. haben ein gemeinsames Schlafzimmer, in dem auch der jüngste Sohn mitschläft. Der sechsjährige Sohn hat ein eigenes Zimmer, und die beiden Wohngemeinschaftsmitglieder haben auch jeweils eigene Zimmer.

Ausbildung und Berufsweg: Nach dem Abitur studierte Frau Fe. einige Semester Germanistik, Pädagogik und Romanistik und bekam dann einen Studienplatz für Architektur. Nach dem Vordiplom wechselte sie für einige Semester den Studienort, um dann 1982 ihr Diplom abzulegen. Nach einem Jahr Babypause arbeitete Frau Fe. bei der Mieter- und Sanierungsberatung in Kreuzberg. Nach zwei Jahren kaufte sie sich in ein Architekturbüro ein, das sie seitdem zusammen mit zwei Kollegen führt. Seit der Geburt des zweiten Kindes arbeitet Frau Fe. halbtags. Herr Q. absolvierte nach dem Abitur seine Bundeswehrzeit und studierte anschließend Biologie. Bereits während des Hauptstudiums arbeitete er als Hilfskraft in einem Forschungsprojekt und konnte innerhalb dieser Tätigkeit ein Aufgabengebiet für seine Diplomarbeit entwickeln. Nach dem Examen arbeitete er weiter in der universitären Forschung und konnte in diesem Zusammenhang promovieren. Der Abschluß der Doktorarbeit ist für Ende 1988 geplant.

Frühere Beziehungen: Frau Fe. hatte zwei für sie wichtige nichteheliche Beziehungen, bevor sie Herrn Q. kennnelernte. Für Herrn Q. ist die Beziehung zu Frau Fe. die erste feste Beziehung. Vorher hatte er nur einige lockere Freundschaften.

Entwicklung der heutigen Beziehung: Das Paar lernte sich 1980 kennen. Damals lebte Frau Fe. in einer Großstadt und Herr Q. in einer anderen. Frau Fe. zog ein Jahr später in die Stadt, in der Herr Q. wohnte, wollte jedoch nicht mit Herrn Q. zusammenwohnen. Frau Fe. zog in eine Wohngemeinschaft, und Herr Q. lebte in einer anderen. Als Frau F. zwei Jahre später schwanger wurde, zog Herr Q. in ihre Wohngemeinschaft. Herr Q. wollte die Schwangerschaft und die Babyzeit möglichst nah miterleben. Die Geburt des ersten Sohnes war 1982. Fünf Jahre später wurde der zweite Sohn geboren.

Gründe für die heutige Lebensform: Für beide gab und gibt es keine Gründe zu heiraten. Sie lehnen Konventionen ab und halten ein „Gelöbnis der Treue bis in den Tod“ für die heutige Zeit nicht mehr angemessen. Auch lehnen sie die Einmischung des Staates in private Beziehungen ab. Frau Fe. lehnt es weiterhin ab, daß Paare sich bei einer Heirat auf einen Namen einigen müssen bzw. gezwungen werden, Doppelnamen zu führen. Ihrer Auffassung nach sollten auch verheiratete Paare verschiedene Familiennamen führen können. Kinder zu haben, ist für beide kein Heiratsgrund. Besonders Herr Q. verweist darauf, daß die Vaterschaft ein soziales Verhältnis beschreibt und nicht durch formale Regelungen (z.B. Sorgerecht) festgeschrieben werden muß.

Interview Nr. 57 und 58

Haushaltszusammensetzung und soziodemographische Daten: Frau I., Jg. 1945, ledig, Lehrerin, lebt in einem Haushalt zusammen mit einem Freund, der jedoch nicht ihr Lebensgefährte ist. Herr O., Jg. 1952, ledig, Ausstellungsbauer, lebt allein in einer 2-Zimmer-Wohnung.

Ökonomische Situation: Frau I. ist Lehrerin mit einer ⅔-Stelle und verdient 2900,– DM netto. Sie lebt in einer preisgünstigen Wohnung in Kreuzberg. Durch die gemeinsame Wohnsituation mit ihrem Freund sind die Lebenshaltungskosten geringer, als wenn sie allein leben würde. Ihr Mietanteil (incl. Heizung, Bewag etc.) beträgt 605,– DM. Herr O. ist Graphiker und verdient 18,– DM pro Stunde beim Aufbau und der künstlerischen Gestaltung von Ausstellungen. Er wird häufig arbeitslos, bemüht sich aber immer wieder, Arbeit zu finden. Durchschnittlich hat er 1450,– DM zur Verfügung. Die Miete seiner Wohnung beträgt 320,– DM (kalt).

Rechtliche Vereinbarungen: Gibt es zwischen den Partnern nicht.

Kinder: Sind nicht vorhanden und auch nicht geplant. Beide lehnen es ab, selbst Kinder zu haben oder mit Kindern zusammenzuwohnen.

Wohnverhältnisse: Die Wohnung von Frau I. ist 100 qm groß. Frau I. bewohnt davon zwei Zimmer, ihr Mitbewohner ebenfalls. Das fünfte Zimmer wird von den beiden als Gemeinschaftszimmer genutzt. Die 2-Zimmer-Wohnung von Herrn O. mit Küche, ohne Bad, wird von ihm alleine bewohnt.

Ausbildung und Berufsweg: Frau I. studierte nach dem Abitur Pädagogik in einer westdeutschen Universitätsstadt, kam nach dem ersten Staatsexamen nach Berlin und machte hier ihr zweites Staatsexamen an einer Gesamtschule. Sie ist engagierte Lehrerin mit viel Spaß an der Tätigkeit. Der Beruf ist ein wichtiger Aspekt ihres Lebens. Herr O. absolvierte nach der Realschule eine Lehre als Schaufensterdekorateur. Anschließend lernte er Schriftsetzer. Seinen Wunsch, Innenarchitekt zu werden, konnte er nicht realisieren, studierte jedoch einige Semester Design an einer Kunstfachschule. Er arbeitet freiberuflich als Dekorateur und Graphiker beim Ausstellungs- und Messebau.

Frühere Beziehungen: Als Frau I. ca. 20 Jahre alt war, war sie einige Jahre mit einem amerikanischen Soldaten befreundet. Danach, mit 25, verlobte sie sich mit einem anderen amerikanischen Soldaten. Die Beziehung löste sich, weil der Verlobte in die USA zurück mußte. Frau I. blieb dann viele Jahre Single, bis sie Herrn O. kennenlernte. Herr O. hatte seine erste wichtigere Beziehung vor zehn Jahren. Diese Beziehung scheiterte nach zwei Jahren. Danach entwickelte sich die Beziehung zu Frau I.

Entwicklung der heutigen Beziehung: Das Paar lernte sich 1980 bei einer politischen Veranstaltung kennen. Nach einer gemeinsamen Arbeits- und Urlaubsfahrt konstituierte sich die Beziehung. Damals wohnten beide alleine und legten auch Wert darauf, weiterhin getrennt zu wohnen. Das Paar traf sich zu jener Zeit mehrmals in der Woche und an den Wochenenden in der einen oder anderen Wohnung. Nach fünf Jahren trennten sich die beiden, versöhnten sich jedoch schnell wieder. Zu diesem Zeitpunkt zog Frau I. zu Herrn A. Sie wollte nicht mehr allein, aber auch nicht mit ihrem Partner zusammen wohnen. Heute trifft sich das Paar überwiegend in seiner Wohnung, da Herr O. sich mit Frau I.s Mitbewohner nicht versteht.

Gründe für die heutige Lebensform: Für beide gab und gibt es keine Gründe zu heiraten. Für Frau I. war die Auflösung des ersten Verlöbnisses sozusagen das Ende jeglicher bürgerlicher Bindungsambitionen. Beide Partner finden Distanz zueinander sehr wichtig, wobei Frau I. sich mehr Nähe wünscht. Für Herrn O. erscheint ein Mehr an Nähe nicht erträglich.

Interview Nr. 59 und 60

Haushaltszusammensetzung und soziodemographische Daten: Frau B., Jg. 1960, geschieden, Lehrerin (im Referendariat), kennt ihren Partner, Herrn Ä., Jg. 1956, ledig, Computerfachmann, seit vier Jahren. Das Paar wohnt getrennt. Frau B. wohnt alleine, Herr Ä. mit seiner Schwester zusammen.

Ökonomische Situation: Frau B. befindet sich zur Zeit im Referendariat in der Schule und verdient 1300,– DM netto. Die Miete für ihre Wohnung beträgt 290,– DM. Herr Ä. hat seit kurzem eine Stelle als Softwareentwickler und verdient 2400,– DM. Die Miete für seine Wohnung beträgt 690,– DM. Seine Schwester beteiligt sich. Die Kosten für den jeweiligen Lebensunterhalt werden getrennt. Nur gemeinsame Mahlzeiten werden miteinander verrechnet.

Rechtliche Vereinbarungen: Derzeit bestehen keine rechtlichen Vereinbarungen.

Kinder: Beide wünschen sich ein Kind, jedoch ist der Zeitpunkt bislang unbestimmt und wird von beiden abhängig gemacht von Frau B.s beruflicher Zukunft.

Wohnverhältnisse: Die Wohnung von Frau B. besteht aus zwei Zimmern, Küche und Bad. Die Wohnung hat Ofenheizung. Frau B. benutzt ein Zimmer als kombinierten Wohn- und Arbeitsraum, das andere als Schlafzimmer. Die Wohnung von Herrn Ä. besteht aus vier Zimmern, Küche und Bad mit Zentralheizung. Herr Ä. bewohnt zwei Zimmer: ein Arbeits- und Wohnzimmer und ein Schlafzimmer. Die beiden anderen Räume bewohnt seine Schwester.

Ausbildung und Berufsweg: Frau B. studierte nach dem Abitur Sport und Latein in einer westdeutschen Universitätsstadt. Studium und Referendariatszeit hat sie mit viel Engagement absolviert, trotzdem sind ihre Berufsaussichten als Lehrerin schlecht. Sie muß nach Abschluß des zweiten Staatsexamens damit rechnen, arbeitslos zu werden. Herrn Ä.s Ausbildung begann mit Abitur und einem Physik- und Sportstudium. Nach dem Staatsexamen arbeitete er in einem Forschungsprojekt, danach war er arbeitslos und ließ sich im EDV-Bereich umschulen. Seit kurzem hat er eine Anstellung als Softwareentwickler.

Frühere Beziehungen: Frau B. heiratete im Alter von 18 Jahren gegen den Widerstand ihrer Eltern und ließ sich nach fünf Jahren wieder scheiden. Danach hatte sie eine feste Beziehung, die ein Jahr lang hielt, dann nur lockere Freundschaften, bis sie Herrn Ä. traf. Herr Ä. lebte, bevor er mit Frau B. eine Beziehung einging, über zehn Jahre hinweg in einer Nichtehelichen Lebensgemeinschaft.

Entwicklung der heutigen Beziehung: Das Paar kennt sich seit vier Jahren. Obwohl Frau B. anfangs besonders stark auf Distanz und Unabhängigkeit bedacht war, entwickelte sich die Beziehung immer intensiver. Frau B. hatte zwischendurch mal eine andere Beziehung, fühlte sich aber letztendlich mehr zu Herrn Ä. hingezogen. Mittlerweile sieht sich das Paar mehrmals in der Woche; treffen sich aber nur , wenn sie sich vorher verabredet haben. Spontanbesuche gehören nicht zu ihrem Beziehungsarrangement. Meist treffen sie sich in der Wohnung von Frau B., weil sich Frau B. mit der Schwester von Herrn Ä. nicht so gut versteht.

Gründe für die heutige Lebensform: Frau B. wäre einer späteren Heirat nicht abgeneigt. Besonders die Geburt eines Kindes erscheint ihr als wichtiger Heiratsgrund, „denn ein Kind braucht eine stabile Familie". Auch kann sich Frau B. vorstellen, mit Herrn Ä. zusammenzuwohnen, lehnt aber eine Wohngemeinschaft mit dessen Schwester ab. Herr Ä. ist mit der Art ihrer Beziehung - nicht verheiratet zu sein und nicht zusammen zu wohnen - sehr zufrieden. Er hält eine Heirat als formale Stabilisierung ihrer Beziehung nicht für nötig. Das getrennte Wohnen kommt seinen Bedürfnissen nach Erholung und getrennten Freizeitaktivitäten entgegen. Allerdings würde er, wenn Frau B. darauf bestünde, einer Heirat zustimmen, wenn das Paar ein Kind bekäme.

Interview Nr. 61 und 62

Haushaltszusammensetzung und soziodemographische Daten: Der Haushalt besteht aus Herrn V., Jg. 1943, geschieden, Drucker, Frau W., Jg. 1945, geschieden, Sekretärin, und Herrn V.s Sohn L., 18 Jahre, Lehrling. Das Paar kennt sich seit 1979 und lebt seit sieben Jahren zusammen.

Ökonomische Situation: Frau W. arbeitet als Sekretärin in der Forschungsabteilung eines großen Industriebetriebs. Sie verdient 3100,– DM netto monatlich. Herr V. arbeitet als Drucker und verdient 2850,– DM monatlich. Der Sohn L. macht eine Lehre als Maschinenschlosser. Für die 4-Zimmer-Wohnung zahlen sie 700,– DM (kalt), das heißt, ca. 1000,– DM mit Nebenkosten. Herr V. und Frau W. haben vor einigen Jahren ein Ferienhaus in Westdeutschland gekauft. Seitdem müssen sie finanziell etwas kürzer treten und sparen.

Rechtliche Vereinbarungen: Beide haben ein Testament gemacht und sich als gegenseitige Erben eingesetzt. Der Mietvertrag läuft auf beider Namen, ebenso der Kaufvertrag für das Ferienhaus.

Kinder: L., 18 Jahre, wohnt (noch) zu Hause und macht gerade eine Lehre. Mit elf Jahren zog er nach der Scheidung seiner Eltern zu seinem Vater. Zu diesem Zeitpunkt wohnte Herr V. bereits mit Frau W. zusammen. Frau W. wurde die neue Mutter seines Kindes. Sie fühlt sich für ihn verantwortlich und kümmerte sich um ihn, als wäre es ihr eigener Sohn. Frau W. hat keine eigenen Kinder und wollte auch nie welche (Sie hat sich mit 28 Jahren sterilisieren lassen). Frau W. kümmerte sich mindestens genauso intensiv um den Sohn von Herrn V. wie Herr V. selbst, und übernahm die Sorge für seine schulischen Leistungen und betreute ihn sehr intensiv in der Pubertät. L. hat den Wechsel der Bezugsperson und die Umstellung auf die (nicht verheiratete) Partnerin des Vaters gut verkraftet.

Er versteht sich mit Frau W. sehr gut, kommt mit Problemen zu ihr und spricht mit ihr mindestens ebenso viel und vertraut, wie mit seinem Vater. Er hat auch weiterhin Kontakt zu seiner leiblichen Mutter.

Wohnverhältnisse: Die Wohnung ist ein renovierter Altbau. Sie hat vier Zimmer, Küche, Bad. Die Zimmerverteilung ist traditionell. Ein Wohn-, ein Eß-, ein gemeinsames Schlafzimmer. Der Sohn hat ein eigenes Zimmer.

Ausbildung und Berufsweg: Frau W. hat das Gymnasium bis zur 11. Klasse und danach eine Wirtschaftschule besucht. Anschließend begann sie, als Sekretärin zu arbeiten, zunächst in einem Krankenhaus, dann in einem Forschungsinstitut. An ihrem Arbeitsplatz hat sie sich durch gewerkschaftliche Arbeit und Betriebsratstätigkeit engagiert. Um beruflich weiter voran zu kommen, wollte sie Begabtenabitur machen, was sie aber nicht geschafft hat. Vor zwei Jahren hat sie die Arbeitsstelle gewechselt. Sie wollte beruflich weiterkommen und neue Tätigkeiten kennenlernen. Sie arbeitet heute als Sekretärin in der Forschungsabteilung eines großen Industriebetriebes. Herr V. hat die Hauptschule besucht und eine Lehre als Polier absolviert. Anschließend ging er für einige Jahre wegen der besseren Lohnverhältnisse zu einer Stahlbaufirma nach Westdeutschland. Er verließ diese Firma, als er Zeuge eines schweren Unfalls (wegen mangelnder Arbeitsschutzbestimmungen) wurde. Er arbeitete zunächst in einer staatlichen Behörde als Hausschlosser. Danach ließ er sich zum Drucker umschulen. Er arbeitet heute in der Druckerei eines Forschungsinstituts.

Frühere Beziehungen: Frau W. hat mit 22 Jahren geheiratet und lebte mit ihrem Mann drei Jahre zusammen. Nach der Scheidung hatte sie acht Jahre lang eine nichteheliche Beziehung. Danach lernte sie Herrn V. kennen. Herr V. hat 1964 (mit 21 Jahren) geheiratet und lebte 16 Jahre mit seiner Frau zusammen. 1970 wurde L. geboren. 1979 trennte er sich von seiner Frau und wurde 1980 geschieden. Seit 1979 ist er mit Frau W. befreundet.

Entwicklung der heutigen Beziehung: Das Paar lernte sich 1979 auf der damals gemeinsamen Arbeitsstelle kennen. Frau W. hatte sich gerade von ihrem Partner getrennt, Herr V. hatte große Probleme in seiner Ehe. Frau W. bot ihm an, zu ihr zu ziehen, was er auch tat. Nach der Scheidung zog L. zu seinem Vater, der das Sorgerecht bekam. Seit 1980 leben die drei zusammen. Die ersten Jahre waren von Problemen mit L. überschattet, der Schwierigkeiten hatte, die Trennung der Eltern und Frau W. als neue Bezugsperson zu akzeptieren. Mit vereinten Kräften und viel Engagement von Frau W. lösten sich die Probleme jedoch bald auf. Herr V. und Frau W. können sich vorstellen, „für immer" zusammenzubleiben.

Gründe für die heutige Lebensform: Für beide gibt es keine Gründe zu heiraten. Beide waren verheiratet und kämen nie auf die Idee, diese Erfahrungen zu wiederholen. Auch hätte das Paar keine finanziellen Vorteile von einer Ehe. Sie sehen in ihrer Lebensform keinen Unterschied zur Ehe und meinen, daß es entscheidender sei, Verantwortung für jemanden zu übernehmen. Der Status, unverheiratet zusammenzuleben, hat für sie die Bedeutung, „sich freiwillig immer wieder für den anderen zu entscheiden". Wichtig ist ihnen auch, daß der Staat keinen Einfluß auf die Beziehung hat. Der einzige Heiratsgrund, den sie sich vorstellen könnten, wäre, Freunde mit der Feier glücklich zu machen.

Interview Nr. 63 und 64

Haushaltszusammensetzung und soziodemographische Daten: Frau W., Jg. 1936, geschieden, Lehrerin, und Herr J., Jg. 1939, geschieden, Leiter einer EDV-Abteilung in einer Behörde, sind ein Nichteheliches Lebensgemeinschafts-Paar mit zwei Kindern (zwölf und elf Jahre alt). Sie wohnen in einem Ein-Familien Haus in Spandau.

Ökonomische Situation: Frau W. verdient als Lehrerin 3800,– DM netto im Monat, Herr J. 4600,– DM. Beide haben darüber hinaus Einnahmen aus Immobilienbesitz. Das Haus, das sie bewohnen, gehört ihr.

Rechtliche Vereinbarungen: Herr J. hat ein umfangreiches Testament gemacht, Frau W. nicht. Bislang gibt es auch keine notarielle Vereinbarung über das Sorgerecht, falls sie sterben sollte.

Kinder: Die beiden Kinder sind zwölf und elf Jahre alt. Frau W. arbeitet seit Geburt des ersten Kindes zu Hause und kann dadurch ihre Arbeitszeit zugunsten der Kinderbetreuung flexibel gestalten. Herr J. übernimmt die „Kindertransporte", wie Hinbringen und Abholen von Freunden, Arzttermine, Musikunterricht, Schwimmen etc.). Herr J. hat aus erster Ehe zwei weitere Kinder (zwei Söhne, 20 und 18 Jahre), die bei ihrer Mutter geblieben sind. Er kümmert sich viel um die Söhne, ist mit ihnen häufig in Urlaub gefahren und unternimmt regelmäßig etwas mit ihnen. Frau W. versteht sich mit seinen beiden Söhnen sehr gut. Auch die vier Kinder haben untereinander ein intensives Verhältnis zueinander.

Wohnverhältnisse: Das Haus hat ca. 160 qm Wohnfläche. In der unteren Etage befinden sich der Wohn- und Eßbereich und die Küche. Oben haben die Kinder je ein eigenes Zimmer, die Erwachsenen je ein Arbeitszimmer und ein gemeinsames Schlafzimmer. Die Zimmer oben sind relativ klein, der Wohn- und Eßbereich nimmt fast die gesamte Haus-Grundfläche ein. Das Haus hat einen großen Garten, Terrasse und Schuppen.

Ausbildung und Berufsweg: Frau W. studierte nach dem Abitur an einer Pädagogischen Hochschule in Westdeutschland. Seitdem arbeitet sie als Lehrerin. Dadurch kann sie Berufstätigkeit und Familie gut verbinden. Herr J. machte nach dem Abitur zunächst eine Banklehre und studierte dann Betriebswirtschaft in zwei deutschen Großstädten. Nach dem Studium arbeitete er drei Jahre als Betriebswirt in einem großen Industriebetrieb. Danach wechselte er in die Datenverarbeitung in einer Verwaltung, wo er er heute noch arbeitet. Er leitet dort den EDV-Bereich.

Frühere Beziehungen: Frau W. ist geschieden, ihre Ehe dauerte drei Jahre. Scheidungsgrund war einerseits die räumliche Trennung des Paares (sie lebten ein Jahr aus beruflichen Gründen getrennt), andererseits der Entschluß ihres Mannes, ihren Wohnort zu verlassen und den väterlichen Betrieb zu übernehmen. Frau W. wollte dort bleiben und nicht „Unternehmer-Gattin" werden. Herr J. ist ebenfalls geschieden. Seine Ehe dauerte fünf Jahre. Er hat aus erster Ehe zwei Söhne. Die Trennung ging von seiner Frau aus.

Entwicklung der heutigen Beziehung: Das Paar kennt sich seit 14 Jahren. Kurz nach dem Kennenlernen zogen sie zusammen in eine 4-Zimmer-Mietwohnung. Nach einem Jahr wurde das erste Kind geboren. Frau W. wollte unbedingt zwei Kinder haben, was sich auch bald realisiert. Das Paar kaufte ein Mietshaus, um ein gemeinsames Wohnprojekt mit anderen Eltern zu gründen (gemeinsamer Kinderladen im Haus, Hofbegrünung etc.). Da das Projekt scheiterte, zogen sie in das Einfamilienhaus in Spandau, in dem sie heute wohnen.

Gründe für die heutige Lebensform: Frau W. lehnt eine Heirat dezidiert ab. Es gibt für sie keinen Grund zu heiraten, auch die Geburt der beiden Kinder war für sie kein Heiratsgrund. Ihr ist es wichtig, das alleinige Sorgerecht für die Kinder zu haben. Herr J. wäre einer Ehe eher zugeneigt, nicht zuletzt wegen des Sorgerechts für die Kinder. Jedoch respektiert er den Wunsch von Frau W., unverheiratet zu bleiben. Für beide bestehen kaum materiellen Gründe zu heiraten. Sie sind finanziell selbständig und hätten von einer Ehe nur geringe Vorteile.

Interview Nr. 65 und 66

Haushaltszusammensetzung und soziodemographische Daten: Herr Ü., Jg. 1954, ledig, Tänzer, und Frau L., Jg. 1956, ledig, Tänzerin, arbeiten und wohnen seit vier Jahren zusammen.

Ökonomische Situation: Das Paar gibt einzeln und zusammen Tanzworkshops und Bewegungsunterricht. Außerdem verdienen sie durch gelegentliche gemeinsame Auftritte. Das verdiente Geld reicht meist gerade zum Lebensunterhalt und zur Planung und Durchführung gemeinsamer Auftritte aus. Sind die Einkünfte zu gering, fährt Herr Ü. zusätzlich ab und zu Taxi. Das Paar hat im Durchschnitt monatlich 1900,– DM zur Verfügung. Die Miete von 370,– DM (kalt) und die Lebenshaltungskosten werden von dem Paar aus einem gemeinsamen Topf bezahlt.

Rechtliche Vereinbarungen: Das Paar hat keine rechtlichen Vereinbarungen. Der Mietvertrag läuft auf beider Namen; Verträge, die gemeinsame Tanzaufführungen betreffen, werden gemeinsam ausgehandelt.

Kinder: Sind nicht geplant.

Wohnverhältnisse: Das Paar lebt in einem zweistöckigen Fabrikgebäude. Im Hochparterre liegen Wohnküche, Bad und Toiletten und ein großer Übungsraum. Im ersten Stock hat jeder ein eigenes Arbeits- und Schlafzimmer. Die Größe und Aufteilung des Gebäudes ist für das Paar ideal, problematisch ist die schlechte Heizbarkeit des Gebäudes (zu wenig Öfen, unzulängliche Isolierung des freistehenden Hauses), so daß es im Winter nur schwer zu bewohnen ist.

Ausbildung und Berufsweg: Herr Ü. studierte nach Abitur und Zivildienst Sozialpädagogik. Nach Abschluß des Diploms absolvierte er eine Lehre als Heizungsbauer und arbeitete dann in diesem Beruf. Von Jugend an hat sich Herr Ü. mit Tanz, Musik und Theater beschäftigt und war selbst in verschiedenen Gruppen aktiv. Vor ca. sechs Jahren entschloß er sich, dieses Hobby zu professionalisieren und nahm an verschiedenen Ausbildungen zum Tänzer teil. Seitdem arbeitet er als freischaffender Tänzer und Tanzlehrer. Frau L. begann nach dem Abitur ein Germanistikstudium, das sie jedoch zugunsten einer Tanzausbildung frühzeitig beendete. Seitdem arbeitet sie wie Herr Ü. als Tänzerin und Lehrerin für Ausdruckstanz, Pantomime etc.

Frühere Beziehungen: Herr Ü. hatte, bevor er Frau L. kennenlernte, drei längerdauernde nichteheliche Beziehungen. Frau L. ist für ihn jedoch die erste Partnerin, mit der er auch zusammenarbeitet. Frau L. hatte vorher eine für sie sehr wichtige, langdauernde nichteheliche Partnerschaft.

Entwicklung der heutigen Beziehung: Das Paar lernte sich 1983 in einer westdeutschen Stadt bei einem Tanzworkshop kennen. Die beiden zogen 1984 zusammen in eine neue Stadt in die oben genannten Räume. In den letzten vier Jahren war das Paar viel unterwegs (England, Frankreich, Japan ...), einerseits um an weiteren Tanzausbildungen teilzunehmen, andererseits auf Tournee mit eigenen Aufführungen.

Gründe für die heutige Lebensform: Für beide ist die Form ihrer Partnerschaft Ausdruck der Ablehnung der Institution Ehe. Sie verwahren sich gegen jede Form staatlicher Einmischung und lehnen Konventionen, vorgegebene Rollenverteilungen und traditionelle geschlechtsspezifische Verhaltensweisen ab. Ihre Beziehung stellt den Versuch dar, kreative Arbeit, gemeinsames Wohnen, Alltagsbewältigung und Liebesbeziehung zu vereinen. Sie bezeichnen dies als eine „Suche nach einem neuen Weg“, der bewußt mit traditionellen Vorbildern brechen will.

Interview Nr. 67 und 68

Haushaltszusammensetzung und soziodemographische Daten: Frau Y., Jg. 1956, ledig, Pianistin und Klavierlehrerin, und Herr Th., Jg. 1946, ledig, z.Zt. arbeitslos, leben seit fünf Jahren zusammen.

Ökonomische Situation: Frau Y. verdient mit Klavierunterricht – privat und an einer Musikschule – ca. 3000,– DM, und Herr Th. bekommt z.T. 800,– DM Arbeitslosenhilfe. Nebenbei verdienen beide mit Auftragskompositionen und Musikproduktionen ab und zu etwas Geld dazu.

Rechtliche Vereinbarungen: Es bestehen keine rechtlichen Vereinbarungen.

Kinder: Beide wollen auf keinen Fall eigene Kinder.

Wohnverhältnisse: Die Wohnung besteht aus zwei 1-Zimmer-Wohnungen, die durch einen Durchgang miteinander verbunden worden sind. Der zentrale Raum der Wohnung ist das Musikzimmer, daneben Schlafzimmer, Küche und Toilette. Ein Bad gibt es nicht. Die Wohnung hat Ofenheizung.

Ausbildung und Berufsweg: Frau Y. hat am Konservatorium in Paris Klavier und Komposition studiert und arbeitet seither für ihren Lebensunterhalt als Klavierlehrerin. Berufliches Hauptinteresse sind jedoch Komposition und Musikproduktion. Herr Th. hat eine abgebrochene Lehre als Radio- und Fernsehmechaniker, tingelte dann als Musiker (Gitarre und Gesang) und arbeitete als Verkäufer in einem Musikfachgeschäft. Zur Zeit ist Herr Th. erwerbslos und arbeitet als Musiker (er spielt verschiedene Instrumente) und als Komponist.

Frühere Beziehungen: Frau Y. hatte eine wesentliche Beziehung vor Herrn Th., die für sie jedoch mehr den Stellenwert einer Arbeitsbeziehung hatte (Produktion von Fotobüchern). Herr Th. ist ihre erste für sie bedeutsame Liebesbeziehung. Für Herrn Th. gab es schon verschiedene, zwei bis drei Jahre dauernde nichteheliche Beziehungen. Auch für ihn ist die jetztige Beziehung die bislang wichtigste.

Entwicklung der heutigen Beziehung: Das Paar lernte sich vor fünf Jahren kennen. Zuerst lehnten es beide ab zusammenzuleben, doch dann ergab sich die Möglichkeit, daß Frau Y. die Nebenwohnung von Herrn Th. mieten konnte. Nach einiger Zeit nahmen sie einen Durchbruch zwischen den beiden Wohnungen vor, um beide Wohnungen zusammenzufügen und gemeinsam zu nutzen. Das zentrale Moment der Beziehung ist das gemeinsame Musikproduzieren. Jede freie Minute wird für das Planen, Komponieren, Ausprobieren und Üben, auch mit anderen Musizierenden und Sängern, genutzt.

Gründe für die heutige Lebensform: Beide dachten nie an eine Heirat. Für Herrn Th. ist Heiraten ganz negativ besetzt. Das Vorbild seiner Eltern und gescheiterte Ehen seiner Freunde überzeugten ihn von dem negativen Einfluß eines Trauscheins auf die Qualität einer Partnerschaft. Für Frau Y. ist die „Ehe" Ausdruck bürgerlicher Verhaltensweisen, die sie strikt ablehnt. Für sie ist es wichtig, Lebens- und Beziehungsformen zu entwickeln, die ihr mehr individuelle Freiräume und Gestaltungsmöglichkeiten geben.

Interview Nr. 69 und 70

Haushaltszusammensetzung und soziodemographische Daten: Frau R., Jg. 1952, geschieden, Medizinisch-Technische Assistentin, lebt seit einem Jahr zusammen mit Herrn Z., Jg. 1947, getrennt lebend, Maschinenschlosser, in einer nichtehelichen Lebensgemeinschaft. Frau R. hat eine sechsjährige Tochter.

Ökonomische Situation: Das Einkommen von Frau R. beträgt 1550,– DM. Von ihrem geschiedenen Mann bekommt sie 290,– DM Unterhalt für die Tochter. Davon bestreitet sie neben Miete, Nebenkosten, Haushaltsgeld auch noch die Kosten für die Kinderbetreuung (Kindergarten und Nachbarin). Herr Z. muß von seinem Einkommen von 2200,– DM seine Frau, mit der er in Scheidung lebt, und noch zwei Kinder finanzieren. Außerdem zahlt er noch Miete für seine Wohnung, die er noch nicht aufgegeben hat. Für Haushaltsführung und Miete bei Frau R. steuert er nur wenig bei.

Rechtliche Vereinbarungen: Keine.

Kinder: Frau R. hatte als alleinerziehende Mutter erhebliche Probleme mit der Betreuung ihrer Tochter, da sie voll erwerbstätig ist, und ab und zu Überstunden hinzukommen. Wenn das Kind krank ist oder Routine-Arztbesuche und Behördengänge etc. anstehen, wird Frau R. vor kaum lösbare Zeitprobleme gestellt. Das Kind geht in einen katholischen Kindergarten, wobei das Jugendamt die Kindergärtnerinnen zur Aufsicht und Belehrung von Frau R. eingeschaltet hat. Daraus resultieren erhebliche Schwierigkeiten für Frau R. Seit Herr Z. bei ihnen wohnt, entspannt sich die Situation mit Kindergarten und Jugendamt etwas. Er kümmert sich sehr um das Kind und übernimmt auch nach außen hin die Vaterrolle.

Wohnverhältnisse: Die Wohnung umfaßt zwei Zimmer mit Küche und Bad. Die Tochter hat ein eigenes Zimmer, Herr Z. und Frau R. schlafen im Wohnzimmer. Die Wohnung ist für drei Personen zu klein.

Ausbildung und Berufsweg: Frau R. hat eine Ausbildung als Zahnarzthelferin und ist seit ihrem 18. Lebensjahr (mit kurzen Unterbrechungen nach Geburt des Kindes) erwerbstätig. Herr Z. hat eine Lehre als Maschinenschlosser abgeschlossen und ist bei verschiedenen Firmen überall in Deutschland herumgekommen.

Frühere Beziehungen: Frau R. hatte mit 18 Jahren geheiratet und wurde, nachdem die Tochter ein Jahr alt war, mit 26 Jahren wieder geschieden. Nach ihrem Umzug lebte sie kurz mit einem Mann zusammen, beendete die Beziehung und lebte dann jahrelang allein mit ihrer Tochter. Herr Z. lebt z.Zt. mit seiner Frau in Scheidung, die jedoch bald vollzogen sein wird.

Entwicklung der heutigen Beziehung: Das Paar lernte sich vor einem Jahr kennen, und Herr Z. zog gleich zu Frau R. in die Wohnung, was die Betreuung der Tochter von Frau R. erheblich vereinfachte.

Gründe für die heutige Lebensform: Frau R.s Erfahrung mit ihrer ersten Ehe war sehr negativ (Mann war Alkoholiker). Auch die Scheidungsfolgen waren recht unangenehm für sie, da ihr geschiedener Mann den Offenbarungseid leistete und sie jahrelang Unterhalt für ihn zahlen mußte. Die negativen Erfahrungen machten sie gegenüber einer neuen Ehe skeptisch. Herr Z. ist selbst noch nicht geschieden, kann sich aber vorstellen, irgendwann mal wieder zu heiraten.

Schaubilder

Schaubild 1: Hausarbeit (10 Tätigkeiten) und Geschlecht (nur Berufstätige und nichteheliche Lebensgemeinschaften, die mit ihrem Partner in einem Haushalt zusammenleben)

Hausarbeit (10 Tätigkeiten)		berufstätige Männer ich	berufstätige Männer beide	berufstätige Männer Partner	berufstätige Frauen ich	berufstätige Frauen beide	berufstätige Frauen Partner
		n %	n %	n %	n %	n %	n %
Geschirr spülen	Verheiratete	21 3,9	163 30,1	357 66,0	170 60,3	98 34,8	14 5,0
	Nichtehel. Lebensgem.	41 8,1	309 60,7	159 31,2	185 40,2	297 53,7	28 6,1
Betten machen	Verheiratete	15 2,7	57 10,4	477 86,9	227 79,1	33 11,5	27 9,4
	Nichtehel. Lebensgem.	28 5,7	200 41,1	259 53,2	243 54,2	181 40,4	24 5,4
Bügeln	Verheiratete	13 2,4	24 4,4	512 93,3	241 85,2	15 5,3	27 9,5
	Nichtehel. Lebensgem.	17 3,6	88 18,4	373 78,0	330 76,9	78 18,2	21 4,9
Kochen	Verheiratete	14 2,6	74 13,5	460 83,9	203 72,0	56 19,9	23 8,3
	Nichtehel. Lebensgem.	44 8,5	205 39,7	268 51,8	233 50,9	175 38,2	50 10,9
Wäsche waschen	Verheiratete	14 2,5	35 6,4	501 91,1	234 84,5	20 7,2	23 8,3
	Nichtehel. Lebensgem.	18 3,7	145 29,7	325 66,6	280 61,1	131 30,5	19 4,4

Saubermachen	Verheiratete	15	125	407	178	81	20
		2,7	22,9	74,4	63,8	29,0	7,2
	Nichtehel. Lebensgem.	43	310	158	154	274	23
		8,4	60,7	30,9	34,1	60,8	5,1
Einkaufen	Verheiratete	28	250	271	140	116	31
		5,1	45,5	49,4	48,8	40,4	10,3
	Nichtehel. Lebensgem.	77	334	97	107	302	48
		15,2	65,7	19,1	23,4	66,1	10,5
Kinder betreuen	Verheiratete	10	236	187	86	110	11
		2,3	54,5	43,2	41,5	53,1	5,3
	Nichtehel. Lebensgem.	4	67	31	37	63	1
		3,9	65,7	30,4	36,6	62,4	1,0
Behördenkram erled.	Verheiratete	324	143	82	70	86	130
		59,0	26,0	14,9	24,5	30,1	45,4
	Nichtehel. Lebensgem.	186	181	33	74	158	114
		46,5	45,3	8,3	21,4	45,7	32,9
Reparaturen durchführen	Verheiratete	457	54	26	32	45	197
		85,1	10,1	1,8	11,7	16,4	71,9
	Nichtehel. Lebensgem.	402	84	16	23	109	310
		80,1	16,7	3,2	5,2	24,7	70,1

Die Tabelle zeigt einen Vergleich von berufstätigen Ehepaaren mit berufstätigen nichtehelichen Lebensgemeinschaften. Die Berechnungen basieren auf den Daten von 1274 verheirateten und 1948 unverheirateten Personen. Die Daten wurden von Emnid erhoben und von uns einer Sekundäranalyse unterzogen.

aus: Meyer, Sibylle, Schulze Eva, Nichteheliche Lebensgemeinschaften – Eine Möglichkeit zur Veränderung des Geschlechterverhältnisses? in: Kölner Zeitschrift für Soziologie und Sozialpsychologie, 40, 1988, 2, S. 347

Schaubild 2: Entwicklung der Einpersonenhaushalte in der Bundesrepublik Deutschland (aufgeteilt nach Altersgruppen)[1]

		Einpersonenhaushalte				
		unter 25 Jahren	25–45 Jahre	45–65 Jahre	über 65 Jahre	alle
	in Millionen	0.27	0.83	0.99	0.77	2.85
1950	in Prozenten aller Haushalte	47,7	14,2	15,3	30,3	18,5
	in Millionen	0.39	0.70	1.42	1.50	4.01
1961	in Prozenten aller Haushalte	53,9	11,1	16,6	38,9	20,6
	in Millionen	0.30	0.95	1.81	2.70	5.53
1969	in Prozenten aller Haushalte	50,8	11,9	22,2	48,2	25,1
	in Millionen	0.75	1.42	1.67	3.52	7.35
1979	in Prozenten aller Haushalte	57,5	16,3	21,1	53,5	30,0
	in Millionen	1.00	2.14	2.04	3.67	8.86
1985	in Prozenten aller Haushalte	62,8	24,4	21,6	56,2	33,6

[1] eigene Zusammenstellung und Prozentuierung aufgrund von Zahlen aus den jeweiligen Jahresberichten des Statistischen Bundesamtes

aus: Meyer, Sibylle, Schulze, Eva, Lebens- und Wohnformen Alleinstehender. Literaturstudie und Bibliographie. Materialien zur Bevölkerungswissenschaft Heft 59 Wiesbaden 1988, S. 21

Schaubild 3: Heiratswunsch von Männern und Frauen, aufgeteilt nach Altersgruppen (nur berufstätige nichteheliche Lebensgemeinschaften)

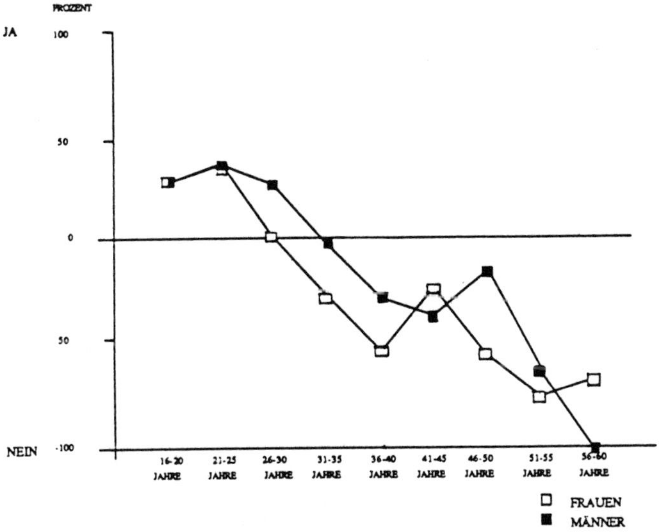

Die Tabelle zeigt einen Vergleich des Heiratswunsches von Männern und Frauen.

Die Fallzahlen, auf die sich die Prozentuierungen in den einzelnen Altersgruppen stützen, sind wegen der altersspezifischen Ungleichverteilung von nichtehelichen Lebensgemeinschaften unterschiedlich groß. Während den Prozentuierungen in den Altersgruppen der Zwanzigjährigen jeweils Fallzahlen von über 100 zugrunde liegen, sind es bei den über 50-jährigen jeweils unter 10.

Die Ergebnisse resultieren aus einer von uns vorgenommenen Sekundäranalyse von Emnid-Daten.

aus: Meyer, Sibylle, Schulze Eva, Absage an die Ehe – Frauen suchen neue Beziehungsformen. Empirische Ergebnisse über die Heiratsneigung Nichtehelicher Lebensgemeinschaften, in: Limbach, Jutta, Schwenzer Ingeborg (Hg) Familie ohne Ehe, Schriften des Deutschen Juristinnenbundes, Bd. 3, Frankfurt München 1988, S. 14

Schaubild 4: Heiratswunsch von Männern und Frauen, aufgeteilt nach Altersgruppen und Bildungsniveau (nur berufstätige nichteheliche Lebensgemeinschaften)

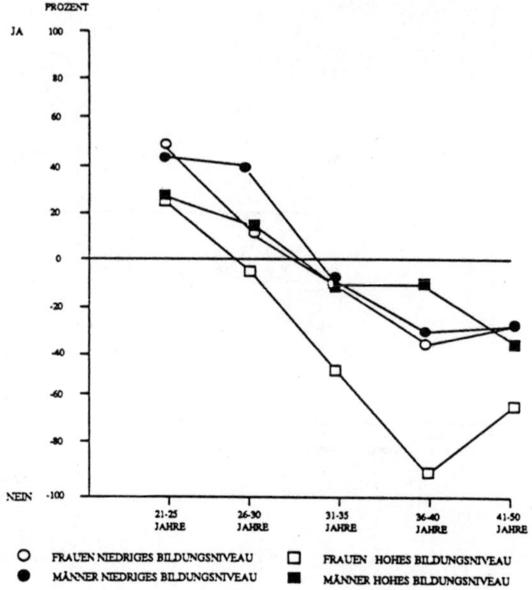

Bei dieser Tabelle wird noch zusätzlich zu der Unterscheidung zwischen Männer und Frauen, aufgeteilt nach Altersgruppen das Bildungsniveau berücksichtigt.

Da bei der hier vorgenommenen Differenzierung die Fallzahlen in einigen Bereichen zwangsläufig klein werden, haben wir sowohl die allerjüngste Gruppe der 16- bis 20-jährigen als auch alle Befragtengruppen, die über 50 Jahre alt sind weglassen müssen. Alle Befragten dieser Gruppen stellen zusammengenommen nur 10,4% der Berufstätigen dar. Außerdem haben wir die 41- bis 50-jährigen in einer Gruppe zusammengefaßt.

Die Ergebnisse resultieren aus einer von uns vorgenommenen Sekundäranalyse von Emnid-Daten.
aus: Meyer, Sibylle, Schulze Eva, Absage an die Ehe – Frauen suchen neue Beziehungsformen. Empirische Ergebnisse über die Heiratsneigung Nichtehelicher Lebensgemeinschaften, in: Limbach, Jutta, Schwenzer Ingeborg (Hg). Familie ohne Ehe, Schriften des Deutschen Juristinnenbundes, Bd. 3, Frankfurt, München 1988, S. 16

Schaubild 5: Die Qualifikationsstruktur der deutschen erwerbstätigen Frauen in den Altersgruppen der 25- bis 34jährigen und der 45- bis 54jährigen (Befragungszeitpunkt: 1985/86)

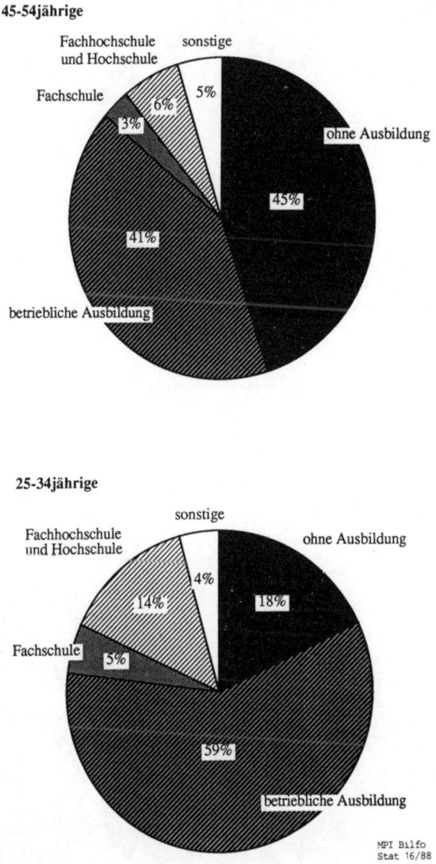

Quelle: Dirk Hartung, Beate Krais: Studium und Beruf in der Bundesrepublik Deutschland. Manuskript, Berlin 1988

Schaubild 6: Eheschließungen je 1000 Einwohner 1950–1987

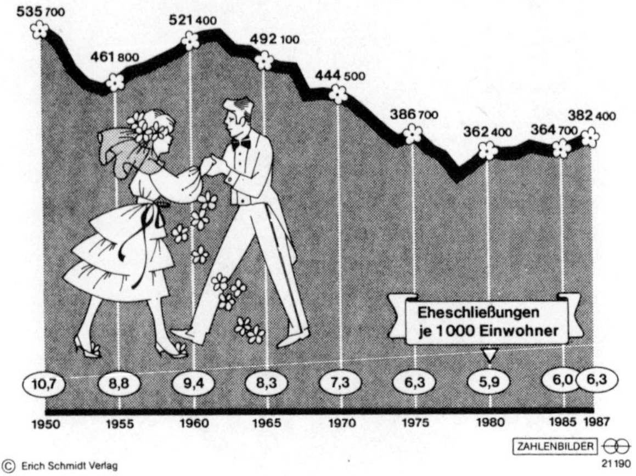

Schaubild 7: Scheidungen in der Bundesrepublik Deutschland 1960 bis 1986

Schaubild 8: Kinderzahl je 100 Ehen – vor 1899 und früher bis 1977 für Deutschland

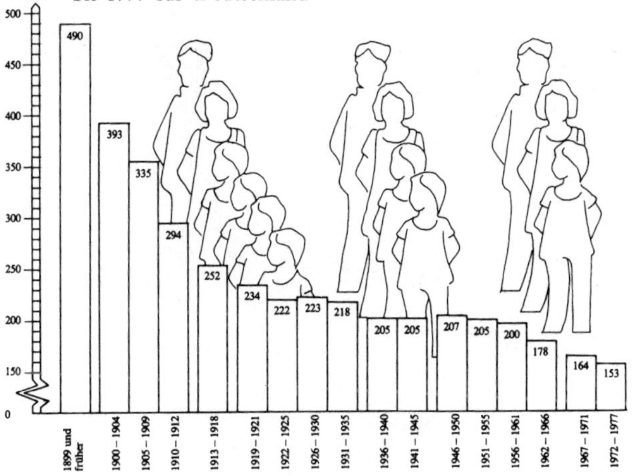

nach: Stengel u. a. 1983: 155

Schaubild 9: Haushalts- und Familientypen in der Bundesrepublik Deutschland, ca. 1980

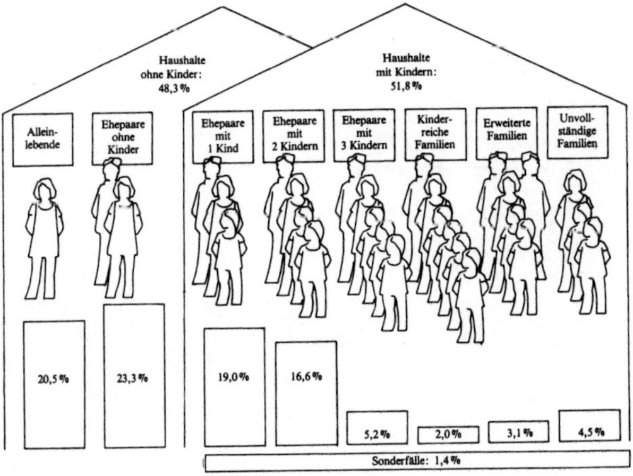

nach: Glatzer / Zapf 1984: 368

Schaubild 10: Haushaltsgrößen 1900 und 1986

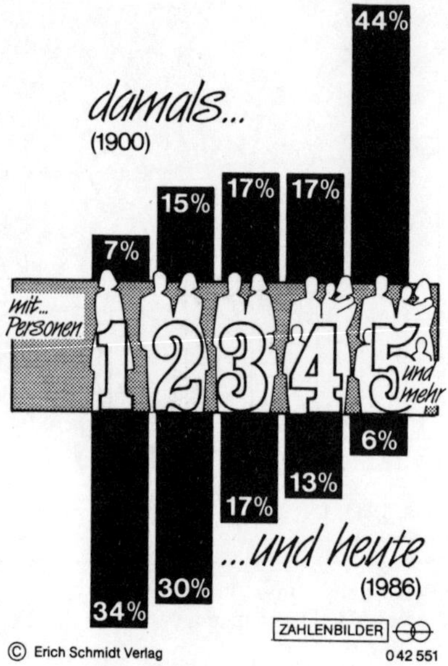

Stengel, M., v. Rosenstiel, L., Oppitz G., Spieß, E., Motivationale Determinanten des Kinderwunsches. Eine empirische Analyse an jungen Ehepaaren in: Zeitschrift für experimentelle und angewandte Psychologie, 1, 1983, S. 153ff

Glatzer, Wolfgang, Zapf, Wolfgang (Hg) Lebensqualität in der Bundesrepublik Frankfurt, New York 1984, S. 368

Anzeigen

Frauen-Geschichte

Gisela Brinker-Gabler (Hrsg.)
Deutsche Literatur von Frauen
Band 1: Vom Mittelalter bis zum Ende des 18. Jahrhunderts
1988. 563 Seiten mit 53 Abbildungen. Leinen

Band 2: 19. und 20. Jahrhundert
1988. 591 Seiten mit 53 Abbildungen. Leinen

Ute Frevert
Ehrenmänner
Das Duell in der bürgerlichen Gesellschaft
1991. 376 Seiten. Gebunden

Edith Ennen
Frauen im Mittelalter
4., überarbeitete und erweiterte Auflage.
1991. 317 Seiten, 24 Abbildungen auf 16 Tafeln und 1 Karte. Leinen

Heide Wunder
„Er ist die Sonn', sie ist der Mond"
Frauen in der Frühen Neuzeit
1992. 368 Seiten mit 75 Abbildungen. Leinen

Karin Hausen (Hrsg.)
Frauen suchen ihre Geschichte
Historische Studien zum 19. und 20. Jahrhundert
2., durchgesehene Auflage. 1987. 283 Seiten. Paperback
Beck'sche Reihe Band 276

Andrea van Dülmen (Hrsg.)
Frauen
Ein historisches Lesebuch
5. Auflage. 1991. 396 Seiten mit 7 Abbildungen. Paperback
Beck'sche Reihe Band 370

Verlag C. H. Beck München

Liebe im Wandel der Geschichte

Dieter Thomä
Eltern
Kleine Philosophie einer riskanten Lebensform
1992. 213 Seiten. Gebunden

Günther Anders
Lieben gestern
Notizen zur Geschichte des Fühlens
2., durchgesehene Auflage. 1989. 138 Seiten. Paperback
Beck'sche Reihe Band 377

Jacques Rossiaud
Dame Venus
Prostitution im Mittelalter
Aus dem Italienischen übertragen von Ernst Voltmer.
Mit einem Vorwort von Georges Duby.
1989. 239 Seiten mit 26 Abbildungen. Gebunden

Peter Gay
Die zarte Leidenschaft
Liebe im bürgerlichen Zeitalter
Aus dem Englischen von Holger Fließbach
1987. 526 Seiten mit 20 Abbildungen. Leinen

Elisabeth Beck-Gernsheim
Die Kinderfrage
Frauen zwischen Kinderwunsch und Unabhängigkeit
2. Auflage. 1989. 193 Seiten. Paperback
Beck'sche Reihe Band 362

Heinz Bonorden
Mann wird Vater
Anmerkungen, Berichte, Nachfragen
1989. 169 Seiten. Paperback
Beck'sche Reihe Band 387

Robert Hettlage
Familienreport
Eine Lebensform im Umbruch
1992. ca. 300 Seiten. Paperback
Beck'sche Reihe Band 483